A PSICANÁLISE DO VIR A SER

Blucher

A PSICANÁLISE DO VIR A SER

Claudio Castelo Filho

A psicanálise do vir a ser
© 2020 Claudio Castelo Filho
Editora Edgard Blücher Ltda.

Imagem de capa: *Municipal*. Claudio Castelo Filho. Acrílica sobre tela, 100 x 130 cm.

Blucher

Rua Pedroso Alvarenga, 1245, 4º andar
04531-934 – São Paulo – SP – Brasil
Tel.: 55 11 3078-5366
contato@blucher.com.br
www.blucher.com.br

Segundo o Novo Acordo Ortográfico, conforme 5. ed. do *Vocabulário Ortográfico da Língua Portuguesa*, Academia Brasileira de Letras, março de 2009.

É proibida a reprodução total ou parcial por quaisquer meios sem autorização escrita da editora.

Todos os direitos reservados pela Editora Edgard Blücher Ltda.

Dados Internacionais de Catalogação na Publicação (CIP)
Angélica Ilacqua CRB-8/7057

Castelo Filho, Claudio
    A psicanálise do vir a ser / Claudio Castelo Filho -- São Paulo : Blucher, 2020.
    304 p.

Bibliografia
ISBN 978-85-212-1925-5 (impresso)
ISBN 978-85-212-1926-2 (e-book)

1. Psicanálise I. Título.

20-0269   CDD 150.195

Índice para catálogo sistemático:
    1.   Psicanálise

À memória de meus amados pais, Felicidade e Francisco Claudio, que viveram uma grande e amorosa união, em que um não podia ficar longe do outro.

Para Rita e Eduardo,

Maria Tereza, Jorge e Inês... e Ana Maria.

Conteúdo

Prefácio   9

Introdução   17

1. Para que serve a psicanálise?   21

2. A condição para se observar e o que observar em psicanálise   33

3. Pensamentos selvagens no consultório e na vida cotidiana   71

4. A arte, as crianças e os adultos   99

5. Considerações sobre memória e desejo a partir da leitura de "O Moisés de Michelangelo", de Freud   109

6. O pânico, o delírio e outras "perturbações mentais" a partir do vértice psicanalítico   127

7. Psicanálise do vir a ser – não médica e não prescritiva: sem memória e sem desejo   149

8. O incesto, a situação edípica e a (in)capacidade para pensar   169

9. *A grande beleza*   183

10. Luchino Visconti e a sensualidade das imagens 197

11. Considerações a respeito de rituais e moral: o cão domesticado e o lobo 215

12. Estados mentais religiosos reveladores da existência de um deus que se opõe à individualidade, à curiosidade e ao crescimento 233

13. Uma entrevista: a criança interior 251

14. Sobre a perda de pessoas amadas e significativas 261

Prefácio

Renato Trachtenberg

Depois da exitosa trajetória de seu livro anterior, publicado pela Blucher (*O processo criativo*, 2ª edição), meu amigo fraterno Claudio Castelo Filho volta a me convidar para prefaciar mais uma obra sua. A grande diferença é que, entre sua escrita de *O processo criativo* e a de *Psicanálise do vir a ser*, ocorreu algo de extrema importância para mim: a convivência afetiva e intelectual com o autor desses livros. Quando Claudio me convidou para prefaciar *O processo criativo*, estava publicando a 2ª edição de seu livro – ou seja, não convivi com o processo de maturação de Claudio enquanto o livro era gestado. Comentei algumas questões que me pareceram muito importantes, mas sem haver convivido com a fase de fertilização delas e sem haver acompanhado como os pensamentos de Claudio foram se desenvolvendo. Agora, pelo menos em alguns capítulos, pude ser testemunha desse desenvolvimento. Mais ainda, Claudio incluiu dois trabalhos que escrevemos em coautoria. Esse fato, além de produzir-me sentimentos de orgulho e gratidão, me coloca, em parte, na condição de prefaciador de um livro no qual, mesmo que numa dimensão muito pequena, também colaborei como autor. A tarefa, apesar de trazer-me uma grande satisfação, traz também o desafio de tentar manter certa distância, necessária para a observação. Mas não será esse o desafio que enfrentamos cada vez que estamos com nossos analisandos na sala de análise, observando os fatos mentais em que estamos diretamente envolvidos? Observadores e coautores dos acontecimentos numa convivência espectral em que os polos extremos significam uma perda, mesmo que momentânea, da nossa função psicanalítica.

De certa forma, já estou comentando o que me parece essencial para entender os invariantes que costuram os diferentes capítulos, aparentemente tão diversos, deste livro tão expressivo da maturidade psicanalítica de seu autor.

Para que serve a psicanálise? é a pergunta-título do capítulo 1.

Claudio começa respondendo a essa pergunta que transitará pelas páginas do livro sem a pretensão de encontrar uma resposta definida e acabada. Diz o autor:

> *Muitos me indagam para que serve a psicanálise. Exponho a seguir uma síntese do meu entendimento sobre essa questão como ponto de partida para os demais trabalhos que se seguem neste livro.*
>
> *Serve basicamente para apresentar uma pessoa a ela mesma, para aquilo que realmente ela é e não pode deixar de ser, de maneira que possa conviver em harmonia com quem de fato é e de quem nunca poderá se separar de forma* realística, *não importando o quanto tentar. Caso ela possa vir a respeitar e a considerar o que de fato é, poderá valer-se dos recursos e capacidades de que efetivamente dispõe para desenvolver e não continuar dando murros em ponta de faca ao esperar ou exigir de si o que não poderá produzir. Respeitando suas*

próprias características poderá tirar partido de sua real natureza, desenvolvendo-se a partir dos recursos de que realmente dispõe. As perturbações psíquicas e sofrimentos decorrentes estão indissociáveis de um modo de viver que não considera a realidade da pessoa que efetivamente existe, mas que a confunde com aquilo que ela "exige", inconscientemente de si, ser, das expectativas que imagina que precisaria corresponder de si mesma e dos grupos de que faz parte, sem o que acredita (em geral inconscientemente) que não seria capaz de sobreviver, muito menos viver. A própria ideia de que alguém pode se moldar conforme às suas próprias expectativas já é em si mesma a evidência de uma disfunção psíquica, pois está baseada na crença da onipotência dos pensamentos, ou seja, a pessoa acredita que pode ser um deus e moldar-se conforme seus próprios desígnios.

Como isso ocorre? Como uma pessoa entra em contato consigo própria? E quais as decorrências disso?

A pergunta não exige uma resposta, apenas estimula que sigamos pensando sobre ela no decorrer das páginas do livro. Aliás, como vemos nas palavras de Claudio, a exigência é um dos obstáculos para que uma pessoa possa vir a ser o que realmente é.

Entre os fatores fundamentais para que essa possibilidade se realize está a função do pensar, tão central nas ideias de Bion. Esse pensar não é algo que está dado no sujeito humano, mas algo a ser apreendido, construído, no vínculo com outros, embora sujeito às vicissitudes emocionais, que podem alterá-lo e até impedi-lo.

Volto a citar o autor:

> *Nesse sentido, uma psicanálise não se propõe a pensar por alguém ou a resolver os problemas apresentados: ao contrário, é um trabalho que ajuda uma pessoa a desenvolver sua capacidade para pensar – de pensar por si mesma, de ter o próprio discernimento, de não precisar seguir rebanhos ou ter de pertencer a rebanhos. Se isso ocorrer, ela própria se verá em condições de lidar com as dificuldades com que se defrontar e, tendo uma visão mais realista dos fatos, também poderá aproveitar as oportunidades verdadeiras que a vida lhe apresentar na hora em que ocorrem – não na hora que deseja. Isso não implica se tornar onipotente e prescindir de relações. Porém, a opinião e o ponto de vista dos outros que precisa considerar não precisa ser tomada como verdade à qual precisa se submeter ou afrontar. É algo que pode considerar para reflexão e auxiliá-la a chegar às suas próprias conclusões, sem precisar tornar o outro (tampouco o analista) uma autoridade.*

Essas palavras de Claudio nos falam da grande e transcendental diferença entre ética e moral. Essa diferença também é a diferença entre pensar e delegar a função a outros. H. Arendt, ao opor a moralidade ao pensar, nos diz exatamente isto: aquele que se "dispensa" de pensar se transforma em alguém que obedece passivamente a alguma autoridade, e isso não o absolve nos tribunais da vida. A ética da psicanálise passa pela responsabilidade desse pensar, independentemente dos equívocos que se possam cometer. A ilusão da moralidade é que existe uma certeza que irá nos afirmar o que é certo ou errado, bom ou mau, melhor ou pior etc. A ética é uma ética complexa (Morin, 2005), da incerteza, da dúvida, em cada decisão que venhamos a tomar, em cada interpretação que oferecermos aos nossos analisandos.

Pensar é, nesse sentido, um ato ético, em busca de uma verdade trágica, como bem descreveu Bion em *Arrogância* (1988). Em outras palavras, a verdade se realiza em sua busca, e não na possibilidade de encontrá-la ou possuí-la. É somente desde esse lugar que poderemos falar de uma psicanálise do vir a ser.

> *Dessa forma, a análise apresenta o paciente a ele mesmo, à pessoa que de fato ele é, e não àquela que gostaria de ser, que imagina ser ou que espera ser – nem tampouco à expectativa de pais, parentes, do grupo de que faz parte e às expectativas morais e sociais. Se puder desenvolver acolhimento e respeito por aquilo que se revelar em análise que é o que faz dele ele mesmo, não obstante o que isso for, poderá vir a casar-se consigo mesmo, alguém de quem não pode efetivamente separar-se e com quem irá conviver até o último de seus instantes. Caso isso ocorra, o paciente poderá sentir que conta e se apoia nos recursos que efetivamente tem e pode desenvolver, e não nos que gostaria de ter, ou deveria ter, dos quais não pode se valer de fato.*

Para não retardar demasiado o encontro dos leitores com o pensamento vivo e sempre criativo do autor, vou me referir agora apenas aos capítulos 2 e 3. Espero, com isso, estimular o mergulho de cada leitor nas águas profundas de seu pensar sofisticado e sensível. Em "A condição para se observar e o que observar em psicanálise", Claudio, inspirado em Bion e Proust, faz uma série de paralelos entre as intuições e observações do psicanalista e de um autor do porte de Proust. Essas intuições e observações podem ocorrer e produzir movimentos na sessão na medida em que, diz Claudio, ele consegue não se afastar demasiado da sugestão de Bion sobre o trabalho sem memória, o desejo e a necessidade de compreensão. Aqui já podemos observar algo que será continuamente exibido em todos os capítulos como um invariante: a sua reconhecida, imensa e invejável cultura literária, cinematográfica e estética, num sentido amplo, associada a uma capacidade pouco comum, entre os psicanalistas, de articular criativamente a clínica com a dimensão teórica de sua exposição. Num ir e vir constante entre ambas, atravessando cesuras aparentemente "impressionantes" (Freud, 1926/1978), nosso autor nos conduz suavemente, quase sem percebermos, ao seu ambiente de trabalho, deixando-nos participar imaginativamente, com um sentimento de intenso envolvimento emocional, do que está ocorrendo entre o Claudio psicanalista e seus analisandos nas diversas sessões que compartilha generosamente com seus leitores em quase todos os capítulos do livro.

O capítulo 3 é um texto escrito a duas mentes. Foi nossa segunda experiência de escrita compartilhada (a primeira é a que consta do capítulo 12). Destaco esse fato porque a experiência de produção conjunta entre nós tem sido, em si mesma, uma experiência emocional que mereceria um trabalho à parte. Esse capítulo contém o texto apresentado em Ribeirão Preto por ocasião da Conferência Internacional Bion 2018, sobre o tema "pensamentos selvagens".

Trabalhamos a ideia dos pensamentos selvagens como os pensamentos sem pensador, dotados de características especiais que incluem uma vivência semelhante ao que Freud descreve em seu texto "O estranho" (1919/1978). Em geral, tais vivências, tanto no analista como no analisando, implicam uma dimensão de surpresa, assombro, dúvidas sobre a sanidade e tentativas de afastamento do impacto produzido pela turbulência emocional que produzem. Diferentes situações clínicas e da vida cotidiana são trazidas para ilustrar esses momentos inesperados, que, se tolerados, podem mudar o curso de uma análise ou de uma vida.

Os pensamentos pensados, os pensamentos domesticados, são decorrência da possibilidade de lidar com essa "selvageria", ao mesmo tempo que podem provocar um afastamento importante desta última, levando ao que se poderia denominar pensamentos obedientes, demasiado obedientes... Quando a ideia de civilização é impregnada por uma certa perspectiva iluminista, num sentido de evolução positivista/moralista, "abafa perigosamente nossos instintos naturais" (Bion, 1991, p. 520), trazendo sérios riscos à natureza, à sobrevivência das espécies não humanas e ao próprio ser humano – sem esquecer que palavras como "selvagens" ou "civilizados" são criadas por ele... Do ponto de vista dos animais ou dos homens considerados primitivos ou selvagens, certamente os termos se inverteriam. Num momento de profunda e quase irreversível crise ambiental, em que o homem, dito civilizado, é cada vez mais o lobo do homem e de toda a humanidade, pensamos que uma reflexão psicanalítica sobre o tema é parte de nosso compromisso ético como psicanalistas. Seria essa uma possível contribuição deste texto?

O prazer de haver tido a oportunidade de escrever esses dois trabalhos, agora capítulos, com Claudio Castelo Filho só é superado pela fruição, por meio da leitura, deste livro de um psicanalista capaz de transmitir, unindo profundidade e leveza, a complexidade do pensamento e do trabalho analítico de uma forma estética e criativa, mesmo que abordando temas como o sofrimento e a dor psíquica, inerentes ao desenvolvimento da mente humana. Somos seres compostos de belezas e feiuras, de bondades e maldades, de insanidades e sanidades, sem a correspondência tranquilizadora das categorias de melhor ou pior. Claudio acompanha cuidadosamente, como um guia gentil e generoso, conhecedor dos caminhos, cada um de seus leitores pelas diferentes travessias entre essas dimensões que nos habitam.

Referências

Freud, S. (1978). The uncanny. In S. Freud, *The standard edition of the complete psychological works of Sigmund Freud (Vol. 10)*. London: The Hogarth Press. (Trabalho original publicado em 1919)

Freud, S. (1978). The question of lay analysis. In S. Freud, *The standard edition of the complete psychological works of Sigmund Freud (Vol. 23)*. London: The Hogarth Press. (Trabalho original publicado em 1926)

Morin, E. (2005). *O Método 6: Ética*. Porto Alegre: Sulina.

Bion, W. R. (1988). Sobre arrogância. In *Estudos Psicanalíticos Revisados*. Rio de Janeiro: Imago. (Trabalho original publicado em 1967)

Bion, W. R. (1991). *A Memoir of the Future*. London: Karnac.

Introdução

Este livro apresenta uma série de artigos que escrevi ao longo dos 35 anos de trabalho em clínica psicanalítica que tenho desenvolvido em meu consultório. Alguns poucos foram publicados antes em revistas científicas da área, mas sofreram extensas revisões para entrar nesse volume devido à evolução de meus pensamentos desde que apareceram originalmente, outros foram apresentados em reuniões científicas, conferências e congressos, e vários são inéditos e recentes. Também é produto dos anos de ensino que tenho exercido desde que me graduei no Instituto de Psicologia da Universidade de São Paulo (USP), iniciando como professor de Teorias e Técnicas Psicoterápicas na Faculdade de Psicologia da então Organização Santamarense de Educação e Cultura (Osec, hoje Universidade de Santo Amaro – Unisa), seguindo com 16 anos como professor convidado pela dr.ª Mary Lise Moisés Silveira, das teorias de Sigmund Freud e de Melanie Klein no serviço de atendimento a crianças do então Departamento de Pediatria e Puericultura da

Escola Paulista de Medicina (Unifesp), no qual também atuava como supervisor dos atendimentos clínicos; das aulas de pós-graduação de introdução às ideias de Bion na Psicologia da Universidade São Marcos; em alguns semestres como professor convidado (pela prof.ª dr.ª Maria Inês Assumpção Fernandes) da pós-graduação do Departamento de Psicologia Social do Instituto de Psicologia da USP, também sobre a obra de Bion; como supervisor de atendimentos do Centro de Estudos e Atendimentos Referentes ao Abuso Sexual (Cearas) do Instituto Oscar Freire da Faculdade de Medicina da Universidade de São Paulo (experiência que relato em um capítulo), a convite do colega Claudio Cohen; e fundamentalmente como coordenador de seminários teóricos (desde 1997) e clínicos desde que me tornei analista didata em 2003, e supervisor oficial de atendimentos de analistas em formação, da Sociedade Brasileira de Psicanálise de São Paulo (SBPSP).

O esforço para o desenvolvimento de minha dissertação de mestrado em Psicologia Clínica na Pontifícia Universidade Católica de São Paulo (PUC-SP), das minhas teses de doutorado em Psicologia Social e para professor livre-docente na USP certamente foi central para a elaboração de muito do que aqui se apresenta.

Sem sombra de dúvida a longa experiência como o analisando (27 anos) que fui é decisiva na maneira com que apreendo a psicanálise. Agradeço aos analistas por cujos divãs passei: Esmeralda Marques de Sá (quando criança), o inesquecível e notável José Longman, Telma Bertussi da Silva e, finalmente, Cecil José Rezze e seu senso de humor.

Os temas abordados são os que têm me ocupado de forma mais central na minha prática e também as questões que frequentemente são levantadas em aulas que dou e em conferências que faço, nas bancas de monografias, dissertações e teses de que tenho participado, em conversas com colegas, em bancas de relatórios de atendimentos, e assim por diante.

Questões associadas à criatividade e à intuição têm sido o foco central de minha atenção, assim como da finalidade prática da psicanálise, que distingo nitidamente de outras práticas psicoterapêuticas, psiquiátricas ou médicas, como deixo explícito no primeiro capítulo.

Dois capítulos deste livro foram escritos a quatro mãos por mim e pelo meu caro, erudito e notável amigo Renato Trachtenberg, numa feliz e frutífera parceria de trabalho que vem se desenvolvendo há algum tempo.

Em dois capítulos ocupo-me da produção estética cinematográfica de dois cineastas italianos: da filmografia do grande Luchino Visconti, falecido em 1976, e do contemporâneo Paolo Sorrentino e seu filme *A grande beleza*, com os profundos *insights* psicológicos nele contidos apresentados com extraordinário refinamento e beleza, como foram capazes, na literatura, Proust, Tolstói, Maupassant, Eça de Queirós, Edith Wharton, Machado de Assis, Thomas Mann, entre outros. A estética também é o meio para se aproximar da vida psíquica, e valho-me também em outra passagem do famoso artigo de Freud "O Moisés de Michelangelo".

Meu intuito foi o de uma escrita que seja o mais clara possível, evitando gongorismos e formulações herméticas que possam deixar a leitura cansativa e entediante, além de pouco esclarecedora, destacando minha prática clínica. Espero que tenha obtido algum sucesso nesse sentido.

No material clínico apresentado (colhido ao longo dos 36 anos de atendimentos) foram tomados todos os cuidados possíveis para não haver chance de identificação dos pacientes, e há de se perceber que priorizo basicamente aquilo que observo durante as sessões analíticas, pois considero que históricos de vida e anamneses pouca ou nenhuma utilidade têm para a minha prática psicanalítica, visto que o que se apresenta durante as sessões psicanalíticas é o que penso ter verdadeira relevância e que pode permitir o esclarecimento de situações externas à análise dos analisandos, ou que pode dar sentido às suas experiências pretéritas, e não o contrário. O que importa, todavia, não é o passado, mas o que o analisando possa fazer do presente e do futuro com as luzes que possa obter daquilo que verificar durante suas sessões com o analista.

Claudio Castelo Filho

1. Para que serve a psicanálise?

Muitos me indagam para que serve a psicanálise. Exponho a seguir uma síntese do meu entendimento sobre essa questão como ponto de partida para os demais trabalhos que se seguem neste livro.

Serve basicamente para apresentar uma pessoa a ela mesma, para aquilo que realmente ela é e não pode deixar de ser, de maneira que possa conviver em harmonia com quem de fato é e de quem nunca poderá se separar de forma *realística*, não importando o quanto tentar. Caso ela possa vir a respeitar e a considerar o que de fato é, poderá valer-se dos recursos e capacidades que efetivamente dispõe para desenvolver e não continuar dando murros em ponta de faca ao esperar ou exigir de si o que não poderá produzir. Respeitando suas próprias características poderá tirar partido de sua real natureza, desenvolvendo-se a partir dos recursos de que realmente dispõe. As perturbações psíquicas e sofrimentos decorrentes estão indissociáveis de um modo de viver que não considera a realidade da pessoa que efetivamente existe, mas que a confunde com aquilo que ela "exige", inconscientemente de si, ser, das expectativas que imagina que precisaria corresponder de si mesma e dos grupos de que faz parte, sem o que acredita (em geral inconscientemente) que não seria capaz de sobreviver, muito menos viver. A própria ideia de que alguém pode se moldar conforme às suas próprias expectativas já é em si mesma a evidência de uma disfunção psíquica, pois está baseada na crença da onipotência dos pensamentos, ou seja, a pessoa acredita que pode ser um deus e moldar-se conforme seus próprios desígnios.

Como isso ocorre? Como uma pessoa entra em contato consigo própria? E quais as decorrências disso?

A maioria das pessoas me procura com a ideia de resolver problemas específicos de suas vidas, como crises matrimoniais, problemas no emprego e outros embaraços práticos que estão sofrendo. Menos frequentemente há pessoas que sentem que algo não vai bem com elas, que experimentam angústias intensas que não conseguem relacionar com algo específico, ou que não estão confortáveis em suas próprias peles a despeito do sucesso social e profissional que possam ter obtido.[1] Meu primeiro passo é ajudá-las

---

[1] Outra pequena minoria é constituída por pessoas que pretendem fazer suas formações como psicanalistas e procuram o analista "didata" – função que exerço há muitos anos na Sociedade Brasileira de Psicanálise de São Paulo (SBPSP). Um pretendente a essa formação, conforme prática estabelecida e privilegiada por Freud e que é prevalente na maioria dos institutos de formação psicanalítica filiados à International Psychonalytical Association (IPA), precisa submeter-se a uma análise com um analista didata, alguém que a instituição reconheceu como tendo um profundo conhecimento e experiência da psicanálise, de maneira que o "candidato" possa ter a experiência de uma psicanálise reconhecida como tal, pois somente a experiência de ser analisado o capacitaria a ter noção da coisa real, do que é mesmo uma psicanálise, muito diferente de conhecer suas teorias. A teoria na prática é outra, já diz um velho adágio. Alguns se apresentam com a ideia de que a análise didática é uma atividade pedagógica, de ensino. Para mim, toda análise é didática,

a perceber que o problema maior e verdadeiro estaria na dificuldade que teriam para pensar os problemas da vida com que se defrontam. Dizendo de outra maneira, a maior parte das dificuldades que vivem ao lidar com as adversidades que precisam enfrentar é decorrente de uma falha, ou falta de evolução, de crescimento, das suas capacidades para pensar com clareza. Pensar, aqui, não é sinônimo de raciocinar; é uma condição indissociável da capacidade para *tolerar* frustrações e as emoções associadas às vivências das frustrações e à intensidade dos sentimentos – incluindo o amor, o ódio, a inveja, e até mesmo a capacidade para o prazer. Ao contrário do que se costuma imaginar, a pessoa desenvolvida não é aquela que se livrou de frustrações, angústias e adversidades – é a que tem capacidade crescente de suportar essas vivências, o que lhe permite observar com maior clareza os fatos, a realidade, sem distorcê-la

---

no sentido socrático de levar uma pessoa a desenvolver o seu próprio discernimento. Também considero ser ilusório que a pessoa que vem para a análise didática não a necessite para sua vida pessoal. Quem procura essa área de atividade humana (psicologia, psicanálise, psiquiatria e congêneres) certamente já tem muitas turbulências internas. A análise didática não se diferencia em nada de outras análises. O nome didática é decorrente da atribuição institucional dessa denominação, visto que o analista que a pratica tem o reconhecimento institucional para analisar os pretendentes à formação psicanalítica. Muitos querem se tornar psicólogos, psiquiatras ou psicanalistas para não se verem como pacientes, analisandos, pois o preconceito contra a perturbação mental permanece considerável. Existe a fantasia de que o entendimento das teorias capacitaria o indivíduo a prescindir de tratamento pessoal – ele se autoanalisando, ou algo similar, ou fazendo uma cisão segundo a qual os "necessitados", "inferiores", seriam os pacientes e os "procurados", "superiores" seriam os terapeutas, médicos e psicanalistas. A análise do analista é fundamental para que ele se dê conta de suas próprias dimensões primitivas, primordiais e psicóticas (não implica que seja psicótico, mas que tenha acesso aos aspectos psicóticos e neuróticos de sua própria personalidade, sem o que não poderá enxergar algo similar nos outros; sem enxergá-las em si mesmo, tenderá a distorcer suas próprias percepções da realidade).

para evitar o desconforto e a intensidade das emoções vividas quando de sua apreensão. Pensar implica a possibilidade de se negociar com as próprias emoções na vigência delas e de ter um suficiente espaço mental para contê-las e observá-las enquanto ocorrem, possibilitando uma captação suficientemente realista dos fatos que estamos vivendo. Caso contrário, a intolerância às *emoções*[2] associadas aos eventos internos e externos a que somos submetidos na vida cotidiana leva à busca de evasão do contato com elas ou à tentativa alucinatória (irrealizável na prática) de eliminá-las. Como decorrência, há distorção, ou mesmo negação, da percepção dos eventos que se apresentam em nossa experiência e, consequentemente, desenvolve-se a inadequação prática para lidarmos com eles. Se não for possível tolerar as intensidades emocionais relacionadas aos eventos que transcorrem, a tendência é a de distorcer as percepções destes para não ter contato com as emoções com que eles se associam – dessa forma, a pessoa perde o contato com quem ela de fato é, pois não pode ter contato com aquilo que realmente sente. Assim, são produzidos personagens substitutos para a pessoa real, falsos *selves*,[3] improvisações, que, por serem ficções, imitações, acabam não sendo capazes de lidar de modo mais real com as imposições da vida.

Uma pessoa terá maiores chances de ser bem-sucedida nos seus projetos e na solução das dificuldades que enfrentar se tiver uma boa capacidade para pensar. Isso é indissociável de uma razoável condição para suportar situações frustrantes e de conviver com suas próprias emoções, por mais intensas e penosas que possam ser em um dado momento. Mesmo o amor e a experiência do prazer podem ser sentidos como graves ameaças à integridade mental caso não haja

---

[2] "Um pensamento é uma experiência emocional que pode ser independente de qualquer estimulação sensorial física reconhecível". Bion, em 7 de setembro de 1968 (Bion, 2014, p. 71, tradução livre minha).
[3] Tomando emprestada a formulação de Winnicott.

condição de se assimilar a intensidade dessas vivências e tampouco condição para elaborá-las, pensá-las, antes de que ações perigosas possam se produzir ou que um colapso ocorra.

O grande psicanalista W. R. Bion sugeriu um modelo segundo o qual, numa batalha, a vitória tenderá para o lado do comandante do batalhão que tiver maior condição de enfrentar situações adversas mantendo desobstruída sua condição para pensar claramente. Em meio a um bombardeio, somos submetidos a fortíssimas emoções, sobretudo sentimentos de ameaça de aniquilamento e perseguição. O comandante que não tolerar o contato com as violentas emoções mobilizadas por esse contexto agirá de modo a evadir-se, sem pensar, dessa situação, para safar-se do contato com os sentimentos que não suporta. Fará algo como os avestruzes de desenho animado que enfiam a cabeça em um buraco para não ver o perigo e tampouco experimentar as penosas experiências emocionais a ele associadas (perdendo o contato consigo mesmo, em última instância). O comandante que suportar conviver e negociar com os seus sentimentos, por mais difícil que isso que possa ser, poderá continuar observando o contexto e, eventualmente, poderá perceber as oportunidades que surgirem, e aproveitá-las. Para ser competente ele não pode perder o contato com suas emoções, não pode deixar de sentir medo, pois o próprio medo é um indicativo da realidade com que precisa lidar. Tampouco convém ficar submetido ao medo, tomado por ele, levado à paralisia ou a atuações impensadas para não o sentir. É preciso haver espaço para abrigar e sentir o medo e ao mesmo tempo ter um distanciamento dele, para observá-lo manifestar-se na interioridade do *self* e permanecer pensando. Numa real situação de batalha é que se irá distinguir a imitação de um comandante capacitado de um que realmente o é. Diante de um oficial galonado, Bion, que tomou parte no exército britânico nas duas guerras mundiais, colocava a questão:

estamos diante da evidência de algo real ou apenas de uma imitação?[4] Esse modelo serve para a capacitação de um analista, como mencionarei adiante.

A reação emocional aos eventos internos e externos é fundamental para podermos discernir o que se passa no ambiente, mas é necessário que tenhamos consciência dessas reações emocionais. O tornar consciente o que é inconsciente, lema de Freud para a psicanálise, se ocupa fundamentalmente, na minha prática e conforme os *insights* de Bion, de tornar conscientes as experiências emocionais que o paciente vive e das quais ele não tem noção, ou condição de ter consciência, por considerá-las (inconscientemente) insuportáveis e intoleráveis, por temer, quase sempre sem se dar conta, que o contato com elas leve à desagregação mental. A experiência de análise no consultório permitiria que o analisando viesse a ter contato com suas experiências emocionais que julga insuportáveis (elas podem se manifestar por meio de atuações impensadas nas quais não reconhece os sentimentos envolvidos, ou em sintomas psicossomáticos,[5] por exemplo) *na presença e companhia do analista*, que deve, por sua vez, ser uma pessoa com suficiente desenvolvimento psíquico-emocional para tolerar a emergência dessas emoções e das turbulências a elas associadas durante as sessões de análise. Quando a análise é real e eficaz, as emoções que até então não haviam encontrado oportunidade se apresentam para escrutínio nas sessões (com toda probabilidade, por melhores que tenham sido os pais de alguém, quando ela vem para a análise o faz porque não encontrou neles ou em substitutos pessoas capazes de tolerar ou conviver com as experiências emocionais mobilizadas pela convivência). As emoções são

---

[4] A imitação não poderá dar conta da situação real, como evidencia Tolstói em *Guerra e paz*, em que distingue o czar, uma bela figura, mas incapaz de lidar com os eventos reais da guerra, e o marechal Kotuzov, que era a "coisa real".
[5] Ou soma-psicóticos, como propõe Bion em uma reversão de perspectiva.

presentes e reais no consultório do analista. Deixam de ser referidas para se tornarem presentes e manifestas – emerge a turbulência emocional no contato do analisando com o analista. O analista precisa ser como um comandante de um pelotão que tenha condição de permanecer pensando com clareza durante esse bombardeio, ou como um capitão de navio capaz de atravessar oceanos em meio a borrascas. Para isso, o analista precisa ter um contato muito íntimo com suas próprias emoções e seu mundo primitivo.

Shakespeare descreveu algo parecido na peça *Henrique V*. Nela, o rei da Inglaterra, liderando uma pequena tropa, cercado pelo exército francês, muito maior, e numa situação tremendamente desfavorável, pôde reverter o quadro a seu favor e derrotar os franceses. Tolerando a angústia de aniquilamento iminente, mas sem ser subjugado por ela, o rei e seus comandados puderam pensar claramente, perceber oportunidades que se apresentaram e instrumentá-las, não só para sobreviver, mas também para reverter a situação, ganhando a guerra e capturando o rei da França e a própria França. Essa condição de tolerar as emoções vividas não é uma garantia de sucesso e de sempre encontrar uma saída para situações difíceis, mas é aquela que permite, caso uma saída se apresente, que ela seja percebida e instrumentada. Poder aceitar limitações e impotência diante de situações que estão para além de nossas possibilidades pode não mudar um quadro difícil, mas pode evitar que ele se torne muito mais penoso e sofrido ao evitarmos nos punirmos e nos maltratarmos por não termos a condição desejada. Se não evita o sofrimento inexorável, pelo menos evita o desnecessário.

Para alcançar essa condição, o psicanalista deverá ter ele mesmo se submetido a uma análise pessoal muito extensa e profunda, de modo a desenvolver familiaridade com suas próprias experiências emocionais e ter consciência delas quando mobilizadas.

O contato com seus analisandos mobiliza no analista fortes emoções, muito primordiais. Ele precisa ser capaz de senti-las para poder ter uma noção do que ocorre no ambiente, de modo a intuir quais seriam as experiências emocionais de seus analisandos e a quais realidades psíquicas não sensorialmente observáveis eles estão reagindo. Isso não quer dizer que o analista sente os sentimentos do analisando, mas sim que, por meio de sua observação do que se passa diretamente na sua frente, no contato com o paciente e de suas (dele, analista) reações emocionais, instrumentado por todo seu preparo obtido em uma longa e extensa formação profissional, e fundamentalmente por meio de sua análise pessoal, pode inferir, intuir, o mundo psíquico do paciente do qual este último não tem consciência.

Nesse sentido, ressalto, uma análise real é uma experiência de grande intensidade e turbulência emocional que ocorre nas próprias sessões, na emergência de vivências emocionais primordiais dos pacientes que nunca encontraram lugar para acolhimento e expressão delas, como mencionei há pouco (isso não implica que haja lugar para atuações dessas emoções de forma explícita, com agressões físicas, verbais ou de natureza sexual atuada concretamente com o analista). Não tendo encontrado espaço para se apresentarem em experiências pregressas, ao se depararem com um analista em que sentem que dispõem de espaço mental para acolhê-las sem se desorganizar ou partir para atuações (contratransferência,[6] no sentido dado a esse termo por Freud),

---

[6] A contratransferência não pode ser instrumento de trabalho do analista se for levada em conta a definição desse termo feita por Freud, pois ela, assim como a transferência do analisando, é inconsciente. A contratransferência é assunto de análise do próprio analista, e não de seu paciente. Implica áreas de sua mente que estão obscuras ou inacessíveis para ele, prejudicando o atendimento de seus

podendo pensá-las e transformá-las em representações mentais nunca alcançadas antes, elas acabam se manifestando e têm de ser lidadas no momento atual das sessões. Caso isso ocorra e os analisandos percebam que essas manifestações emocionais são realmente acolhidas e elaboradas nas sessões com o analista (e os pacientes captam, de alguma maneira, quando se trata de acolhimento real ou de imitação de acolhimento do analista – principalmente os mais perturbados), podem vir a desenvolver esse mesmo espaço que encontram na relação com o analista nas suas interioridades, e expandir a capacidade para pensar na vigência de suas experiências emocionais. Só assim poderão ter uma noção mais realista dos fatos com que se deparam e têm de lidar, pois não é possível o contato com a realidade (interna ou externa) sem haver mobilização de reações emocionais.

Nesse sentido, uma psicanálise não se propõe a pensar por alguém ou a resolver os problemas apresentados; ao contrário, é um trabalho que ajuda uma pessoa a desenvolver sua capacidade para pensar – de pensar por si mesma, de ter o próprio discernimento, de

---

analisandos. Se ele se dá conta posteriormente à sua atividade de trabalho de reações contratransferenciais que se tornem significativas, deverá perceber sua necessidade de retomar uma análise sua própria, para iluminar dimensões suas que permanecem demasiado nas sombras e que estão interferindo de forma prejudicial no seu trabalho.

O uso desse termo como instrumento de trabalho proposto por Paula Heimann produz uma confusão terminológica, o que é deletério para uma atividade científica. As reações emocionais do analista de que ele tem consciência – portanto não inconscientes – não deveriam ser denominadas de contratransferenciais, com o propósito de manter uma clareza de vocabulário na atividade científica da psicanálise. Essas últimas seriam as *experiências emocionais* do analista das quais ele *tem consciência*, conforme discriminação proposta por Bion em seus escritos. Heimann percebeu algo importante, mas produziu uma confusão semântica, equivalente à confusão que pode se estabelecer se denominarmos duas coisas diferentes como cadeira e mesa com o mesmo nome de "cadeira".

não precisar seguir rebanhos ou ter de pertencer a rebanhos. Se isso ocorrer, ela própria se verá em condições de lidar com as dificuldades com que se defrontar e, tendo uma visão mais realista dos fatos, também poderá aproveitar as oportunidades verdadeiras que a vida lhe apresentar na hora em que ocorrem – não na hora que deseja. Isso não implica se tornar onipotente e prescindir de relações. Porém, a opinião e o ponto de vista dos outros que precisa considerar não precisa ser tomada como verdade à qual precisa se submeter ou afrontar. É algo que pode considerar para reflexão e auxiliá-la a chegar às suas próprias conclusões, sem precisar tornar o outro (tampouco o analista) uma autoridade.

Ao desenvolver a condição para entrar em contato com os próprios e genuínos sentimentos e desejos, sentindo que pode pensá-los e não estar a reboque deles ou ser arrebentado mentalmente por eles, o indivíduo pode perceber-se como de fato é, quais as suas características pessoais, aquilo que faz dele ele mesmo e único, mesmo sendo um ser humano comum e com características tão parecidas com as de outros. Ao experimentar-se em seus próprios sentimentos, com os quais poderá ter maior contato, ele verifica o seu jeito próprio de estar no mundo.

O analista auxilia o paciente a se dar conta de que suas reações emocionais, assim como seus desejos e fantasias, não são de sua escolha, nem do analista, nem de qualquer outra pessoa ou grupo. O analisando pode vir a se dar conta de que seus desejos e sentimentos são como a cor dos seus olhos, de sua pele, ou o seu genótipo – são aquilo que o fazem ser ele mesmo. Dessa forma, a análise apresenta o paciente a ele mesmo, à pessoa que de fato ele é, e não àquela que gostaria de ser, que imagina ser ou que espera ser – nem tampouco à expectativa de pais, parentes, do grupo de que faz parte e às expectativas morais e sociais. Se puder desenvolver acolhimento e respeito por aquilo que se revelar em análise que é o que faz dele ele mesmo, não obstante o que isso for, poderá vir a casar-se consigo mesmo, alguém de quem não pode efetivamente separar-se e com quem irá conviver até o último de seus instantes. Caso isso ocorra, o paciente poderá sentir que conta e se apoia nos recursos que efetivamente tem e pode desenvolver, e não nos que gostaria de ter, ou deveria ter, dos quais não pode se valer de fato.

Havendo esse casamento consigo mesmo, o indivíduo constitui uma maioria consigo próprio, o que pode permitir que suporte ser minoria em grupos, pois toda pessoa que desenvolve uma capacidade pensante autônoma inevitavelmente se torna uma minoria e costuma, por conseguinte, enfrentar animosidade por parte da maioria que não evolui nesse sentido. Podendo ser minoria no grupo e contando com a própria companhia e em maioria consigo mesmo, pode desenvolver um caminho que atenda suas reais e genuínas necessidades, produzindo experiências de satisfações e prazeres autênticos, quando exequíveis, no tempo que urge da única vida que efetivamente sabemos que dispomos. Dessa forma, tornar-se-ia alcançável, ou próximo de se realizar, algo que seria viável nomear como a felicidade *possível*.

Referência

Bion, W. R. (2014). Further cogitations (1968-1969). In W. R. Bion, *The complete works of W. R. Bion* (vol. XV: *Unpublished papers*). London: Karnac.

2. A condição para se observar e o que observar em psicanálise[1]

> *"o talento da Berma, que me escapara quando eu buscava tão avidamente capturar-lhe a essência, agora, depois desses anos de esquecimento, nesta hora de indiferença, impunha-se com a força da evidência à minha admiração."*
> Marcel Proust, À la recherche du temps perdu (vol. III: Le côté de Guermantes), 1954, p. 56

> *"Minha impressão, a falar a verdade, mais agradável que aquela de outrora, não era diferente. Somente eu não a confrontava mais a uma ideia preestabelecida, abstrata e falsa, do gênio dramático, e compreendia que o gênio dramático era justamente aquilo... Trazemos conosco as ideias de 'beleza', 'amplitude de estilo', 'patético', as quais poderíamos, a rigor, ter a ilusão de reconhecer na*

---

[1] Este trabalho tem por base artigo publicado originalmente na *Revista de Psicanálise* da Sociedade Psicanalítica de Porto Alegre, vol. V, n. 1, abr. 1998. Foi extensamente revisto e modificado para a atual publicação.

banalidade de um talento, de um rosto corretos, mas nosso espírito atento tem diante de si a insistência de uma forma da qual ele não possui equivalente intelectual, da qual ele precisa desvelar o desconhecido."

Idem, p. 58, grifos meus

"Como um geômetra que, despojando as coisas de suas qualidades sensíveis, vê apenas o seu substratum linear, o que diziam as pessoas me escapava, pois o que me interessava era não o que elas queriam dizer, mas a maneira com que o diziam, *no que ela era reveladora de seus caráteres ou de seus ridículos... Também o charme aparente, copiável, dos seres me escapava, pois eu não tinha a faculdade de me fixar a ele... Resultava que, reunindo todas as observações que eu tinha podido fazer de um jantar sobre os convivas, o desenho das linhas traçadas por mim configurava um conjunto de leis psicológicas em que o interesse próprio que teve o conviva no seu discurso não tinha quase nenhum lugar".*
Marcel Proust, À la recherche du temps perdu *(vol. VII:* Le temps retrouvé*), 1954, p. 41*

"Tantas vezes, no curso de minha vida, a realidade me decepcionara porque no momento em que eu a percebia, minha imaginação, que era meu único órgão para gozar a beleza, não podia se aplicar a ela, em virtude da lei inevitável que determina que só possamos imaginar o que está ausente."
Idem, p. 229[2]

---

[2] Grifos meus e tradução livre do francês também minha. A seguir, transcrevo os trechos no original em francês:
"le talent de la Berma, qui m'avait fui quand je cherchais si avidement à en saisir l'essence, maintenant, après ces années d'oubli, dans cette heure d'indifférence, s'imposait avec la force de l'évidence à mon admiration."

Por meio dos trechos extraídos do romance *À la recherche du temps perdu* (Em busca do tempo perdido), de Marcel Proust, penso que se pode "realizar" as *ideias* e *sugestões* de Bion sobre a condição mental necessária para haver observação psicanalítica.

Os extratos ilustram de modo muito perspicaz o que *penso* estar proposto nos trabalhos "Notes on Memory and Desire" (Bion, 1967/1981) e "Evidência" (Bion, 1976/1985). Nestes (especialmente no primeiro), Bion *propõe* que o trabalho analítico deva ocorrer na ausência de memórias (incluindo a memória de teorias psicanalíticas) e desejos (de compreensão, de cura, de melhora do paciente, de entendimentos etc.). Cada sessão psicanalítica deve ser tomada como única, sem passado e sem futuro. O paciente, sempre como um novo paciente – alguém que nunca se viu antes, um

---

"Mon impression, à vrai dire, plus agréable que celle d'autrefois, n'était pas différente. Seulement je ne la confrontais plus à une idée préalable, abstraite et fausse, du génie dramatique, et je comprenais que le génie dramatique, c'était justement cela . . . Nous avons apporté avec nous les idées de 'beauté', 'largeur d'style', 'pathétique', que nous pourrions à la rigueur avoir l'illusion de reconnaître dans la banalité d'un talent, d'un visage corrects, mais notre esprit attentif a devant lui l'insistance d'une forme *dont il ne possède pas d'équivalent intellectuel, dont il lui faut dégager l'inconnu.*"

"Comme un géomètre qui dépouillant les choses de leurs qualités *sensibles*, ne voit que leur substratum linéaire, ce que racontaient les gens m'échappait, car, ce qui m'intéressait, c'était non ce qu'ils voulaient dire, mais *la manière dont ils le disaient*, en tant qu'elle était révélatrice de leur caractère ou de leurs ridicules; . . . Aussi le charme *apparent, copiable*, des êtres m'échappait parce que je n'avais pas la faculté de m'arrêter à lui, . . . Il en résultait qu'en réunissant toutes les remarques que j'avais pu faire dans un dîner sur les convives, le dessin des lignes tracées par moi figurait un ensemble de lois psychologiques où l'interêt propre qu'avait eu dans ses discours le convive ne tenait presque aucune place."

"Tant de fois, au cour de ma vie, la réalité m'avait déçu parce qu'au moment où je la percevais, mon imagination, qui était mon seul organe pour jouir de la beauté, ne pouvait s'appliquer à elle, en vertu de la loi inévitable qui veut qu'on ne puisse imaginer que ce qui est absent."

desconhecido. O analista deve procurar manter a disciplina de afastar (caso surja) qualquer desejo de curar, melhorar o paciente e a lembrança de teorias ou memórias que pudessem "esclarecer" o que esteja ocorrendo ou sendo relatado na sala. Esses desejos e memórias impediriam o analista de tomar contato com os eventos que estariam se desenrolando, ocorrendo, naquele instante presente, único e insubstituível, em que ele e seu analisando se encontram e estão juntos.

A angústia de estar diante do novo e desconhecido é um dos fatores que pode levar o analista a se precipitar e procurar socorro em memórias de situações anteriores – o que de modo algum significa que correspondem aos eventos que se deram de fato no passado, visto que memórias não são confiáveis, como percebeu o próprio Freud, desde há muito, com suas pacientes histéricas – ou teorias psicanalíticas que pudessem "explicar" e "esclarecer" o que estaria acontecendo. Essa atitude pode até aliviar momentaneamente o paciente e o analista da estranheza, angústia e ignorância do que estariam vivendo, dando-lhes a falsa impressão de reasseguramento e de que sabem do que se trata.

Outro motivo que faria com que o analista se precipitasse e "explicasse" o que "estaria acontecendo" seria o seu desejo narcísico de se confundir com um objeto ideal e grandioso capaz de curar, esclarecer e aliviar os sofrimentos de seus pacientes, operando verdadeiros milagres e tendo solução para todos os mistérios.

O fenômeno da "cegueira" de um observador em função de suas expectativas, desejos e memórias está, do meu ponto de vista, magistralmente descrito por Proust, principalmente na passagem em que o narrador vai ao teatro (o Opéra Comique), onde há um espetáculo de gala no qual uma das atrações é a apresentação de uma famosíssima atriz chamada Berma – que, segundo o biógrafo de Proust, George Painter, seria uma personagem composta principalmente pela fusão de duas atrizes célebres do teatro francês do fim do século XIX, Sarah Bernhardt e Gabrielle Réjane – em um trecho da peça *Phèdre*, de Racine.

O narrador do romance (que em algum ponto se verifica chamar-se Marcel, como o autor), quando criança, havia passado muito tempo de sua vida ouvindo falar dessa atriz e conhecia minuciosamente o texto de Racine que a havia consagrado. Depois de muito ansiar e pedir uma oportunidade para vê-la atuar, ele é atendido pela avó, que o leva ao teatro.

Sua decepção é enorme. O que se desenrola no palco não tem nada a ver com o que ele imaginara que seria a grande interpretação daquela atriz para aquele grande texto. A experiência não corresponde ao que ele tanto ansiara encontrar. O final do espetáculo é sucedido por uma situação que o deixa perplexo e espantado: a atriz é entusiasticamente aplaudida pelo resto da plateia. Ele não entende o que as outras pessoas poderiam ter percebido que justificasse todo aquele entusiasmo. Retorna à casa com esse paradoxo (essa passagem está no volume *À l'ombre des jeunes filles en Fleur* – em português, *À Sombra das raparigas em flor*, em tradução publicada no Brasil pela editora Globo).

A situação da noite de gala transcrita no início deste capítulo ocorre anos depois, quando o narrador já se tornou moço.

O narrador vai ao Opéra Comique mais interessado no aspecto social e mundano do acontecimento (nas princesas e duquesas que estariam presentes) do que no espetáculo propriamente dito. No que se refere à possibilidade de rever a Berma, ele chega a sentir-se melancólico, tal a sua indiferença em relação a algo que, no passado, preferira sacrificar sua precária saúde para conseguir ver.

Precisamente por ele estar indiferente, sem expectativas quanto ao que irá ver, sem estar obstruído por preconceitos e desejos, surpreende-se com a experiência que tem quando a atriz entra em cena. Ele pode, então, dar-se conta do que era de fato uma grande atuação de uma grande atriz de um grande texto. Na situação anterior, embora o narrador presuma que devessem estar presentes os mesmos elementos, ele estava incapacitado de observar o fenômeno e captar sua essência.

A realidade que importa captar numa análise não é a realidade sensorial, e sim a realidade psíquica não sensorial – algo que, tirando a conotação religiosa do termo, poderia equivaler a "alma" ou "espírito". Isso não quer dizer que não seja necessário o uso dos órgãos dos sentidos e da captação sensorial da situação – isso é imprescindível. O que importa, no entanto, não é se ater às impressões sensoriais, mas ao que for possível intuir da essência daquilo que está manifesto sensorialmente, da mesma maneira que Freud sugere que nos aproximemos dos conteúdos manifestos dos sonhos. Não é possível perceber, captar, intuir, a essência do sonho sem termos acesso ao conteúdo manifesto (sensorialmente); no entanto, o que interessa ao analista não é essa aparência, mas aquilo que não é aparente, visível: a essência, a alma (ou, usando a linguagem de Freud, o latente) daquilo que se desenrola na sala de análise.

Em *Le temps retrouvé* (*O tempo redescoberto*, nas traduções conhecidas em português, pela editora Globo), penso que o narrador descreve a qualidade de observação que é necessária, no meu ponto de vista, a um trabalho analítico; o que seria preciso para a captação da "alma" de uma situação ou de um indivíduo.

Nesse segundo trecho que escolhi, o narrador, já homem maduro, após ler o que seriam os diários dos irmãos Goncourt (cronistas franceses do século XIX que Proust parodia no romance) a respeito de pessoas da alta sociedade com quem sempre convivera, sente-se estupefato por não reconhecer nenhuma das pessoas descritas, apesar de terem os mesmos nomes e endereços das que conhecia. Ele se angustia inicialmente com a possibilidade de ser uma pessoa incapaz de observar situações, visto não reconhecer o que mencionavam os Goncourt. Em seguida, começa a refletir e considerar que a questão talvez não fosse sua incapacidade de observar, mas sim que ele estaria atento a outro nível da realidade. O narrador percebe, então, a ingenuidade dos cronistas, que estariam atentos apenas aos aspectos superficiais, *sensoriais,* às aparências dos fatos, considerando apenas aquilo que seus interlocutores lhes diziam que faziam e suas intenções manifestas. Ele, por outro lado, dava pouca importância ao conteúdo do que lhe diziam os convivas de um jantar ou de uma noitada, ou às suas intenções declaradas, ficando atento à *maneira* como estes faziam suas comunicações – da qual ele podia intuir os aspectos de personalidade das pessoas em questão. O narrador estava atento não ao que as pessoas diziam que faziam ou estavam fazendo, mas àquilo que estaria de fato se passando na situação, de modo que, por meio desse tipo de observação, pudesse captar os aspectos não sensoriais – a alma do momento ou da pessoa com quem se relacionava. Quantas vezes não captamos uma extrema arrogância e presunção em pessoas que se apresentam como muito humildes e modestas, por exemplo?

Aqui, penso que poder-se-ia fazer uma ressalva quanto à maneira de observar do narrador. Há ainda algo que contamina e que precisaria ser afastado numa observação psicanalítica: são as apreciações e julgamentos de ordem moral e valorativa. O vértice moral é um fator restritivo de uma observação – compromete-a e impede um possível uso criativo e transformador dos fenômenos que possam ser intuídos. O vértice moral impossibilita expansões em função de haver o "como deveria ser", o "como seria certo que fosse", o "o que deveria ser visto".

Neste ponto, vou ilustrar com a minha experiência clínica, o que considero que pude captar de não sensorial numa série de comunicações delirantes. Nessas situações, principalmente na primeira e na segunda, do ponto de vista sensorial, "objetivo", não haveria justificativas para elas, mas do ponto de vista da realidade psíquica não sensorial, sim. Também considero que as situações a seguir evidenciam a não necessidade de "históricos" da análise ou conhecimentos precedentes sobre os "casos". As situações, do meu ponto de vista, também só puderam ser intuídas por não haver, da parte do analista, nenhuma preocupação em ter que entender o que se passava, nem precisar resolver ou aliviar a angústia dos pacientes (embora isso eventualmente possa ser uma consequência caso ele, analista, venha a intuir algo e comunique ao analisando). O que surgiu foi inteiramente novo na situação e nunca pensado, conhecido pelo analista e pelo paciente anteriormente.

Paciente A

Bastante perturbada e delirante, acredita que estou mancomunado com pessoas do seu trabalho (que eu nunca vi) com as quais vive brigada, sentindo-se muito perseguida. Acha que estou tramando com elas roubar-lhe o lugar na análise e tudo que ela tem de capacidade e desenvolvimento profissional. Não sabe direito como, mas considera que pode mesmo ser por intermédio dela própria que isso ocorra, quando está no seu emprego, que de alguma maneira essas pessoas ficam sabendo de coisas dela que eu lhe digo e que acabam, dessa forma, roubando-lhe a análise. Ou, ainda, que uma dessas pessoas que ela odeia venha ao meu consultório para tramar comigo ficar no seu lugar, ela estando convicta disso.

Após muitas tentativas infrutíferas de minha parte de abordar esse delírio, acabo fazendo-lhe a seguinte consideração: indago-lhe se não achava que, de qualquer forma, não era uma coisa muito louca (porque penso que o maior problema de uma pessoa não é ser louca, mas sim não saber que é, pois, se percebe, pode se cuidar/tratar) da parte dela querer continuar me consultando, vindo a meu consultório, se me achava capaz de fazer coisas tão horríveis para si. A paciente fica perplexa, parece que aquilo faz sentido para ela, ri, mas depois fica séria e diz meio solene: "Eu posso ser mesmo louca, mas fulana e beltrana [as tais que "estão" em conluio comigo] são muito mais loucas; se você visse, você ia ver como elas estão muito piores do que eu e..." – passa a enumerar como uma metralhadora, em voz alterada e irada, num volume que, para interrompê-la e ela ouvir, só se eu gritasse, todas as dificuldades, complicações, perturbações, loucuras e maldades que atribui a essas pessoas. Sinto-me impossibilitado de interferir nisso, e ela gasta praticamente toda a sessão nessa enumeração. Quando, finalmente, no final da sessão, faz uma pausa, digo-lhe que de fato ela tinha toda razão de achar que aquelas pessoas roubavam o seu lugar ali comigo, que ficavam com sua análise e que tinha sentido quando ela dizia que de alguma maneira, por meio dela, aquelas pessoas ficavam com a "conversa" que tinha comigo, porque era isso mesmo que acontecia. Eu estava ali e observava que ela própria era quem trazia aquelas pessoas para serem analisadas por mim, que ela própria ocupava o tempo todo da sessão chamando minha atenção para o que considerava que eram os problemas daquelas pessoas, de modo que ela, A., realmente não tinha vez ali. Era verdade que tudo o que ela tinha, as oportunidades de que dispunha, iam mesmo para essas pessoas, visto que toda vez que eu tentava abordar e me ocupar ali com ela, das suas dificuldades próprias, ela trazia para dentro da sala aquelas pessoas, e ela, A., não aparecia mais. Aquelas "pessoas" tomavam mesmo o seu lugar. O que ela não considerava, repito, é que era ela mesma, de fato, quem as trazia para ficarem no seu lugar.

A paciente ri e diz: "Mas se é assim, então eu posso mandá-las embora?". Analista: "O que você ainda está aguardando para fazer isto? Você tem medo de ficar sozinha aqui comigo? Teme ter de se haver com suas próprias dificuldades?". A.: "Eu nunca pensei que pudesse mandá-las embora, sempre achei que elas pudessem fazer isso comigo!... Xô! vão embora daqui!", diz rindo. Em seguida fica séria e parece ter se angustiado. Fim da sessão.

Paciente B

Começa a sessão irritado e tenso. Faz uma série de associações sobre fatos do seu cotidiano. Faço alguns comentários de senso comum. Ele se irrita e se contrai. Comenta que ouve e que tem a convicção de que o que eu lhe digo são recriminações e que eu estava lhe dizendo que o que ele fez é "errado", que devia ter agido de outra maneira que seria a "certa" e que eu o estava censurando por ele não ter agido como eu esperava. Irrita-se por eu estar querendo dirigir a sua vida. Digo-lhe que considero não ter feito nada do que ele está me atribuindo, mas que não posso e nem tenho a intenção de lhe demonstrar isto. Pode até ser – prossigo – que eu possa ter agido assim, embora não considere que o tenha feito. Digo que, de qualquer maneira, isso não é minha função e seria uma distorção da análise. Digo-lhe, ainda, que considero a hipótese de que ele me ouve dessa maneira por ser esse o modo, moral, com que ele costuma considerar as situações.

A sessão continua e, já perto do final, depois de uma porção de coisas que B. disse, faço uma observação que parece fazer bastante sentido para ele. O paciente fica impactado, diz que aquilo faz muito sentido, mas ao mesmo tempo começa a ficar aflito e irritado por não saber o que fazer com essa percepção. Diz: "O que eu faço agora? Que que eu faço com isso agora? Você me deixa assim? Você diz isso, eu percebo, e agora eu não sei o que fazer disso!... [fico em silêncio] ... Você não vai me dizer o que fazer?... [continuo sem dizer nada] ... QUE SACANAGEM!". Aproveito então a situação e descrevo-lhe o início da sessão, em que ele se queixava de que eu estaria tentando controlar sua vida e dizer o que devia fazer, recriminando o que não devia fazer, censurando o que tivesse feito que não fosse do meu agrado. Indago-lhe se percebia agora, com o que ele mesmo estava dizendo, que era ele próprio quem estava me investindo de autoridade, empurrando-me para essa função e exigindo de mim que a desempenhasse. Exigindo que eu funcionasse exatamente da maneira que atribuía a mim no início e pela qual, ele sim, havia me recriminado. Digo-lhe constatar que, além do mais, ele estava se irritando e ficando furioso por eu não me propor, por não ser mesmo a minha função, a lhe dizer o que deveria ou não fazer. O paciente fica em silêncio e pouco depois encerro a sessão.

Considero que o âmago da questão dos delírios de autorreferência é a realização de desejos equivalente àquela que ocorre nos sonhos. Apesar de os pacientes constantemente se queixarem da perseguição paranoica e do horror de estarem constantemente vigiados e espreitados, perseguidos por algozes, o que há encoberto é uma enorme satisfação alucinatória do desejo de serem importantes, importantes para os outros. Como nos sonhos, são sempre protagonistas e podem ser tudo o que quiserem. O maior medo que têm na realidade é de passarem desapercebidos, de não serem notados, que não se saiba de suas existências. Entro aqui numa conjetura, na qual faço uma espécie de construção. Nessa conjetura, considero que isso corresponderia a necessidades e memórias de tempos remotos de suas vidas que não foram elaboradas. A necessidade seria de ser importante para a mãe quando se é um recém-nascido ou um pequeno bebê, que está à mercê dela. A memória seria de haver uma insegurança nessa relação com a mãe (pais), correspondendo a uma incerteza de poder de fato contar com ela (para a sobrevivência e tudo mais), gerando uma necessidade de reasseguramentos alucinatórios que compensassem a falta de confiança na relação com o seio/mãe reais. Isso pode ter ocorrido tanto em função de limitações e dificuldades reais da mãe ou por questões intrínsecas daquela pessoa (fatores de personalidade como a inveja constitucional).

Os pacientes, quando estão delirando, estão, de certa forma, se reassegurando e realizando o desejo de ser o centro do universo. Tudo o que ocorre lhes diz respeito. Não podem tolerar que assim não seja. Todo mexerico só pode ter a ver com eles. Tudo tem a ver com eles. É uma realização de desejo, um sonho do qual não querem acordar e que vira pesadelo. Vira pesadelo porque a realidade nunca deixa de se impor e ninguém consegue viver de sonho. Ficam perseguidos de fato, a meu ver, pela realidade. Por outro lado, também podemos ver o sonho virar pesadelo de outro modo. Algo como as estrelas de cinema ou do rock – ou como foi com a princesa Diana – que realizam de uma certa forma o "sonho" de serem o centro de atenção de todo o planeta e que isso, ao mesmo tempo, são os seus pesadelos (a perseguição dos fãs, dos *paparazzi*, a falta de privacidade, o mexerico dos jornais sensacionalistas, o temor da inveja e dos atentados assassinos, terroristas etc.). Aos delirantes se acrescenta um problema, por viverem como se fossem estrelas ou reis sem de fato o serem. Poder-se-ia também considerar que as pessoas ilustres delirantes têm mais outro problema (para reconhecerem suas perturbações mentais): de haver na Realidade elementos que dão substância aos delírios.

Considero que seus equívocos, com os quais costumo trabalhar, é de não perceberem que a etapa de suas vidas na qual dependiam intrinsecamente de suas mães/pais para sobreviverem já passou. Que eles já sobreviveram a isso, e que presentemente o que necessitam é serem importantes para si mesmos (não para o analista ou qualquer outra pessoa), que precisam basicamente de suas próprias atenções para as pessoas que de fato são. Não é a atenção de outros que decidirá suas vidas, mas a própria.

Aqui entram diversos outros problemas sobre os quais não vou mais me estender para não saturar, como a dificuldade dos pacientes de se apartarem das satisfações alucinatórias geradas pela megalomania e de se aceitarem bem menos "poderosos" do que gostariam de ser (equivalendo à situação experimentada pela humanidade quando a questão do heliocentrismo foi colocada por Copérnico). A possibilidade de ocorrer uma abertura nessa situação está em apresentar-lhes o que penso serem as vantagens de eles considerarem-se realisticamente, para mitigar o ódio que têm da condição humana, contrapondo-as com o preço que pagam para obter satisfações que não têm origem nos fatos.

Procurar manter a disciplina de afastar memórias e de ver o paciente como um novo paciente a cada encontro não significa que a experiência anterior que o analista tenha com o analisando não possa ser utilizada. Aqui, considero que entra o *conceito* de *"evolução"* proposto por Bion, que difere do uso de memórias e lembranças. Esse conceito também tem uma constatação/intuição similar, paralela em Proust. Na "evolução", os dados, as informações oferecidas pelo paciente no decorrer de inúmeras sessões de análise ficam "armazenados" para poderem ser utilizados quando surgir um "fato selecionado"[3] que os integre e lhes dê um sentido. Quando digo "armazenar", não estou falando de um registro consciente e deliberado de dados e observações. Muitas vezes, durante o nosso trabalho, quando não temos nada a dizer ao paciente sobre o que observamos (porque não surge nada que dê sentido ao que está sendo captado), os pacientes se zangam por terem perdido a sessão, o seu tempo e seu dinheiro para que tudo o que nos informaram se perdesse no esquecimento. O que costumo dizer é que não há nada perdido. Aquelas informações não estão perdidas. Algum dia, pode ser que aquilo que não fez sentido naquele momento possa fazer sentido num outro momento, se surgirem novos elementos que possam ajudar a iluminar o que tenha ficado obscuro.

Essa não é, entretanto, uma operação racional e consciente. Os dados que ficaram sem sentido precisam ser esquecidos pelo analista. Devem ser deixados de lado para que os sentidos possam estar desobstruídos para a captação dos elementos novos que possam surgir. Quando algo finalmente fizer "liga", aquilo que ficou

---

[3] Nome dado pelo matemático e físico Henri Poincaré a um elemento que, uma vez percebido, dá coerência a uma série de percepções ou constatações que não pareciam ter correlação entre si antes de ele surgir ou ser percebido. A água que se deslocou na banheira de Arquimedes permitiu que ele percebesse a correlação entre os elementos dispersos do problema que lhe foi colocado pelo rei que pretendia saber se havia sido roubado na quantidade de ouro que dera a artesãos para a confecção de uma coroa. O deslocamento da água (empuxo) foi o fato selecionado. Não é uma experiência programável e racional. Bion correlacionou a percepção do fato selecionado com a oscilação da posição esquizoparanoide para a depressiva, conforme propôs Melanie Klein. Considera que a percepção do fato selecionado só é possível para quem pode tolerar a depressão e a verificação de que o seio mal e o seio bom são o mesmo e único objeto – verifica-se que objetos aparentemente discrepantes são correlacionados. O fato selecionado é possível de ser observado com o afastamento de memórias e desejos. Arquimedes, exaurido pela necessidade de encontrar uma solução para o problema que lhe foi proposto, resolveu ir para casa descansar. Ao entrar na sua banheira para repousar, a água transbordou. Quando não esperava, viu o que lhe faltava para juntar os fatores nesse fato trivial.

"esquecido" reaparecerá sem nenhum esforço deliberado ou consciente da parte do analista. Surgirá de forma espontânea e surpreendente, numa experiência emocional de *insight*. Essa operação não tem nada a ver com a busca de lembranças de situações passadas que pudessem explicar o que não está podendo ser intuído na experiência presente (que seria o que considero Bion ter chamado de uso de memórias). É algo involuntário, espontâneo e inusitado. O passado não pode esclarecer o presente, e sim um *insight* no presente de uma situação atual pode lançar luz sobre eventos do passado, apesar de isso não ser o que realmente importa. O que importa é esse *insight* no presente poder ser útil para a vida que a pessoa (paciente) tem pela frente.

Novamente, vou ilustrar essa questão, como eu a realizo, com a minha experiência clínica e com a obra de Proust.

Paciente C

Chega à sessão muito transtornado e enfurecido. Está convencido de que foi preterido pela paciente anterior (sua conhecida), numa questão de escolha de horários. Eu teria preferência pela "anterior", a quem eu "atendia" em tudo o que me solicitasse, ao contrário dele que era sempre passado para trás, principalmente quando se tratava dessa sua conhecida. Tudo o que era bom ficava para a outra, enquanto para ele, paciente C., eu dava os restos com desprezo.

Fica enfurecido, não há o que conversar porque ele *sabe* que aquilo é a pura verdade, que tudo que se dissesse em sentido contrário seria mentira, que ele estava vendo como eu funcionava etc., etc.

Após muita gritaria do paciente, de lamentar-se da minha crueldade e exigir que eu o tratasse como ele *sabe* que eu trato a outra, fica em silêncio, emburrado e com muito ódio. Nesse momento, começo a me dar conta de que o paciente está tão ocupado em se lamentar por não ter o que ele acredita que a outra tem que acaba ficando impossibilitado de aproveitar o que seria possível ter ali comigo (a começar pelo fato de eu estar disponível e atendendo-o fora de seu horário habitual, numa substituição a um feriado quando não haveria sessão). Eu lhe comunico isso. Ele continua muito zangado, dizendo que o que eu lhe dava era insignificante em relação ao que eu dava aos outros. Digo-lhe que, mesmo que isso fosse verdade – o que eu achava que não era o caso –, ele mendigar ou exigir a minha consideração não faria com que ele a tivesse. Se eu de fato não tivesse consideração por ele, isso não mudaria mesmo com a sua cobrança. Por que ele insistia e gastava o seu tempo exigindo de alguém o que ele considerava que esse alguém não tinha para lhe dar? Seria mais sensato ele procurar outro que o tivesse em melhor conta para poder ajudá-lo. De qualquer forma, prossigo, isso não era o mais importante. O mais importante era o fato de ele não poder fazer uso do que tinha disponível. Até podia ser verdade que outras pessoas tivessem mais privilégios que ele, mas o que poderia ser realmente importante para si seria ele poder reconhecer o que dispõe e fazer uso disso.

O paciente retruca, com raiva, que eu estava parecendo sua parente que o criou e que vivia dizendo que ele nunca estava satisfeito com o que tinha. Disse-lhe, então, que ele não precisava ficar satisfeito com o que tinha, mas que precisava reconhecer o que tinha. Se ele ficava apenas invejando o que considerava ou imaginava que os outros tinham, desconsiderando o que lhe era possível, ele ficava num mato sem cachorro. Não só porque continuava sem ter o que seria dos outros, mas porque ainda ficava sem poder fazer uso do que era possível. Consequentemente, ficava impossibilitado, também, de eventualmente "melhorar" sua situação, pois isso só seria possível quando ele usasse e partisse do que tinha, do que dispunha.

Ele parece ouvir por um instante, mas logo fica transtornado de ódio novamente. Dá-me a impressão que vai alimentando um certo furor que naquele instante não me parecia mais tão autêntico como no início da sessão, como se ele quisesse sentir-se furioso. Acaba se levantando, diz que quer sair e vai embora batendo a porta.

Enquanto ele vai saindo da sala, e logo depois, tenho a sensação de uma certa iluminação sobre a vida dessa pessoa. Vem-me à mente toda sua "história" que ele tanto repetira: de ter sido abandonado pela mãe, que, no entanto, criou seus irmãos; de ter sido criado por essa parente; o horror com que descreve sua vida de infância "enjeitado"; a inveja com que descrevia o que acreditava ser a vida dos irmãos com a mãe, mesmo depois de adulto, e depois de já ter tomado conhecimento de que, na realidade, os irmãos passaram dificuldades e que ele se encontrava numa situação mais favorável que os irmãos. Mesmo assim, ele continua invejando[4] algo que

---

[4] Considero que a inveja é um sentimento humano como qualquer outro, que cabe ao indivíduo, *se lhe for possível*, procurar *aceitá-lo (consequentemente, aceitando-se)*, experimentá-lo, sofrê-lo, elaborá-lo, para, se possível, não atuá-lo (ou melhor, não atuar suas defesas contra o sentimento de modo a evitar sofrê-lo). A atividade de ficar invejando (atuando o sentimento) impede que o indivíduo possa aproveitar sua agressividade de modo mais útil e proveitoso para si mesmo. Dinamite pode ser usada tanto para fins úteis (como na construção de túneis e hidroelétricas) como para fazer atentados terroristas (na qual a própria pessoa pode se autoexplodir). Portanto, se o analista percebe um modo de lidar com um sentimento que ele considera prejudicial ao interesse do próprio analisando, por que não poderia apontar-lhe esse fato e informá-lo da possibilidade de lidar com o sentimento de modo que fosse mais favorável ao analisando? Ele pode apresentar esse vértice, e o analisando pode verificar na sua experiência se aquilo, na prática, faz ou não sentido. Não vejo nenhum problema em o analista poder apresentar alternativas

imagina que eles teriam tido, desejando viver outra vida que não a sua própria (a única que realmente tem para viver), querendo ser outra pessoa, em função de acreditar que outra vida seria melhor que a que tem etc. Nesse ponto, considero que a situação ocorrida durante a sessão serviu para esclarecer, iluminar e dar novo sentido aos eventos passados na experiência já vivida pelo par analítico e às "histórias" contadas pelo paciente, que surgiram em minha mente após a sessão, como uma *evolução* (que "vem" espontaneamente sem precisarmos fazer nenhum esforço ou tentativa de relacionar com o que já "saberíamos"). A situação atual ilumina as passadas, e não o contrário – ou seja, tentar usar lembranças de relatos passados para esclarecer o que está se passando durante a sessão.

Penso que ele precisou "fazer" esse enfurecimento no final da sessão para evitar uma violenta depressão. A depressão do *tempo perdido*. Tempo perdido tornando-se infeliz na atividade estéril e frustrante de ficar invejando o que imagina que o outro tem. Tempo perdido das oportunidades não aproveitadas em função de ficar se amargando pelo que não tinha. Tempo perdido de vida que não voltará mais.

Considero este um dos principais fatores de ódio à análise e de suas interrupções: quando uma pessoa começa a se dar conta do que fez com a própria vida, da sua responsabilidade nisso.

Dar-se conta do TEMPO PERDIDO em modos de funcionar como os que mencionei acima é algo muito doloroso, muito sofrido. No entanto, totalmente necessário. Necessário para que a pessoa, ao

---

que visualize e que perceba que o analisando não vê. O problema ocorreria caso o analista se colocasse como uma autoridade ou um guru e se o analisando também o aceitasse como tal. Se o analisando toma uma consideração do analista não como uma sugestão a ser verificada, mas como uma prescrição a ser seguida, isso seria algo a ser explorado na própria análise dessa pessoa. Para que ela precisa transformar o analista em uma autoridade?, Que função isso tem?, etc.

fazer essa verificação, possa não mais perder tempo precioso de sua única vida e usá-lo de uma maneira mais útil (considerando outros modos mais realistas e eficazes de lidar com as situações) e benéfica para si (ver a seguir a questão do tornar-se escritor por Proust).

Feitas as constatações e reflexões sobre essa sessão, elas devem (não por uma questão de certo ou errado, de uma prescrição religiosa, mas por uma consideração prática da experiência) ser deixadas de lado e "esquecidas" pelo analista no seu próximo encontro com o analisando. Este último precisaria ser observado como um totalmente novo, de maneira a ser possível captar algo novo e desconhecido, nunca percebido por nenhum dos dois (há o interessantíssimo trabalho de Freud "A note upon the mystic writing pad", de 1924, que é muito ilustrativo a esse respeito).

No dia seguinte ele veio num outro estado de mente, dizendo que percebera que no dia anterior tivera um "ataque". Foi possível conversarmos de modo bem cordial e amistoso. Vem um fim de semana em seguida e, na segunda-feira, o paciente diz que viveu uma violenta depressão no domingo, quando ansiou violentamente encontrar-me... (o trabalho prosseguiu).

Observação da realidade compartilhada entre o analista, o analisando e as diferentes transformações

Bion, no seu livro *Transformações* (1965/1977), destaca a necessidade de se privilegiar na observação analítica os elementos comuns presentes na sala de análise durante o encontro analítico. Duas pessoas presentes, a familiaridade do analista com os seus móveis, ambiente da sala, ruídos habituais do imóvel e do local onde este se encontra etc., e sobretudo o que se passa na sessão durante o encontro. Como o analisando interpreta a experiência presente e como percebe o ambiente e o que se passa nele são os fatores decisivos para se ter uma ideia da situação mental dele.

Se o analisando leva em conta os elementos comuns presentes na sala que são observáveis também pelo analista, ou seja, levando em conta o "O", realidade última comum entre os dois, temos um estado de mente que ele inclui num grupo de transformações (apreensão da realidade última existente, e formulação, expressão e atuação a partir dessa apreensão) que denominou transformações em movimento rígido. Nelas o analisando toma as situações que são observáveis por ele e pelo analista e dá-lhes sentidos que estariam no terreno do que Freud e Klein chamaram de transferência. O analisando vê o analista, mas reage emocionalmente a ele como se fosse uma autoridade, seu pai, um diretor de escola, ou algo assim, e comporta-se como se fosse uma criança diante de figuras adultas, mesmo que ele próprio seja um adulto. Pode também atribuir sentidos peculiares a um aperto de mão que interpreta como um assédio sexual ou algo hostil por parte do analista. Ou como o paciente C., que se sente preterido pelos outros pacientes, como uma criança se sente preterida pelos irmãos. Os eventos a que o paciente reage são percebidos pelo analista, e os sentidos atribuídos pelo analisando, em geral, têm a ver com a reativação de vivências com figuras paternas de sua infância.

Noutro campo de transformações, o analisando reage a uma realidade que não é observável pelo analista. Não há elementos dos eventos que ocorrem no consultório a que ele estaria reagindo. A reação é a algo que se passa em sua realidade psíquica, inacessível à observação direta pelo analista, que precisa, portanto, inferir, intuir, a que realidade ele reage. Essas são transformações projetivas e não estão no campo do que Bion chamou de análise clássica, de Freud e Klein, das relações transferenciais. Mesmo que aparentemente o analisando esteja vendo o analista, na verdade, com uma observação mais arguta deste último, será percebido que o analista é alguém que saiu da cabeça do analisando e foi depositado na sala no momento do atendimento, sem ter uma realidade autônoma e independente, com existência continuada na ausência do paciente. Num dos exemplos dados por Bion no capítulo 3 de *Transformações*, o paciente fala de um leiteiro que passou na casa dele, reclama do comportamento dele, para em seguida Bion verificar que o leiteiro de quem o paciente falava num discurso desconexo era, para o paciente, o próprio Bion, que era louco por não se lembrar ou saber o que tinha feito pela manhã na casa do paciente. Portanto, o analisando aparentemente estava em contato com o analista, mas, de fato, o analista era uma produção da mente do paciente.

Paciente D

Em um atendimento clínico meu, verifiquei que a paciente, ao adentrar a sala, parecia não ter se dado conta de minha existência real. Na minha visualização de sua entrada ela estava com nuvens negras ao redor de sua cabeça que a impediam de entrar em contato com os eventos efetivamente presentes na minha sala de atendimentos. Deita-se e começa a aparentemente "relatar" uma série de episódios que teriam ocorrido em seu trabalho. O que vou observando é que os elementos aparentemente relatados estavam acontecendo dentro do consultório. Ela brigava com as pessoas às quais aparentemente se referia, mas que, a meu ver, estavam presentes e se engalfinhavam em brigas e discussões. Minha percepção era de que a situação era de tal intensidade que, se não tomasse cuidado, eu acabaria tomando partido de um grupo contra o outro, como se eu também estivesse vendo e participando da situação "transmitida". Acabo mencionando para ela que parecia que todos estavam ali presentes e que eu também estaria vendo e tomando parte de brigas que aconteciam ali mesmo na minha sala. Ressalvo, contudo, que *eu* não estava vendo mesmo nada daquilo, mas parecia que ela estava completamente imersa na situação que narrava, que era concretamente vivida. Aparentemente ela me contava o que teria acontecido em seu trabalho, mas, pelo que eu observava, para ela tudo estava acontecendo ali mesmo no consultório. Todas as pessoas estavam presentes. Ela pareceu não dar sentido ao que falei e depois de uma pausa continuou como antes, num nível ainda mais intenso. Menciono que aquilo que ela fazia no consultório era tão intenso e envolvente que devia, fora dali, acabar arrebatando também quem estava fora, e que podia resultar que a briga "referida" acabasse se expandindo por outro ambiente que nada tinha a ver com ela, dando um substrato para algo que estaria acontecendo em sua mente, pois esse algo acabava tendo uma concretização no ambiente em que ela se encontrava – assim como eu me vi potencialmente tentado a tomar partido e a palpitar sobre fatos aos quais eu não tinha acesso e cuja realidade também não podia verificar. Complementei que ela parecia o carro malassombrado do desenho animado *Corrida maluca*, que sempre tinha nuvens negras em volta dele, não obstante o tempo que fizesse fora, mesmo no meio do deserto e com sol escaldante para todos os demais participantes.

Após um longo silêncio, ela disse: "nossa, como essa sala é clara, como ela é iluminada!". Então comentei: "parece que agora você realmente chegou aqui. Talvez pela primeira vez".

Paciente E

Em outra situação analítica com um paciente muito inteligente e bastante "racional", que frequentemente se queixava de não sentir aquilo que vivia e cujas namoradas sempre se irritavam por não senti-lo realmente presente nos relacionamentos, no meio de uma fala sua eu o ouvi falar da *casa que tinha lá em São Paulo*. Como meu consultório é em São Paulo, indaguei onde ele estava. Ele retrucou que estava na sala comigo. Eu lhe disse que não, já que ele mencionara a casa que tinha *lá em São Paulo*, portanto não poderia estar no mesmo lugar em que eu estava, já que eu estava em São Paulo e o consultório era em São Paulo. Ele fica perplexo e reconhece o que disse, mas começa a argumentar que seria um jeito de falar. Eu sugiro que ele leve a sério o que havíamos percebido e que aquilo parecia dar, para mim, muito sentido a muito que havíamos ouvido de suas queixas e das namoradas. Considerei que ele se sentia muito frágil emocionalmente e também em outras dimensões para enfrentar as realidades do mundo em que eu vivo e em que as namoradas vivem. De um outro universo paralelo onde ele se encontrava havia enviado para o mundo em que eu estou, em São Paulo, um avatar seu que enfrentava a atmosfera de um planeta que julgava ser muito perigoso. O avatar ficava exposto aos fatos da realidade de São Paulo e dos relacionamentos que eram sentidos como potencialmente muito perigosos e assustadores, enquanto ele, o original, ficava nesse universo paralelo recebendo as transmissões e informações enviadas pelo avatar. Assim, era fato aquilo que diziam as namoradas de ele não estar mesmo presente nos relacionamentos. Também tomava significado sua queixa de não sentir realmente aquilo que vivia, pois no outro universo as informações que lhe enviavam o avatar não tinham a força da vida que sente só quem está mesmo presente no universo dos acontecimentos.

O analisando deu sentido à fala, um tanto perplexo. Algum tempo depois eu o vi mais presente nas sessões, e ele, estupefato, viu-se sentindo de forma intensa um relacionamento com uma pessoa de uma forma que jamais havia experimentado antes.

Pacientes F, G e H

Em duas outras situações levei em conta a maneira como os pacientes se deitam no divã.

Na paciente F., ela sempre se deita na beira à direita do divã que fica oposta à parede onde está encostado. Minha observação foi a de que se encontrava à beira de um precipício a ponto de despencar a qualquer instante. Essa observação mobilizou uma série de associações que permitiram a evolução do trabalho.

Outro paciente, G., se colocava por meses a fio de modo exatamente oposto, encolhido em posição semifetal junto à parede, evitando ao máximo a outra borda. Chamei-lhe a atenção para essa situação e ele reconheceu que era mesmo peculiar o modo com que sempre se colocava no divã. Veio-me à mente de forma intensa a suposição de eventos que teriam se passado durante o período que sua mãe estava grávida. Surpreendido pela minha hipótese, relatou-me situações dramáticas que lhe foram contadas pelos seus familiares (e que jamais havia me dito) quando da gravidez de sua mãe, e também eventos que se sucederam após o seu nascimento.

Seu modo de deitar-se seriam "memórias" nunca propriamente tornadas psíquicas; elas aparecem na postura do analisando, não nas suas associações.

Na analisanda H. observou-se durante anos um atraso sistemático seu. Invariavelmente perdia entre dez e quinze minutos de quase todas as suas sessões. Durante muito tempo procuramos dar sentido ao que fazia, e ela constantemente se recriminava vivamente por essa perda de tempo e dinheiro.

Muitos anos se passaram e a conduta permaneceu, até que um dia, ao chegar novamente atrasada e outra vez se recriminando, eu disse: "Se recriminar-se fosse útil para alguma coisa você não se atrasaria mais. O que me parece que seria útil seria considerarmos o que é esse atraso. Não como algo que estaria nos atrapalhando, não como uma resistência, ou tampouco conduta que estaria sabotando a análise, mas como algo que procura se fazer presente dessa forma: no atraso! Se pudéssemos ver o atraso não como uma ausência, mas como a presença de algo que se apresenta assim, por uma aparente ausência. Acho que seria útil considerarmos o que se torna presente assim. O que se mostra dessa forma para o nosso escrutínio".

Ela achou interessante o que lhe disse, mas não tinha ideia do que responder. Eu tampouco tinha ideia do que dizer, mas achei pertinente acolhermos aquilo que se apresentava pelo "atraso".

Não sei o que se passou, nem sei o que era o "atraso", mas pouco tempo depois, sem que nada mais disséssemos, depois de anos, parou de atrasar-se. Ao que me parece, pudemos dar acolhida a algo que sempre era tido como inadequado ou errado, e uma vez que pôde caber na nossa experiência e na sua intimidade, não precisou mais se manifestar, visto que aceito.

Proust diferencia a memória voluntária da involuntária – a segunda ele considera significativa, e a primeira, obstrutiva. Há o famoso episódio da *madeleine*, em que o narrador a mergulha no chá e lhe ocorrem sentimentos que ele reconhece como muito significativos, ligados a experiências cruciais de sua existência, mas não sabe o que são em um primeiro instante. Fica tentando segurar aquela vivência fugaz mergulhando mais vezes esse bolinho no chá e tentando sentir o gosto que se esvaecia, num esforço de recuperar aquilo que ia se perdendo. Quanto mais desesperadamente ele repetia o gesto para se apropriar do que tinha vislumbrado, mais aquilo se distanciava e mais artificial ele sentia que sua lembrança ficava, mais desprovida de real sentido. Quando finalmente desiste e deixa de forçar a situação, deixando sua mente livre e desobstruída de desejos e de tentativas de rememorar, aquilo tudo que havia se esvaecido surge, emerge involuntariamente, com força e emoção considerável. Dessa experiência, descrita em *Du côté de chez Swann* [No caminho de Swann], que equivale a uma vivência de um pensamento-sonho, teria brotado toda a maravilhosa obra da *Recherche*.

Outra situação em que posso exemplificar a ideia de evolução é a própria existência desse trabalho. Eu tinha lido a *Recherche* pela primeira vez havia muitos anos, quando era bem mais jovem, e muito tempo antes de conhecer o trabalho de Bion. Quando passei a conhecer o trabalho deste último, imediatamente vieram-me os trechos da obra de Proust, que depois de vários anos usei como estímulo-guia para o que estou escrevendo. Foi surpreendente como, após tanto tempo, pude, além de me lembrar dos trechos, localizá-los com pouquíssima dificuldade em meio às milhares de páginas que constituem o romance.

Psicanálise, principalmente depois das contribuições feitas por Bion, não seria algo que serviria para curar pacientes, mas teria a utilidade de apresentar uma pessoa a ela mesma, à sua essência, à sua alma – aquilo que ela é (ou pelo menos o mais próximo possível disso, visto que a realidade em si e última, o que Bion chamou de O, seria algo incognoscível para os humanos). Muito do que um indivíduo pode sofrer deve-se a ideias equivocadas que possa ter a respeito de si próprio e, consequentemente, por ele viver de acordo com aquilo que pensa que é ou que queria ser ou ainda do que seria o "certo" ele ser. O enorme benefício que a psicanálise pode trazer a uma pessoa é a possibilidade de esta ser apresentada a si mesma (aquilo que ela não sabe nem conhece – inconsciente – de si mesma) e, consequentemente, ela poder viver mais de acordo consigo própria, com aquilo que ela de fato é, podendo ser quem é e podendo ser ela mesma.

O que a pessoa "é" deve ser encarado pelo psicanalista como algo desconhecido tanto para si quanto para ela. Se o analista já tiver uma ideia preconcebida do que o seu paciente é, ou deveria ser, fica impedido de observar os fatos de maneira isenta, ficando, portanto, incapaz de percebê-los como realmente são e funcionam, caso não correspondam às suas expectativas e convicções. Possivelmente acaba usando critérios morais e valorativos seus, de modo a encaixar seu paciente naquilo que acredita que ele é ou naquilo que considere que seria o "certo" ele ser (algo mais de acordo com um sacerdote), investindo-se de autoridade e podendo tornar-se mais uma espécie de guru que poderia decidir os destinos de outras pessoas. Isso equivaleria, de uma certa forma, ao que costuma ocorrer com os pacientes que em geral têm ideias preestabelecidas do que sejam, e que encontram enormes dificuldades para rever ou se desfazer dessas ideias quase sempre equivocadas e correspondendo muito pouco ou nada ao que se pode observar a seu respeito durante a experiência analítica.

O analisando sofre por viver de acordo com aquilo que pensa ser, com o modo com que pensa funcionar, que é diverso do que a experiência que vamos tendo com ele vai evidenciando. Sofre por se desesperar em conseguir ser aquilo que considera o "certo". O desajuste ocorre em função de só podermos ser aquilo que de fato somos. Os modos de funcionar, caso o analisando perceba os seus como inadequados às suas necessidades presentes, é que podem eventualmente ser alterados se o analisando vir sentido prático na sua vida para isso, e não por qualquer consideração valorativa ou moral. Também penso que este trabalho, e a disciplina proposta por Bion, só terão sentido se o leitor der esse sentido por meio de sua prática, de sua experiência clínica e, principalmente, de sua análise pessoal.

Por exemplo, o analisando que acredita que pode ser aquilo que deveria ser ou gostaria de ser sofre porque acredita na onipotência, funciona como se não fosse nascido e ainda não existisse, podendo então determinar qual seria a sua natureza, como se esta já não existisse e não fosse inexorável.

Não haverá análise se o analisando substituir uma ideia sua sobre aquilo que é, ou sobre como deveria ser, por outras que ele considere ser aquilo que seu analista espera que ele seja, ou por aquilo que seu analista (que nessa situação não seria de fato um analista) possa realmente esperar e achar que seria o certo ele (paciente) ser. Prevaleceria aqui o vértice moral, religioso e messiânico. Esse quadro revelaria, a meu ver, muito mais problemas de ordem narcísica do analista, que precisaria, ele próprio, procurar elaborá-los em sua análise pessoal com outro analista.

Consideremos outro ponto que permitiria haver expansão e crescimento em um trabalho psicanalítico. Penso que essa minha consideração poderia corresponder à captação do que Bion denominou *Objeto Psicanalítico* no seu livro *Learning from Experience* (Bion, 1963/1977, p. 11). O objeto psicanalítico (não o objeto da psicanálise) precisa ter três dimensões: do sensorial (algo da experiência sensorial compartilhada entre analista e analisando); do mito (que possa corresponder a um mito da humanidade ou da mitologia pessoal do analisando – no exemplo a seguir, de que há alguém superior e alguém inferior, um deus e um mortal, um adulto e uma criança, que estaria subordinada ao primeiro); e da paixão (que Bion descreve como uma experiência emocional associada à experiência vivida sem caráter de violência).

Duas pessoas se encontram – no caso, analista e analisando. Desse encontro resulta algo que ocorre entre os dois: algo que não existe quando o analista está só e que também não existe quando o analisando está só. Esse "algo" só tem sua existência, só se manifesta, quando ocorre o encontro. É inerente à relação e não existe fora dela. Não está em um dos participantes e nem no outro, mas no espaço entre ambos, mesmo que não o percebam e nem se percebam um ao outro. Esse algo não é visível, cheirável, audível etc. Não é de natureza sensorial. Cabe ao analista observar esse fenômeno que se expande a partir do e durante seu encontro com o analisando. Cito agora outro exemplo, além dos anteriores, que pode esclarecer mais sobre o que estou me referindo.

Ao observar sua conversa com o analisando, o analista pode considerar, entre outras coisas, qual é a distância (não a distância física, apesar desta eventualmente poder indicar a outra) em que o analisando se coloca dele (analista). Poderá verificar, por exemplo, que a distância é muito grande, que um enorme espaço o separa do analisando. Que a separação do espaço que existe entre um e outro não é no meio, onde existiria a condição mais favorável para haver uma conversa real, de fato, entre dois indivíduos, mas sim o analisando colocando-se acuado num canto, apertado no espaço, deixando todo o resto para o analista, de modo a ficar bem afastado e distante desse. Numa situação como essa, poderíamos, por exemplo, conjeturar que o analisando fique com o analista como uma pessoa pode ficar diante de uma autoridade sensorialmente constituída (autoridades não existiriam, de fato, do ponto de vista psíquico), como um réu diante de um juiz, ou um súdito diante de um rei. Partindo dessa observação, muito poderia ser considerado a respeito da condição mental do analisando. Mas ficando com a conjetura da "autoridade", para que essa pessoa necessita de uma autoridade? Para eximir-se de ser responsável por si própria ali naquela situação com o analista? Para que não tenha o trabalho de tomar conta de si, atribuindo essa responsabilidade ao analista, colocando-se como se fosse uma criança procurando alguém que funcionasse por si? Não se dá conta de que ela já é adulta (quando se trata de um adulto) e que é a responsável por sua própria vida? Essa pessoa pode, por exemplo, sentir-se perseguida, ameaçada e desprotegida diante do analista, mas realmente não é uma coisa assustadora alguém eleger uma autoridade que vai se responsabilizar por si e decidir os destinos de sua vida? Ela já se indagou se isso é necessário? Também poderíamos nos indagar se, como analistas, não estaríamos nos colocando nesse lugar de autoridade? E mesmo que tenhamos feito isso (o que não seria desejável nem recomendável), para que essa pessoa se submeteria a isso? Para que um adulto constitui outro como autoridade? etc.

Essas questões, podendo ser verificadas, consideradas e, principalmente, podendo ser percebidas, poderão trazer expansão do espaço mental dos participantes da situação em direção àquilo que não sabem, ao *desconhecido*, abrindo espaço para o crescimento mental do par analisando e analista.

Evidencia-se, dessa forma, a fundamental importância que há, para alguém que pretende ser psicanalista, em ter a mais longa e profunda análise que for possível, além da primordial, que é cuidar da própria mente (ver Freud em "The Question of Lay Analysis", de

1926). Como mencionado anteriormente, o analista precisa ter um conhecimento profundo das características de sua própria personalidade para evitar que estas interfiram, além do mínimo possível, na apreciação e na configuração dos fatos que ocorrem no seu consultório, ficando destacadas as características de seu analisando que possam ser apresentadas a ele.

Sintetizando: para haver uma condição necessária para a observação no trabalho psicanalítico e a captação intuitiva do objeto psicanalítico, o analista, para não ficar obstruído como o narrador proustiano quando foi ao teatro pela primeira vez (que ficou impedido de ter contato com a experiência emocional mobilizada pelos acontecimentos em curso no palco e na plateia), deve ter a possibilidade de disciplinar-se para afastar toda interferência de memórias e desejos (de cura do paciente, de ter resultados, entendimentos e explicações dos fatos). Sabe-se que, para isso, é necessário que o analista se submeta ele próprio a um processo de análise o mais longa (muitos anos) e profunda possível, de modo que possa conhecer e elaborar seus aspectos narcísicos e onipotentes. Nenhum analisando poderá ir com um determinado analista além do que este tiver ido em sua própria análise.

A diferença no uso da observação feita pelo escritor e aquela feita por analistas é que o primeiro, com seu talento, pode transformar sua experiência em obra literária. Já o analista poderá, se tiver condição, transformá-la em psicanálise. Considero, no entanto, que a psicanálise faz um uso das observações que é diverso do da literatura e que não se resume às constatações e descrições de fenômenos. O escritor, como Proust, muitas vezes pode captar uma situação, mas não tem o que fazer com ela além de descrevê-la, explicitá-la esteticamente (para apreciação e prazer do leitor). O analista vai além. Ele pode fazer uma transformação capaz de levar à modificação do que se apresenta. A sua transformação pode mudar a condição de vida e a estrutura de funcionamento do analisando (se este assim o quiser e vir sentido nisso). A maioria das constatações feitas por Proust não tiveram efeito "psicanalítico" nele. O talento para escrever (pintar, compor) pode ajudar o artista a lidar com suas angústias e a procurar elaborá-las, mas não tem, a meu ver, o mesmo alcance de uma psicanálise. Conjeturo fantasiosamente que ele não teria vivido nem morrido (como descrevo a seguir) se, além de escrever, tivesse procurado um analista e tivesse uma análise "proveitosa", sem precisar deixar-se sufocar até a morte uma vez terminada a escrita da *Recherche*.

A literatura clássica pode ser muito útil para a *formação de modelos* para psicanalistas praticantes. Os grandes escritores (como Proust, Shakespeare, Machado de Assis) puderam transformar em palavras o que captaram da alma humana, tendo talento para fazer essa comunicação de forma privilegiada. Continuando a tomar a obra de Proust, podemos perceber, de forma estética, toda a concepção de Melanie Klein de passagens de posições esquizoparanoides para depressivas pelo evoluir do romance. Há também incríveis descrições de estados mentais, de delírios de ciúmes, de obsessões, que correspondem a ilustrações estéticas de muito do que podemos ver nos trabalhos de Freud. Freud, Klein, Bion etc., no entanto, puderam fazer uma ampliação, um aprofundamento e um uso dessas captações que passam ao largo de Proust.

Outro aspecto que gostaria de comentar é que podemos tomar como modelos para nosso trabalho não apenas o que um escritor pôde captar e descrever, mas muito do que ele próprio descreve e não capta. Em Proust podemos ver isso em relação ao que ele chamou de relações amorosas, ou da impossibilidade destas. A observação que ele pôde fazer a respeito de sua experiência com a atriz Berma, não pôde aproveitar de forma mais ampla em sua vida. Não percebeu, ou pelo menos não teve o *insight*, de que os desencontros amorosos estavam em função das pessoas estarem sempre em busca de alguém que pudesse realizar os ideais de amor ou estéticos que tinham como expectativa, sempre se frustrando com o encontro da pessoa (amante) real, que nunca poderia corresponder àquilo que era alucinado pelo expectante. Os personagens proustianos como Swann e Odette, o narrador e Albertine, por exemplo, estão sempre em busca de algo idealizado – e não existente – e impossibilitados de considerarem e aproveitarem as qualidades reais de com quem se relacionavam.

No começo da *Recherche*, existem dois caminhos que aparentemente são muito antagônicos: o "caminho de Swann", personagem que estaria ligado às origens do autor, da burguesia refinada de ascendência judaica, que corresponde esteticamente a uma trilha de passeios na cidade de Combray, onde o narrador, criança, passava férias em casa de uma tia neurastênica, e o "caminho de Guermantes", que seria o da alta aristocracia francesa do antigo regime, representado pelos duques de Guermantes e pelo barão de Charlus.

A duquesa de Guermantes, Oriane, é, em uma primeira etapa, vivida pelo narrador como uma personagem mitológica, um ente de conto de fadas, habitante de um mundo fabuloso que tem suas formas retratadas nos vitrais da medieval igreja de Combray (no rosto do que seria uma ancestral sua), que eventualmente desce ao mundo dos mortais para ser madrinha de casamento ou batizado de um de seus súditos.

Posteriormente, ela é uma sofisticada e invejada dama da alta sociedade, vizinha do narrador, o qual ambiciona desesperadamente ser convidado a participar do seu "salão". Apaixona-se perdidamente por ela na mesma ocasião em que vai assistir à Berma pela segunda vez, quando se vê içado da plateia "desprezível" ao mundo de nereidas habitado pela duquesa quando esta lhe acena de seu camarote ao reconhecer o vizinho. Por fim, em *Le temps retrouvé*, quando a encontra já uma velha senhora "estrangulada" por muitas joias, ela o chama de seu mais velho amigo. Ele a vê, então, como uma mulher comum como tantas outras. Percebe que, para ela, ele provavelmente fora sempre o "mesmo", e que para ele é que havia aquelas "três" duquesas de Guermantes. Como também, no fim, o narrador se dá conta de que os caminhos de Swann e de Guermantes não são de fato antagônicos e que um local não era realmente distante do outro, numa integração "depressiva".

O sublime e o sórdido, representados por personagens como o barão de Charlus e pelo marquês de Saint-Loup, também se fundem. Madame Verdurin, nova-rica metida a intelectual e esnobada pela nobreza do Faubourg St. Germain, torna-se a nova princesa de Guermantes etc.

Numa fabulação da minha parte, considero que a união desses aparentes opostos (que corresponde a uma percepção mais realista dos fatos) corresponde a uma tentativa de reparação e reintegração do casal paterno anteriormente separado pelo ciúme e pela inveja. A escrita do romance teria esse objetivo "interno" para o autor.

Durante boa parte do romance, o narrador, que falaria pelo autor, luta contra sua indolência em função de tornar-se um escritor. É uma espécie de *dandy* incapaz, que fica invejando a condição alheia, à procura de satisfações fáceis e espúrias. Finalmente, percebe que, se quiser realmente tornar-se escritor, terá que trabalhar para isso. Abandona o *grand monde*, dá-se conta do *tempo perdido* e enclausura-se em seu apartamento, onde passa anos trancafiado produzindo essa obra deslumbrante.

Ao encerrar o romance, já reconhecido como um dos maiores romancistas da língua francesa e muito recluso, saindo apenas em ocasiões especiais e sufocando em crises de asma, Marcel Proust morre, aos 51 anos, sem se deixar socorrer pelo irmão médico. *Imagino* que o que lhe era possível na sua tarefa (tentar recuperar e reparar os pais internos danificados, impotentes e inférteis, representados pelo *dandy* fútil e estéril, substituídos pelo escritor que trabalhou de forma fértil até o ultimo instante – num relacionamento criativo entre os aspectos masculino e feminino de sua mente) estaria realizado.

O paralelismo das captações intuitivas de Proust, Freud, Klein e Bion com as transformações específicas feitas por eles também estaria de acordo com a ideia de Bion de que os pensamentos precedem o pensador e estão a espera de quem os possa pensar.

Observações finais

Este trabalho é, de certa maneira, uma organização das realizações que considero ter feito na minha prática clínica e que têm se mostrado úteis. Portanto, quando no trabalho refiro-me à proposta de Bion de trabalhar sem memória e sem desejo, e de que o analista *deve* procurar essa disciplina, esse não é um "deve" de conotação moral, mas algo que se mostra necessário e útil *para mim*. Na minha experiência clínica, até para que possamos ajudar nossos pacientes, eventualmente quando isto é possível, é necessário manter a disciplina de manter esse desejo afastado durante o trabalho, para que possamos ter essa capacidade.

Na minha experiência, todas as vezes em que me afastei e me afasto disso, posteriormente percebi, considerei, que os resultados foram mais para os lamentáveis. Menciono rapidamente a seguir uma situação em que fica evidente essa experiência.

Paciente I

Uma paciente adulta, há mais de cinco anos em análise, está se comportando na sessão ficando muda, mas demonstrando de modo acintoso que está sofrendo muito. Indago-lhe o que se passa e ela permanece calada. Seu sofrimento vai aumentando cada vez mais. Relato-lhe que me parecia algo cruel o que ela fazia consigo, pois me parecia vê-la como alguém que se deixa morrer de fome diante de um prato de comida, ou como alguém que está com muita dor na porta de um hospital, mas não se permite ser socorrida, visto que eu estava lá disponível a atendê-la, mas sem ter o que fazer, ela não me permitindo ajudá-la.

Ao lhe comunicar essa constatação, ela parece aumentar sua agonia e insistir naquele funcionamento. Eu lhe informo isso. Ela reconhece, diz que percebe estar fazendo isso mesmo, mas ao mesmo tempo vê que não vai parar de funcionar assim. Volta a emudecer e vai demonstrando que seu sofrimento aumenta mais e mais, quase num desespero.

Vou enumerando-lhe as desvantagens de ela fazer o que está fazendo, e chamando a atenção para suas possibilidades de funcionar de modo diverso. Quanto mais eu lhe digo isso, mais ela insiste em sua metodologia e mais aumenta seu desespero. A sessão acaba e o quadro não se altera.

Percebi, logo após a paciente sair, que o fato de eu desejar o seu "bem" e não querer que ela sofresse com o que fazia consigo própria impediu-me de ver não o que ela perdia fazendo o que fez, mas o que ganhava.

O que ganhava era satisfação sádica e masoquista, ao torturar-se com crueldade e, ao mesmo tempo, ao perceber minha aflição por vê-la tratar-se com tanta crueldade, ela incrementava a tortura, para me ver mais e mais aflito e impotente, numa satisfação sádica crescente, que não pude perceber no momento devido à interferência dos meus desejos de ajudá-la durante a sessão.

Quero deixar bem claro que não tive a pretensão de fazer um trabalho "prescritivo" ou dogmático. Não tenho nenhum interesse catequético (o que eu penso que seria algo empobrecedor e anticientífico). Quis apenas transmitir considerações que percebi serem de extrema utilidade para mim e que eventualmente possam trazer alguma contribuição para outros colegas que também estejam considerando essas questões colocadas por Bion, para que possamos estabelecer uma conversa.

Referências

Alves, D. B. (1988). A consciência da soledade. Paidea II. *Revista Bras. de Psicanálise, 23*, 289-215.

Bion, W. R. (1977). *Seven servants, four works by Wilfred R. Bion: (1962) Learning from experience; (1963) Elements of psychoanalysis; (1965) Transformations; (1970) Attention and interpretation.* New York: Jason Aronson.

Bion, W. R. (1981). Notes on memory and desire. In R. Langs (ed.), *Classics in psycho-analytic technique* (pp. 259-260). New York: Jason Aronson. (Trabalho original publicado em 1967)

Bion, W. R. (1985). Evidência. *Revista Bras. de Psicanálise, 19* (1), 129-141. (Trabalho original publicado em 1976)

Freud, S. (1978). A note upon the mystic writing pad. In S. Freud, *The standard edition of the complete psychological works of Sigmund Freud* (Vol. 19). London: The Hogarth Press. (Trabalho original publicado em 1924)

Freud, S. (1978). The question of lay analysis. In S. Freud, *The standard edition of the complete psychological works of Sigmund Freud* (Vol. 23). London: The Hogarth Press. (Trabalho original publicado em 1926)

Klein, M. (1980). Notes on some schizoid mechanisms In M. Klein, *Envy and gratitude and other works: 1946-1963* (Vol. 3, pp. 1-24). London: The Hogarth Press. (Trabalho original publicado em 1946)

Longman, J. (1984). Além da agressividade na teoria das neuroses. *Revista Bras. de Psicanálise, 23*, 195-207.

Longman, J. (1989). O que cura em psicanálise? Uma introdução. *IDE, 23*, 20-23.

Longman, J., Rezze, C. & Alves, D. B. (1990). Aproximação ao objeto psicanalítico. São Paulo: SBPSP. 2 fitas. Trabalho apresentado na mesa-redonda "Minha experiência na apreensão do objeto psicanalítico", 22 set. 1990.

Painter, G. D. (1990). *Marcel Proust*. Rio de Janeiro: Guanabara Koogan. (Trabalho original publicado em 1959)

Philips, F. J. (1972). Comentários sobre experiência conseguida na prática psicanalítica. Trabalho apresentado no III Congresso Brasileiro de Psicanálise em Porto Alegre.

Proust, M. (1954). *À la recherche du temps perdu*. Paris: Gallimard (7 vols.). (Trabalho original publicado entre 1913 e 1927)

Rezze, C. (1990). Minha experiência clínica na apreensão do objeto psicanalítico. *Jornal de Psicanálise, 23*, n. 46, 55-65.

3. Pensamentos selvagens no consultório e na vida cotidiana[1]

Coautor: Renato Trachtenberg[2]

> *"P.A. 'Você deveria saber' parece ser uma intrusão de fora do sistema do conhecimento humano. Sinto que não é 'pertinente', como um cometa pode ser percebido como intragalático. Pode ser pertinente à mente humana; Freud descobriu muitas intrusões do domínio chamado 'inconsciente'. Apesar de não necessitar olhar para além do inconsciente humano para ver esse invasor, penso que*

---

[1] Este trabalho foi apresentado no Encontro Internacional Bion 2018, no mês de julho, em Ribeirão Preto, São Paulo, Brasil.
[2] Médico psiquiatra e psicanalista, membro titular da Associação Psicanalítica de Buenos Aires (APdeBA), membro fundador e pleno do Centro de Estudos Psicanalíticos de Porto Alegre (CEPdePA), membro fundador e titular com funções didáticas da Sociedade Brasileira de Psicanálise de Porto Alegre (SBPdePA).

> *não seria sábio ou seria expressão de fanatismo excluir a possibilidade de intrusão vindo de um campo do qual nós nada sabemos."*[3]
>
> W. R. Bion, A memoir of the future (vol. II: The past presented), 1991, p. 351

> "P.A. Sim, a despeito de pensar em estar sendo submetido, como todos os animais humanos, a alguma reviravolta cósmica, provavelmente não ficaremos conscientes, conceitualmente cientes disso por alguns séculos. Até que sejamos capazes de discernir algum padrão não poderemos 'testá-lo' submetendo-o a formas relacionadas de validação.
>
> Roland: Visto que nenhum de nós vive séculos, um arquivo, aberto a exame, seria um requisito para revelar um padrão.
>
> P.A.: Suponho que assim seja – salvo que haja alguma forma desconhecida de comunicação entre indivíduos distintos. Mesmo quando os indivíduos estão separados por Tempo, Espaço, Divindade – para emprestar a formulação de Alexandre –, essa barreira é penetrável por forças cuja compreensão está para além de nossos modos lógicos ou racionais de pensar."[4]

---

[3] No original em inglês: "P.A. 'You should know' seems to be an intrusion from outside the system of human knowledge. I feel it doesn't 'belong', as a comet might not be regarded as intra-galactic. It may belong to the human psyche; Freud discovered many intrusions from the domain he called 'unconscious'. Although I need look no further than the human domain for this intruder, I think it would be unwise or bigoted to rule out the possibility of intrusion from a domain of which we know nothing".

[4] No original em inglês: "P.A. Yes, though I was thinking of being subject, as human animals, to a cosmic upheaval. We probably would not be consciously, scientifically conceptually aware of it for some centuries. Until we are able to discern some such pattern we cannot 'test' it by submitting it to related forms of validation. Roland: Since none of us lives for centuries, a store, exposed to scrutiny, would be required to reveal a pattern. P.A.: I suppose so – unless there is some unknown form of

W. R. Bion, A memoir of the future (vol. III: The dawn of oblivion), 1991, p. 539.

No livro *Um cavalheiro em Moscou*, de Amor Towles (2016), encontramos a seguinte passagem, que se assemelha ao que propõe Bion, na fala do personagem Richard Vanderwhile:

> *Tome o exemplo do companheiro Sócrates. Dois mil anos atrás, ele perambulava pelo mercado compartilhando seus pensamentos com qualquer um com que esbarrasse; ele sequer se preocupava em anotá-los. Então depois de uma dose extra de alguma substância, ele esticou as canelas, bateu as botas. Adiós. Adieu. Finis.*
>
> *O tempo seguiu sua marcha como sempre. Os romanos ascenderam. Depois os bárbaros. E então jogamos toda a Idade Média sobre ele. Centenas de anos de pragas, envenenamentos e queima de livros. E, de alguma forma, depois de tudo isso, as grandes coisas que esse sujeito dizia no mercado ainda estão conosco (Towles, 2016, p. 305-306).*

I

A partir do título do livro *Domesticando pensamentos selvagens*, dado por Francesca Bion, encontramos o tema que consideramos

---

communication between discrete individuals. Even if individual humans are separated by Time, Space, Deity – to borrow Alexander's formulation – this barrier is penetrable by forces whose understanding is beyond the range of our logical, rational modes of thought".

um dos de abordagem mais difícil na psicanálise clínica e teórica. É interessante levar em conta que a segunda parte do livro, que acaba dando o título ao volume, não tem título! Como nos diz Francesca Bion, são duas gravações feitas por Bion (maio de 1977) enquanto preparava sua visita a Roma, programada para julho de 1977. A ausência de título, e a posterior titulação feita por ela, são expressões daquilo que o próprio conteúdo das gravações aborda: como nomear algo que nos aparece na clínica como sem nome.

O pensamento sem nome, o pensamento sem pensador, diz Bion, pode ser um pensamento extraviado (veio de alguém, mas não sabemos quem é o dono),[5] pode ser um pensamento com proprietário (pensamento com dono ou a-propriado, ou plagiado, ou furtado etc.) ou um pensamento selvagem propriamente dito. Própria-mente?

> *O que me interessa agora são aqueles pensamentos selvagens que brotam e para os quais não há qualquer possibilidade de*

---

[5] "Já falei disso antes como uma situação em que todos os tipos de pensamentos estão voando ao redor – o paciente se livra de todos os seus pensamentos, os quais, então, em minha imaginação pictórica, estão voando ao redor. Se você puder ficar bem aberto, penso que há uma chance de que você possa capturar alguns desses pensamentos selvagens. E se você se permitir alojá-los em sua mente, não obstante quão ridículos, quão estúpidos, quão fantásticos, poderá haver uma chance de dar uma olhada neles. Essa é uma questão de ousar ter tais pensamentos – *não importa se se supõe que você possa tê-los ou não* – e mantê-los o tempo que dure o suficiente para ser capaz de formular o que eles são." No original em inglês: "I have spoken of it before as a situation in which all sorts of thoughts are flying around – the patient gets rid of all his thoughts which then, in my pictorial imagination, are flying around. If you can be wide open, then I think there is a chance you might catch some of those wild thoughts. And if you allow them lodge in your mind, however ridiculous, however stupid, however fantastic, then there may be a chance of having a look at them. That is a matter of daring to have such thoughts – *never mind whether you are supposed to have them or not* – and keeping them long enough to be able to formulate what they are" (Bion, 2005, p. 44, tradução e grifos nossos).

> *se traçar de imediato qualquer tipo de posse, ou mesmo de se vislumbrar a genealogia daquele particular pensamento (Bion, 1997, p. 20).*

Esses pensamentos selvagens, sem autoria, que, de acordo com F. Bion, aparecem depois no texto como imaginações especulativas, teriam algo a ver com a ideia de Bion de inconsciente inacessível, ou pensamentos que nunca foram conscientes ou inconscientes devido à pré-maturidade das identificações projetivas.

As questões trabalhadas por Bion, como turbulência emocional, mente embrionária, cesura etc., são muito próximas dos temas ora abordados.

Além do mais, pensamos que esses pensamentos des-autorizados têm muito a ver com a noção de indecidibilidade da origem, baseada no teorema de Göedel e nos princípios da incerteza e da incompletude, estes últimos citados por Bion. Indecidibilidade da origem significa que em qualquer vínculo existe um ponto em que não sabemos se a origem de um problema, de um pensamento, de um sentimento, de uma associação livre, de uma interpretação, de uma intuição etc. veio do seio ou do bebê, do analista ou do paciente, de um autor ou de um leitor etc. Portanto, é muito difícil dar um título (de propriedade, de autoria) àquilo que é indecidível em sua origem. A propriedade, num certo sentido, é uma ilusão de pertencimento. Essa complexidade, como forma de pensamento predominante em Bion, o faz questionar também o pensamento causal (juntamente com suas conotações morais) e, portanto, a ideia de solução ou consequências. O indecidível é parte da infinitude. Os tempos são outros...

Nesse sentido, podemos dizer que os pensamentos sem pensador, ou selvagens, são pensamentos em que predominam a complexidade, a infinitude e a indecidibilidade, pois estas os desterritorializam e os estrangeirizam.

A imaginação especulativa, que Bion parece vincular de alguma forma aos pensamentos selvagens, possível na clínica se logramos um trabalho razoavelmente sem memória, desejo e necessidade de compreensão, é um exercício mental que possibilita certo acesso aos pensamentos selvagens que podem nascer a qualquer momento no encontro ou desencontro com nossos analisandos. Sentimo-nos *sem pai e sem mãe* nessas situações (indecidibilidade da origem), muito próximos a estados delirantes ou alucinatórios. Por isso mesmo, vivenciamos esses estados como terrores sem nome ou *sem título*. "Sem pai e sem mãe" representa um estado mental de orfandade, sem teorias, sem Freud, sem Klein ou sem Bion, tentando manter e viver esses momentos que podemos chamar de espantosos.

De qualquer modo, a conexão entre imaginação e pensamentos selvagens não configura uma unanimidade entre os diferentes pensadores e estudiosos da obra de Bion. A imaginação, para alguns, seria um processo mais estruturado e surgiria da mente daquele que imagina especulativamente. Os pensamentos selvagens, ao contrário, não teriam sua fonte na mente ou em qualquer outro espaço reconhecível. Eles pré-existem e quando ocorre o impacto com a mente, como um meteorito que colida com nosso planeta, deixam marcas, buracos, sequelas a serem pensadas e domesticadas. Os pensamentos selvagens, dessa forma, estariam aquém ou além da imaginação.

Apesar dessas diferenças de opinião, talvez seja importante destacar as relações entre imaginação e fantasia inconsciente. A imaginação especulativa[6] se abriria para o futuro, pois mantém sua

---

[6] "Estas especulações imaginativas, por mais ridículas, neuróticas, ou psicóticas, que sejam, podem, no entanto, ser estágios na direção daquilo que poderíamos encarar basicamente como formulações psicanalíticas de cunho científico. Creio que a

função de pré-concepção. A imaginação é, portanto, insaturada, sem memória ou desejo. A fantasia inconsciente, ao contrário, está atrelada ao passado, não cumpre funções de pré-concepção, é saturada, inclui memória e desejo. Como expressão mental dos instintos (Isaacs, 1943/1978), nasce a partir das inscrições arcaicas, é dominada pelas representações e se vincula com o que Freud denominou pontos de fixação. Uma se abre para o inédito, a outra nos determina, nos traça os caminhos a percorrer. Enquanto a imaginação faz caminhos ao andar, a fantasia inconsciente faz andar os caminhos, nos pré-destina.

A ideia do espanto em psicanálise aparece muito claramente no texto "O estranho" (*ünheimlich*), de Freud (1919/1978), que nos expõe esse estado mental estranhamente familiar, familiar porque se refere a algo que nós hospedamos sem reconhecê-lo como nosso (outra vez a orfandade). A relação entre essa estranheza familiar e a condição do estrangeiro foi abordada por um de nós em um trabalho recente. Para amenizar esse espanto frente ao estranho/estrangeiro que, por exemplo, habita o ventre da mãe, os pais necessitam nomeá-lo bem antes de encontrá-lo. Mais ainda, ao nascer o bebê é recebido com uma necessidade urgente de referências: "*a boquinha é da mãe, o narizinho é do pai*" etc. etc. Essa proteção frente ao novo, ao estranho, é a nomeação, o título, a afirmação da origem, do(s) autor(es). Só assim pode ser assimilado, nacionalizado, hospedado e domesticado.

Uma das formas de aparição do estranho é o fenômeno do duplo (o *Doppelgänger*), estudado por Freud no mesmo texto, que

---

imaginação especulativa é algo a ser levado em conta quando não se sabe o que engendrou um desenho ou pintura. Independentemente de ser fruto de sonho, alucinação ou delírio." Extraídos da segunda gravação de *Taming Wild Thoughts* (Bion, 1997).

aparece com frequência na literatura dos séculos XIX e XX e também nas cartas de Freud a Schnitzler (seu duplo confesso). De Fausto a Frankenstein (em que se passou a confundir o criador com a criatura (!), de Moby Dick a Dr. Jekill e Mr. Hyde (*O médico e o monstro...*) etc., temos uma literatura voltada para essa figura do estranho, do estranhamente familiar. Bion desenvolveu essas ideias em seu trabalho "*O gêmeo imaginário*" (Bion, 1950/1988).

A própria psicanálise era um pensamento sem pensador, espantoso, e surgiu na mente de Freud a partir de pensamentos selvagens que o invadiram, que o buscaram (seu Édipo, seus sonhos etc.). Ao pensá-los, Freud domesticou-os? Essa é uma questão que nos parece muito relevante. Se Freud não tolerasse essa selvageria que denominou psicanálise (como Breuer e tantos outros não toleraram), não estaríamos hoje nos ocupando com isso. Havia nesse espanto algo de subversivo, que com o tempo foi se acomodando, se domesticando, nas casas/instituições que os psicanalistas inventaram para protegê-la e protegê-los de seu poder disruptivo,[7] mas, ao mesmo tempo, criador?

Mais ainda, seriam nossos conceitos uma forma de domesticação, uma tentativa de dar nomes tranquilizadores ao inefável, ao espanto, ao des-autor-izado, ao *sem título*? Bion, quando kantianamente dizia que a intuição sem conceito é cega e o conceito sem intuição é vazio, não deixava de questionar, em seus seminários e supervisões, os conceitos que surgiam nas discussões como

---

[7] Em sua primeira conferência em São Paulo, em 1973, Bion menciona o enterro dos membros da corte vivos, junto com o rei morto de Ur. Por uma devoção religiosa, todos morrem junto com o rei. Em seguida menciona que muitos tomam as ideias de Freud e outros pensadores significativos da psicanálise e as tornam ossificadas, numa sutil associação do *establishment* psicanalítico ao enterro coletivo da corte na tumba de Ur. Refere-se aos saqueadores de tumbas como os primeiros cientistas, que não ficaram submetidos às autoridades estabelecidas e aos tabus e ousaram revolver o sagrado estabelecido (Bion, *Conferências brasileiras 1*, 1974).

tentativas de afastamento daquilo que realmente importa para o psicanalista: a experiência emocional da sessão. Bion, como sabemos, se preocupava com as palavras e os conceitos que se gastam e vão perdendo seu valor. Porém, se todo pensamento pensado é um pensamento domesticado, o que faz com que alguns deles fiquem demasiado obedientes, eliminando seus vestígios selvagens, e outros mantenham seu poder de surpreender, o frescor e a vitalidade de sua origem e o sabor de seu constante renascer? Existiria aí uma diferença entre pensamentos domesticados e pensamentos acolhidos? Entre pensamentos nacionalizados/assimilados e pensamentos estrangeiros? Entre pensamentos de substituição e pensamentos de consecução ou *achievement*?

A questão que permanece é: como domesticamos os pensamentos selvagens que surgem dentro ou fora de nossas salas de análise sem que toda sua selvageria se esvaia até o ponto em que esquecemos nossa própria origem animal? Esse esquecimento seria uma expressão de nosso ódio e rechaço a esses seres que consideramos inferiores, aos animais que nos habitam ou habitam o outro e que nos recordam nossa embriologia, a proximidade que temos com o selvagem dentro e fora de nós? A psicanálise tem desperdiçado seu precioso tempo e legado em tentativas de explicar esses pensamentos por meio de nomes como psicose, alucinações, loucura, perversões etc. Seguimos fazendo psicanálise quando, como animais do circo, somos obedientes aos nossos amestradores e, assim, logramos evitar esses rótulos que tanto nos atemorizam? Assim foram recebidos Freud, Klein, Bion e tantos outros pelos diferentes *establishments*, especialmente pelo psicanalítico. Sabemos que muitas vezes as explicações não passam de uma forma sofisticada de domínio do intolerável inacessível, daquilo que, parafraseando Chico Buarque e Milton Nascimento, *não tem nome, nem nunca terá*.

Outra forma de descrevermos essas mesmas questões é referir-nos à possibilidade de um pensamento selvagem, uma vez formulado, ser calcificado e tornado um empecilho para o surgimento de novos pensamentos selvagens, como ocorre com muitas das brilhantes intuições de Freud, Klein e Bion, que seriam aprisionadas, domadas, calcificadas, taxidermizadas, tornando-se "verdades" religiosas. Ideias muito úteis no seu nascedouro, como "transferência" podem tornar-se empecilhos. O espaço permanecer aberto para a aparição de novos pensamentos selvagens e que esses sejam sempre "transitórios", em trânsito (a transferência pode ser vista como uma ideia que está em trânsito), parece ser uma experiência dificilmente suportável. Como destaca Bion no seu seminário italiano 3:

> qualquer coisa que provoca ou estimula crescimento torna-se imediatamente desatualizada ... Ao mesmo tempo, a nova ideia que você tem é temporária e será descartada mais cedo ou mais tarde ... Onde você está agora, acabando de ver essa etapa, é um ponto que já está desatualizado (Bion, 1985/2005, pp. 37-38).

As situações que apresentaremos a seguir, ocorrências dentro ou fora da sala de análise, não visam à busca de explicações, e sim a uma tentativa de descrever alguns estados mentais estrangeiros que nos invadem, nos buscam, nos espantam, sem passaporte, e que Bion chamou de pensamentos selvagens, ou, como também sugerimos, *pensamentos sem títulos*. Provavelmente outros os denominarão surtos ou pecados, dependendo da religião que professem.

> P.A.: Eu concordo. Não há "evidência" de qualquer elo entre a teoria e a realização a que se supõe que ela corresponda. Não estou certo de que necessito supor "direção" no caminho que as teorias de causalidade pressupõem, nesse exemplo, de que

um "big bang" iniciou um "universo em expansão", ou de que uma violenta expansão do universo continua a causar "perturbações" no receptor sensível que chamamos de sistema nervoso central. Se o SNC é capaz de receptividade sensível de um grau mais alto, ele pode evidenciar eventos de grande poder a despeito de ficarmos ignorantes de sua gênese (Bion, 1977/1991, pp. 412-413).

P.A.: Pensamos que é importante ser capaz de transformar esses "instintos naturais" em pensamento consciente e racional sem destruir suas capacidades naturais. Costumeiramente, o treinamento ao qual todos nós somos submetidos no processo de tornarmo-nos civilizados destrói, ou abafa perigosamente, nossas heranças "animais" (Bion, 1979/1991, p. 520).

II

Há cerca de quinze anos, uma paciente, com pouco mais de 40 anos e cerca de dez anos em análise, narrou, logo após deitar-se no divã, um sonho que sentia ser muito estranho. Falou sobre uma imensa confusão, muita gente numa situação caótica e barulhenta, ela se vendo totalmente desnorteada e impactada diante de estímulos intensos com os quais não conseguia lidar. Ao ouvi-la, o analista sentiu um forte impacto. Era algo muito diverso de tudo que tinha apresentado nos dez anos de trabalho que tinham em conjunto. O analista é invadido por um sentimento e um pensamento que se impõem de forma muito vigorosa: uma bomba explodiu dentro dela, deixando tudo em estilhaços. Sentiu-se pressionado a lhe dizer que, ao sair da sessão, fosse diretamente procurar um médico que fizesse uma investigação muito minuciosa de seu estado de saúde, que fosse escaneada dos pés à cabeça. Entretanto, viu-se segurando-se para não proferir tal ideia tão impactante. Não havia outras informações, outras associações, outras evidências que pudessem sustentar essa sua intuição. Resolveu aguardar que algo mais consistente pudesse surgir para atrever-se a proferir uma fala tão bombástica. Além do mais, o marido dela era um médico de grande reputação, e o analista receou proferir algo que pudesse se revelar uma grande asneira.

A sessão prosseguiu com outras questões que se apresentaram, e ele acabou esquecendo completamente dessa forte impressão inicial e dela nada falou.

Cerca de dois meses depois ocorreu uma sessão depois de um feriado em que a paciente foi visitar um parente próximo em outro estado. Na viagem de volta sentiu-se muito mal. Chegando em casa, foi levada para um hospital onde se suspeitou de que tivesse um problema de vesícula, com a expectativa de extraírem uma pedra dela. Ao ser feita a intervenção laparoscópica o que se verificou foi um tumor de fígado, que já se espalhava pelo pâncreas. A paciente continuou vindo ao consultório enquanto suas condições físicas lhe permitiram, mas em quatro meses faleceu.

O sonho e a intuição do analista teriam comunicado essa catástrofe dentro dela? Teria feito diferença ter diagnosticado isso dois meses antes? Não pensamos que seja possível saber isso, mas o analista viu-se convencido, depois dessa experiência, de que jamais deixaria de proferir uma ideia ou intuição que se apresentasse de forma impositiva à sua percepção, por mais absurda que pudesse parecer. Se fosse asneira, engano, alucinação, que a experiência de vida se encarregasse de mostrar, e se não fosse, que se pudesse tirar partido dela.

III

Em trabalho anterior (Castelo Filho, 2016),[8] foi descrita uma situação em que o paciente se apresentava muito queixoso, lamurioso, azedo e sem esperança.

A vivência do analista junto a ele era, igualmente, de total falta de perspectiva de sair do atoleiro onde parecia que se encontravam. Depois de uns quinze minutos o analista viu-se surpreendido ao ver um homem louro, de cabelos encaracolados, camiseta vermelha, fazendo caretas desdenhosas para si e gesticulando com uma mão de forma debochada, passar no espaço entre ele e o divã onde se encontrava o paciente. Em seguida, ele desapareceu atravessando a porta. O analista levou um susto ao ter essa experiência, achando que tinha surtado. Mas, vendo-se de posse dos seus sensos e de sua capacidade de pensar, passou a considerar essa visão como algo de natureza intrapsíquica sua, um pensamento-sonho que estaria a revelar algo da situação analítica com o analisando naquele instante. Comunicou-lhe a ideia de que não estariam sós na sala e o paciente anuiu, e quando indagado quem estaria com eles, disse que na sua infância teria sido dito que era o diabo. Na conversa que se seguiu, verificou-se, junto com o paciente, que se tratava de um diabo muito invejoso do seu relacionamento com o analista e do relacionamento do paciente com ele mesmo, que não suportava a possibilidade de que esses pudessem ser criativos, proveitosos e satisfatórios, e que fazia de tudo para arruinar qualquer chance de que se revelassem profícuos. Com o desenrolar da conversa, pôde-se verificar que

---

[8] Trabalho apresentado no Encontro Internacional Bion 2014 em Los Angeles (CA), nos Estados Unidos, e publicado com o título "On the verge of 'Madness': creativity and the fear of insanity" no livro Explorations in Bion's 'O', editado pela Routledge (2019).

também materializava uma série de aspectos do paciente que ele considerava infernais, malditos e inaceitáveis. À medida que o diabo apareceu e o analista não fugiu dele (como propõe Freud, depois de invocarmos tanto o diabo, uma vez que este surgisse o mínimo que devíamos fazer seria conversar com ele), pareceu que pôde ser tolerável para o paciente que tais dimensões de sua personalidade repudiadas e ejetadas pudessem encontrar acolhida e lugar para serem elaboradas.

A posteriori, o analista considerou que a figura que lhe apareceu era uma condensação de uma série de preconcepções suas, como Corisco, o Diabo Louro (cangaceiro do bando de Lampião), o Saci-Pererê, o personagem Louco das histórias em quadrinhos da Turma da Mônica, de Maurício de Souza, e um texto sociológico de José de Souza Martins (2008), *A aparição do demônio na fábrica*, que se organizou para que ele pudesse visualizar o que estava intuindo.

IV

Comunicações por canais não conhecidos ou óbvios na vida do dia a dia:

a) Uma grande amiga francesa de um dos autores, mais velha do que ele, na época em que escrevemos com mais de 80 anos, relatou-lhe sua experiência quando foi comemorar o aniversário de 80 anos de seu marido num país da Escandinávia. Ele, G., tinha 15 anos a mais que ela, D.

Ela, judia sefardita, havia sido impedida de casar-se com G. quando jovem porque ele era judeu polonês asquenaze (depois também se tornou cidadão francês e americano e desconsiderava a Polônia como um lugar que pudesse ser sua pátria por conta dos horrores vividos pelos judeus naquele país). Os dois acabaram se casando com pessoas que eram da conveniência de suas famílias. Muitos anos depois, já com os filhos crescidos, voltaram a se reencontrar e novamente se apaixonaram. Separados de seus cônjuges, casaram-se e viveram 35 anos juntos, até o falecimento dele aos 94 anos.

G. teve a experiência direta da França ocupada; adolescente, teve de usar a estrela amarela e, quando as coisas se tornaram muito feias, fugiu para a Espanha, em cuja fronteira com a França foi preso e passou dois anos em um campo de concentração espanhol, que não teve as maiores consequências de um campo alemão ou da Europa do Leste, mas trouxe, de qualquer forma, muito sofrimento para ele. Ele tinha a experiência direta da ocupação alemã e de todo o terror que viveu na sua adolescência e juventude.

D. tinha 1 ano de idade quando a família fugiu para a Argélia após os alemães invadirem a França. Quando o trem chegava a Marselha, com seus pais disfarçados de árabes, parou no meio de uma plantação. Seu pai rapidamente percebeu que provavelmente agentes da República de Vichy ou mesmo da Gestapo teriam parado o trem. Os árabes também seriam deportados para um campo pelos alemães, pois eram igualmente "inferiores". Ele fez com que a família pulasse para fora do trem e se escondesse na plantação que havia à volta para depois chegarem a Marselha a pé. Ficaram na Argélia até os anos 1950, quando começou a guerra de libertação desse país. Com 1 ano, ela não tinha memórias (ao menos conscientes) dessa escapada, nem da invasão.

Na Escandinávia, narrou D. em um jantar em um restaurante espanhol em Londres, juntamente com G., anos depois da pretendida comemoração de 80 anos do marido, foram a uma cidadezinha idílica em um hotel em meio a uma paisagem extraordinária. Segundo ela, nos países escandinavos não há o hábito de se colocar cortinas nas janelas desde a época da ocupação nazista, pois os alemães queriam saber o que se passava no interior das casas e haviam proibido o uso de cortinas. O não colocar cortinas permaneceu depois da guerra.

Por conta da ausência de preocupação com questões de segurança, as portas do hotel de charme em que foram se instalar não tinham trancas ou chaves.

Logo ao chegarem, saindo do carro para tirar as malas, estacionou, bem ao lado deles, outro carro com um casal de idade. Quando o senhor do carro ao lado saiu do veículo e D. o viu, logo sentiu-se extremamente desconfortável e assustada. Ficou muito perturbada. Entrando no quarto, muito angustiada, contou para o marido o que se passava com ela, do pavor que passou a experimentar desde que vira o mencionado senhor e a esposa. G. não viu razão para tal e achou que ela estava paranoica, que aquele casal que chegara estaria exatamente nas mesmas condições que eles, indo passar uns dias bucólicos naquele belíssimo lugar.

A despeito do asseguramento do marido, D. permaneceu extremamente assustada e mal conseguiu dormir de um dia para o outro. Como não havia trancas nas portas, colocou duas poltronas que havia no quarto bloqueando a porta do quarto. Nos poucos momentos em que adormeceu, teve sonhos ameaçadores em que via homens perseguindo e atacando o marido.

G. continuou achando que D. estava exagerando as coisas e que ali não havia nada a temer.

Pela manhã, saíram do quarto e foram tomar café. Ao entrarem no refeitório, o senhor da véspera já estava lá com a esposa. Quando D. descia alguns degraus para chegar ao ambiente, seu olhar cruzou com o dele e se fixaram um no do outro. Nesse instante, algo escapou da boca dele. Em inglês, ele disse com forte sotaque alemão: "I did what I had to do!" (Eu fiz o que tinha de fazer!).

Estarrecida, ela começou a brigar com ele: "Não, você não tinha de fazer o que fez! É um horror! Monstruoso!".

Secamente, o senhor retrucou: "Você está vendo a minha mulher aqui ao lado? Ela, assim como os meus filhos, tem de me obedecer. Eu tinha de obedecer e obedeci".

D. disse que se sentiu tão petrificada de horror que ensaiou continuar retrucando com o velho senhor nazista, certamente algum assassino em massa, mas não pôde dar continuidade. No mesmo momento voltou para o quarto com o marido, refizeram as malas e foram embora de volta à França, em pânico.

Essa conversa com D. e G. se deu em 2012, e o evento se passara cerca de dez anos antes.

Indagou-se se ela nunca havia pensado em reportar o incidente ao Centro Wiesenthal, em Israel, pois certamente ele deveria ser algum figurão que havia escapado e vivido incógnito e incólume todos aqueles anos.

Ela espantou-se e disse que, surpreendentemente, tal possibilidade nunca havia lhe passado pela cabeça (a despeito de ser alguém muito enfronhada na comunidade judaica parisiense).

Indagou-se, então, por que não o fazia. Ela disse que não sabia o nome do senhor e que provavelmente ele já deveria ter morrido. Foi assinalado que G. continuava vivo, por que não o tal nazista? E que tendo o local e a data em que se hospedaram na Escandinávia, que não deveria ser difícil que pessoas experientes e do ramo pudessem encontrar o rastro dele. Mas ela nunca o fez. Achou que era tarde demais e possivelmente não sentia a força para se envolver nessa empreitada.

Especulamos que a angústia e a dor de voltar a ter contato com tal tipo de experiência seria insuportável para o casal e, por conseguinte, "optaram" por não mais pensar no assunto.

b) Recentemente um de nós e a família iam para o interior de São Paulo, em um trajeto que era habitual. Parando em um conhecido posto de estrada no meio do caminho, vislumbrou-se um antigo automóvel Bel-Air dos anos 1950, todo restaurado. Admirando a beleza do carro, o casal lembrou da adolescência, e o marido, de sua experiência como *exchange student* numa linda cidade histórica do Alabama e das imensas "banheiras" que eram os carrões da família que lhe recebera, que fizeram a glória e a fama dos carros americanos até a crise do petróleo nos anos 1970. A esposa indagou-o se ainda mantinha algum contato com a família com quem tinha ficado e que ele havia mencionado antes por conta da excelente experiência que vivera com eles.

A resposta foi não, pois cerca de cinco anos após sua volta ao Brasil os pais da família haviam morrido em um acidente de automóvel e, após receber uma carta da filha mais velha com quem só tivera contato no Natal de 1974, pois ela já era casada e morava em Baltimore, avisando da tragédia, perdeu o contato com os filhos que eram da sua idade e um pouco mais novos (três rapazes – um seu contemporâneo e dois mais jovens). O marido mencionou que tentou achar pelo nome, via internet, o que tinha 12 anos quando ele estava com 15, mas ninguém da família morava mais no mesmo endereço, e encontrar alguém com sobrenome Parker nos Estados Unidos era como encontrar um Silva no Brasil. Disse que havia perdido a esperança de revê-los algum dia e que já fazia 43 anos que os tinha deixado no Alabama e nunca mais os havia reencontrado.

Essa conversa deu-se às 11 horas da manhã.

Às 16h15, sentado numa poltrona do lugar onde foram passar um feriado, assistindo televisão e havendo esquecido a conversa da manhã, ouviu um "plim" do seu telefone celular avisando que havia alguma mensagem e foi olhar. Levou um susto e seus cabelos arrepiaram! Gritou para que sua mulher corresse para ver antes de abrir a mensagem de tão espantado que estava! Estava escrito no Messenger: "Joe Parker que fazer contato com você"!

Incrédula e boquiaberta, ela disse: "Será? Será possível que seja ele? 43 anos depois e após a conversa que tivemos hoje pela manhã? Abra para ver!".

Quando abriu a mensagem lá estava: "Era você que veio para Eufaula, Alabama em 1974?". Espantado e emocionado, logo respondeu que sim e que era de arrepiar que haviam falado nele pela manhã e comentado sobre a grande improbabilidade de reencontrá-lo algum dia novamente.

Joe retrucou que na noite anterior havia chegado, via eBay, o *yearbook* da escola que haviam frequentado, o qual ele encomendara para encontrar as direções do "irmão" brasileiro. Três anos antes havia vindo ao Brasil, porque comercia amendoins, e tentou achá-lo, mas soletrou seu nome de forma errada e não teve como encontrar. No *yearbook* que acabara de chegar às suas mãos o nome estava correto e logo tentou entrar em contato, sendo bem-sucedido!

O impacto emocional foi muito grande em ambos e em suas famílias, precipitando um reencontro dos dois no final de 2017. O irmão americano mais novo, Dan, também foi se juntar a essa reunião.

V

O paciente, logo após deitar-se, faz uma pausa e então relata algo que nunca conseguiu expressar para ninguém antes, nem para o analista. Diz ter recebido via mídia social dois vídeos que viu sem saber do que se tratavam. Ficou horrorizado, pois retratavam situações de terríveis maus-tratos feitos a criaturas indefesas. Caminhando para o seu carro, sentiu-se mal e nauseado. Sentia que ia ter uma experiência, como eventualmente tem, em que precisaria se apoiar em algum lugar até que ela passasse. Apoiou-se no seu carro e viu-se revirado do avesso, com todos os seus órgãos internos para fora e o que costumava estar para fora virado para dentro. Ele tinha se transformado naquilo. Espantou-se ao considerar que tudo o que existia dentro dele nunca via a luz do Sol, estava sempre imerso em completa escuridão, e que estranhava a luz do Sol tocar essas partes que sempre viviam no escuro. Verificou também que estava voltado para dentro da escuridão, mas ao mesmo tempo percebia o que estava do avesso sendo tocado pela luz que não queimava ou agredia, mas era estranha a sensação daquilo que nunca vê a luz ser tocado por ela. Era uma vivência real, ao mesmo tempo que sabia que somente ele mesmo percebia aquilo e que era algo só dele. Passado um momento, conseguiu refazer-se e entrar no carro.

O primeiro impacto no analista, a despeito de considerar as dimensões propriamente analíticas de o analisando estar se sentindo revirado pelo avesso depois de ver os vídeos contendo cenas de abjeta violência, e também pela própria análise, colocando-o diante de situações internas intensas e perturbadoras, tornando perceptível o que nunca vira luz antes e de muitas dimensões que jamais a verão, *foi da qualidade estética* de sua expressão, que considerou não ser capaz, nem de longe, de fazer justiça ao transcrevê-la aqui. A fala do analisando era extremamente eficaz em fazer com que o analista "visse" o que o paciente referia, e também "vivesse" a narrativa, como se experimenta na leitura de um grande romance de Maupassant ou Tolstói.

Perguntou-se se ele escrevia aquilo que comunicava. Ele respondeu que sim, mas só para ele mesmo. Perguntou-se se não pensava em publicar. Ele disse que nunca, pois achava que seria percebido de uma maneira muito perturbadora pelas outras pessoas. Indagou-se se ele havia lido *A metamorfose*, de Kafka. Ele respondeu que não, a despeito de ser alguém com uma boa bagagem cultural. Conhecia *O processo* do mesmo autor. O analista relatou um pouco da história do livro e também o desejo do escritor de que toda sua obra fosse queimada pelo amigo com quem ele a tinha compartilhado, quando morresse. Contrariamente aos desejos dele, o amigo a publicou, legando-nos sua impactante obra.

Ele disse que estava impressionado por sua possibilidade de contar o que narrou na sessão. Isso nunca havia sido possível antes.

A conversa posterior levou em conta o que o analista chamou há pouco de dimensões psicanalíticas, mas destacou-se o seu medo de ser uma pessoa com talentos diferenciados – o que o analista pensa que ele realmente tem por uma série de outros episódios da experiência conjunta deles e também do que ele refere ser capaz na vida fora dali. Quando menciona seus feitos, sempre se esforça para se diminuir, como se ser capaz de ver ou fazer coisas que outros não são fosse uma espécie de pecado. Foi também abordado o fato de que sua capacidade criativa e diferenciada estaria associada à sua possibilidade de ter esse tipo de vivência, de visualização, captando realidades que expressava plasticamente ou literariamente, da forma que me comunicou.

Acrescentou-se, no decorrer da conversa, que era verdade que, tendo tais possibilidades, que isso de alguma forma o tornava parte de uma minoria, e que os grupos costumam se sentir incomodados ou mesmo bastante perturbados com a presença de pessoas que tenham uma sensibilidade dessa ordem, e que ele, por outro lado, pode se sentir muito solitário com a dificuldade de encontrar interlocutores ou pessoas com quem possa viver uma verdadeira intimidade.

VI

Pedimos licença aos físicos ou pessoas mais informadas sobre o assunto para considerarmos uma visão leiga de um assunto complexo. Valemo-nos dele como *modelo* para pensarmos a questão que aqui abordamos.

Recentemente, por meio de um sofisticado equipamento que foi desenvolvido, foi feita uma constatação que corroboraria a teoria das ondas gravitacionais proposta por Einstein há mais de cem anos. O grande valor desse fato está na possibilidade de, por meio dessas ondas, poder ser discernida a matéria escura que se supõe compor a maior parte do universo de que fazemos parte. Não se sabe o que ela é, porém haveria fortíssimas evidências para a sua existência. As distorções das ondas gravitacionais revelariam a existência de "corpos" ou matéria que não podem ser detectados por meio de instrumentos óticos como telescópios, visto que eles seriam opacos e impediriam a passagem da luz, tornando-se indetectáveis (as distorções na direção da luz são um indicativo da existência de grandes massas, por meio da formação de lentes, porém não seriam suficientes para a corroboração da existência dessa matéria escura e de sua natureza). A massa escura, todavia, distorce as ondas de gravidade assim como um corpo colocado sobre um tecido ou líquido distorce sua "superfície" formando ondas. Dessa maneira, registrando-se as ondas poder-se-ia considerar os "corpos" ou massas de matéria que as estariam produzindo. Dessa maneira, poder-se-ia constatar um universo completamente discrepante daquele que concebido até então pelos meios que consideram a luz e o som. Entre uma pessoa e outra, quanta matéria escura haveria? Que tipo de reverberações ou de ondas existem entre nós e nas dimensões em que habitamos? Poderemos suportar o que se nos revelará por meio desse instrumental que começa a ser desenvolvido? Que tipo de apreensões poderemos desenvolver a partir disso? Nossas mentes poderão suportar essa expansão? E os meios de comunicação que podem existir dos quais não nos damos conta? Poderemos tirar partido disso?

Os pensamentos selvagens ocorrem numa órbita fora da história de cada um. Aqui se trata de um campo diferente daquilo que consideramos como o campo histórico da transferência-contratransferência. Os pensamentos selvagens não ocorrem a partir de uma cadeia representacional que trace seus caminhos. Ao contrário, sua selvageria é que poderá produzir representações. Quando o pensamento é pensado, estamos e entramos no terreno conhecido dos registros psíquicos, das inscrições, dos nomes. A surpresa, o espanto, não tem endereço, não tem CEP nem CPF. Os pensamentos selvagens, se pensados, domesticados ou acolhidos, irão participar da construção de temporalidades conhecidas, de começos, de narrativas. Quando começa a psicanálise? Quando Freud a pensa. Mas antes existia o quê? Certamente existia a sexualidade infantil, o Édipo, o inconsciente, os sonhos significativos, só para ficarmos nos grandes *shibboleths* freudianos. Existia a psicanálise como coisa-em-si, sem história, selvagem, sem título. Um homem corajoso chamado Freud acolheu esses pensamentos selvagens e concebeu algo inédito na história. Apesar das tentativas de sepultá-la sob o mármore do já sabido, do já escrito, do já pensado, ainda resta à psicanálise suficiente selvageria para seguir desacomodando-nos e encontrando novos continentes para a concepção de novas ideias.⁹ Como disse Bion (1992, p. 200), "não acho nada interessante ficar rendendo perpétuas graças aos obséquios da psicanálise; gostaria também de comparecer a um de seus muitos re-nascimentos".

"A psicologia vinha prosseguindo de maneira estranha; está quase concluída, composta como num sonho" (comentário contido em carta de Freud a Fliess, de 20 de junho de 1898).

> *Aqui está. Foi difícil eu me decidir deixar que saísse de minhas mãos. A intimidade pessoal não teria sido uma razão suficiente; foi preciso também nossa honestidade intelectual um com o outro. Ele segue completamente os ditames do inconsciente, segundo o célebre princípio de Itzig, o viajante dominical: "Itzig, para onde você vai?". "Eu que sei? Pergunte ao cavalo." Não iniciei um só parágrafo sabendo onde ele iria terminar. É claro que o livro não foi escrito para o leitor; depois das duas primeiras páginas, desisti de qualquer tentativa de cuidar do estilo. Por outro lado, é claro que acredito nas conclusões. Ainda não tenho a mínima ideia da forma que finalmente assumirá o conteúdo (trecho de carta de Freud a Fliess, de 7 de junho de 1898).*
>
> *Mas uma coisa como essa só vem à luz da maneira que bem quer. Qualquer tentativa de torná-la melhor do que ela vai saindo por si só lhe confere um caráter forçado. Logo, ela conterá 2.467 erros – que eu deixarei ficar (seleção de carta de Freud a Fliess, de 27 de agosto de 1899).*[10]

---

[9] Ver a nota de rodapé 7.
[10] Cartas citadas por Ernest Jones (1961/1975) na sua biografia de Freud.

Essa última sentença corresponde intimamente à experiência do narrador e sua vivência com a *madeleine* mergulhada no chá do início de *Em busca do tempo perdido*, de Marcel Proust.

> *Desejo a todos uma Feliz Loucura e uma Fissão Relativística.*[11]

> Há mais coisas, Horácio, em céus e terras, / do que sonhou nossa filosofia.[12]

Referências

Bion, W. R. (1974). *Conferências brasileiras – São Paulo, 1973*. Rio de Janeiro: Imago.

Bion, W. R. (1988). O gêmeo imaginário. In W. R. Bion, *Estudos psicanalíticos revisados*. Rio de Janeiro: Imago. (Trabalho original divulgado em 1950.)

Bion, W. R. (1991). *A memoir of the future* (Book 1: The dream). London: Karnac. (Trabalho original publicado em 1975.)

Bion, W. R. (1991). *A memoir of the future* (Book 2: The past presented). London: Karnac. (Trabalho original publicado em 1977.)

---

[11] No original em inglês: "Wishing you all a Happy Lunacy and a Relativistic Fission" (última sentença do Livro III de A Memoir of the Future, 1979/1991, p. 578).

[12] Tradução de Anna Amélia Carneiro de Mendonça. No original em inglês: "There are more things in heaven and earth, / Horatio / Than are dreamt of in your philosophy" (Shakespeare, Hamlet, 1599/1968, ato 1, cena 5).

Bion, W. R. (1991). A memoir of the future (Book 3: The dawn of oblivion). London: Karnac. (Trabalho original publicado em 1979.)

Bion, W. R. (1992). Conversando com Bion. Rio de Janeiro: Imago.

Bion, W. R. (1997). Taming wild thoughts. London: Karnac.

Bion, W. R. (2005). The Italian seminars. London: Karnac. (Trabalho original publicado em 1985.)

Chuster, A., Soares, G., & Trachtenberg, R. (2014). W. R. Bion: A obra complexa. Porto Alegre: Sulina.

Castelo Filho, C. (2016). Na fronteira da loucura: criatividade e o medo da insanidade. In C. J. Rezze, C. A. V. de Camargo, & E. S. Marra (eds.), Bion: transferência, transformações, encontro estético. São Paulo: Primavera Editorial.

Castelo Filho, C. (2019). On the verge of 'Madness': creativity and the fear of madness. In A. F. Alisobhani (ed.), Explorations in Bion's 'O'. New York: Routledge.

Freud, S. (1978), The uncanny. In S. Freud, The standard edition of the complete psychological works of Sigmund Freud (Vol. 10). London: The Hogarth Press. (Trabalho original publicado em 1919.)

Isaacs, S. (1978). A natureza e a função da fantasia. In M. Klein, P. Heimann, S. Isaacs, & J. Riviere, Os progressos da psicanálise. Rio de Janeiro: Zahar, 1978. (Trabalho original publicado em 1943.)

Jones, E. (1975). Vida e obra de Sigmund Freud. Rio de Janeiro: Zahar. (Trabalho original publicado em 1961.)

Martins, J. de S. (2008). A aparição do demônio na fábrica. São Paulo: Editora 34.

Proust, M. (1954). À la recherche du temps perdu. Paris: Gallimard (7 vols.). (Trabalho original publicado entre 1913 e 1927.)

Shakespeare, W. (s.d.). *Hamlet*. E-book. ASIN: B007SXIL5S.

Shakespeare, W. (1968). *Hamlet*. Rio de Janeiro: Livraria Agir Editora. (Texto original de 1599.)

Towles, A. (2016). Um cavalheiro em Moscou. Rio de Janeiro: Intrínseca.

4. A arte, as crianças e os adultos

Conforme as ideias do psicanalista britânico Wilfred R. Bion (falecido em 1979), com as quais me afino, os sonhos representam de forma plástica a sintetização de *insights* de um indivíduo. Para sabermos aquilo que intuímos, precisamos ver o que foi intuído. Temos primeiro que fazer um trabalho para transformar experiências sensoriais – aquilo que captamos com nossos órgãos dos sentidos, e também o que vem do nosso mundo interno, como emoções, desejos, impulsos, que numa primeira fase não se distinguem do que é percebido sensorialmente (são também sentidas como coisas concretas) – em representações psíquicas. Isso se dá por meio do que Bion chamou de função-alfa, em que elementos que corresponderiam a percepções sensoriais em estado bruto, que ele denominou elementos-beta, são transformados em não sensoriais, imagens que não necessariamente correspondem a si mesmas, como são os ideogramas, que Bion denominou elementos-alfa (Bion, 1962). Essas representações psíquicas, elementos-alfa, por sua vez, se a mente funciona de forma apropriada, não são mais necessariamente confundidas com as coisas que foram percebidas inicialmente; elas são símbolos, que podem ser usados para representar outras coisas que não o que foi inicialmente percebido, o contrário de quando tudo é tomado ao pé da letra.

Quando alguém toma tudo ao pé da letra, está com problemas psíquicos consideráveis e não é capaz de perceber que uma poesia que esteja falando do outono e do inverno possa estar se referindo, por exemplo, à maturidade e à velhice, e não propriamente às estações do ano. Outro modo de ver isso é quando uma pessoa ataca um ator que faz o vilão de uma novela porque não distingue o personagem do ator que o representa. Essa pessoa não está sendo capaz de simbolizar e diferenciar representação de coisa em si.

Os sonhos, usando de representações imagéticas e sonoras que se combinam articuladamente, comunicam-nos aprendizados que tivemos na vida, elaborações de experiências emocionais, às quais não teríamos acesso se não pudéssemos sonhá-las. Eles permitem que evoluamos, que aprendamos, que nos desenvolvamos mentalmente. São fundamentais para isso. Se não pudermos sonhar, enlouquecemos, literalmente. Para ver isso acontecer, basta privar uma pessoa de sono por alguns dias para ela ficar totalmente transtornada, psicótica. Quando uma pessoa está mentalmente perturbada, ela não consegue sonhar, teme fazer isso (entre outros motivos, por não distinguir pensamento de eventos reais, sonho de acontecimentos, e vice-versa) e não pode, consequentemente, nem dormir e nem acordar. Fica numa espécie de pesadelo acordado que não distingue dos fatos, e vice-versa. Trata como "sonhos" o que na verdade são alucinações, pois essas não são vistas como representações, mas como coisas em si, como eventos reais, e trata também eventos reais como se fossem sonhos.

Quando uma pessoa pode efetivamente sonhar, pode visualizar aquilo que teria intuído e organizar o que assim capta, em seguida, de forma racional. Bion inverte a proposição de Freud ao afirmar que o conteúdo manifesto de um sonho não é o resultado de um trabalho de distorção onírica sobre captações originalmente racionais que foram deformadas por incapacidade de nossa consciência de tolerar aquilo que teria sido percebido, captado. Ele diz que, para captarmos algo e darmo-nos conta desse algo, é primeiro preciso sonhar o que foi percebido, que é uma atividade que ocorre não só durante a noite quando dormimos, mas também durante o dia, enquanto fazemos nossas tarefas. As estrelas estão sempre no céu, a luz do Sol, durante o dia, é que nos impede de percebê-las. À noite, elas ficam mais fáceis de ver. Depois de visualizarmos o que teríamos intuído é que passamos a colocar de forma racional aquilo que primeiro captamos por meio dessa linguagem onírica, imagens visuais, plásticas. Portanto, o latente de Freud seria na verdade uma construção posterior ao sonho, e não anterior.

Uma pessoa que faz um sonho faz uma integração e elaboração de experiências que servem basicamente a ela própria e aos seus interesses particulares. O cientista e o artista seriam pessoas que teriam a possibilidade de alcançar, por meio de sua capacidade para sonhar, elaborações, *insights*, que servem não somente para suas questões e necessidades particulares, mas também para um grupo de pessoas, ou mesmo para toda uma comunidade, um país, a humanidade inteira. Quando é uma grande obra de arte (ou um grande mito, como o de Édipo, da Torre de Babel, ou os mitos nórdicos etc.), esse sonho, que o artista, ou o cientista,[1] coloca numa

---

[1] Como todo artista, o cientista também precisa ser um visionário, capaz de ver o que não é perceptível com os órgãos dos sentidos, ou melhor, capaz de ver para além daquilo que lhe informam os sentidos – como Copérnico ou Kepler, que puderam visualizar o Sistema Solar pelo movimento de pontos brilhantes no céu.

forma representacional, estética ou matemática, se transforma em algo passível de ser compartilhado, visualizado por outros, para que outras gerações e outras mentalidades diversas daquela em que surgiu possam se beneficiar de tal sonho. Em suma, o artista, sobretudo o grande artista (ou o grande cientista, que também precisa ser "artista", e não é à toa que tantos alunos e pessoas ligadas à física vão estudar filosofia), seria capaz de produzir sonhos que a maioria dos indivíduos não consegue. Ele, podendo produzir uma representação plástica de seu sonho que possa ser também visualizada, compartilhada por outros, auxilia os demais a fazer os sonhos que os outros não são capazes de fazer. Portanto, ajudam as outras pessoas a elaborar e a se dar conta de questões pessoais que não poderiam sem a ajuda deles. Assim como os cientistas, que a princípio estão lidando com questões mais evidentemente práticas,[2] o artista auxilia na elaboração, no desenvolvimento de questões emocionais, que também têm consequências práticas de primeira ordem. Todo problema prático é uma questão emocional, é uma experiência emocional. Se não houver condição para se formular essa experiência emocional por uma via representacional, quer seja por meio da formulação de um problema ou por um meio estético, ocorrem o colapso psíquico, ou atuações impensadas (descarga de elementos-beta por meio de identificações projetivas ou *acting-outs*).

Vendo-se desse ângulo, é uma bobagem achar que arte não tem função, não serve para nada, que seria futilidade. Toda grande nação desenvolvida sabe que isso não tem cabimento, e às artes é atribuída

---

[2] Muitas vezes artistas são requisitados a criar uma representação visual de complexas teorias científicas, como buracos negros ou paisagens de planetas próximos ou distantes que não são alcançáveis por instrumentos de observação, ou a conceber cenas da vida em eras pretéritas de nosso planeta, permitindo às demais pessoas da coletividade o acesso a dimensões que sem esses recursos elas não teriam como alcançar.

uma grande importância e espaços privilegiados são dedicados a elas. Nas nações subdesenvolvidas ou sob regimes totalitários a arte e os artistas são depreciados ou sistematicamente atacados e eliminados. Arte não é coisa para rico, não é futilidade, é uma necessidade vital e sem a qual não há crescimento.

Quando falo arte, não estou me referindo necessariamente às artes plásticas. Estou incluindo a música, a literatura, a poesia, a dança, a dramaturgia, o cinema, o vídeo...

Ao entrar em contato com a peça de Sófocles, *Édipo-rei*, escrita 2500 anos antes, Freud conseguiu visualizar aquilo que estava intuindo, mas não conseguia formular: sua teoria do complexo de Édipo. Sem o sonho escrito de forma artística por Sófocles e sua representação teatral, que além dos atores inclui uma série enorme de formas plásticas, cenários, figurinos, e de som, música, Freud não teria conseguido o *insight* que buscava.

Quando olhamos para um quadro, escultura, filme, peça de teatro, ouvimos música de qualidade etc., se é algo para além do entretenimento, somos ajudados a elaborar questões emocionais nossas que não teríamos podido elaborar sem tal auxílio propiciado pelo(s) artista(s). É por isso que há tanta diferença de uma sociedade em que há o prestígio para as artes para outras em que isso não acontece. Isso promove o desenvolvimento da capacidade de pensar dos indivíduos e dos agrupamentos de que eles fazem parte. Nos países mais desenvolvidos cientificamente e tecnologicamente, o valor dado à arte é inequívoco! E vão pessoas do mundo inteiro atrás de contato com esse tesouro cultural, porque isso faz diferença para o crescimento delas. Nova York, Paris, Londres, Roma, Florença, Veneza, Berlim etc., recebem milhões de visitantes todos os anos atrás desse patrimônio. Da mesma maneira, promovem o desenvolvimento e o surgimento de talentos artísticos, para que o crescimento de suas comunidades permaneça.

Dá para se perceber uma sociedade doente quando nela há o ataque às artes e aos artistas. Em geral, trata-se de uma sociedade totalitária, pois a arte desenvolve a capacidade para pensar, e no totalitarismo (como o nazismo na Alemanha ou a China maoísta) isso não é desejável. Ou, então, sujeita-se a arte para que ela não possa produzir mais verdadeiros "sonhos", mas somente propaganda. Todavia, mesmo nessas condições, sempre há uma mente que "subverte" a doutrina e acaba produzindo algo que revela algo da conjunção constante do momento daquela sociedade que o *establishment* não gostaria de ver exposto, como aconteceu com as obras de Prokofiev e Shostakovich durante o período stalinista da Rússia Soviética.

Melanie Klein, psicanalista austríaca que se radicou em Londres no século XX, desenvolveu uma técnica para analisar crianças pequenas, que em geral não são capazes de pôr em palavras a maior parte de seus conflitos psíquicos, por meio do brincar. Entre outras atividades que propunha, uma das principais era o desenho, o recorte e a modelagem com massinhas, ou seja, tentar colocar em imagens plásticas os conflitos, as vivências que não conseguiriam expressar-se de outro modo. Na análise das crianças que eram suas pacientes, foi auxiliando-as a encontrar, por meio dessas atividades plásticas, ou da brincadeira (toda brincadeira é uma representação dramática, tanto que em inglês e em francês o verbo que designa o brincar é o mesmo que atuar – *to play*, *jouer*), uma visualização para os conflitos, os sentidos deles, e uma possível elaboração para eles a partir do contato permitido pela expressão plástica ou dramática.

Assim, o contato com as artes, tanto como espectador, observador, como de forma ativa, participante, é algo fundamental para o desenvolvimento, o crescimento, a elaboração de experiências emocionais fundamentais de qualquer criança, mesmo que ela não vire artista depois. Para seu crescimento em qualquer atividade pessoal e profissional, é de primeira ordem que possa desenvolver essa capacidade para a abstração, para a visualização, para a representação. A arte é fundamental para isso. Caso contrário, esse indivíduo poderá sempre tomar as coisas pelo seu valor de face, de forma concreta, ficando sem jogo de cintura e sem poder ver para além ou aquém do que lhe pareça óbvio.

Sem arte, não há elaboração. Tudo fica concreto, coisificado, e, nesse nível de funcionamento mental, em que não se adquire abstração, capacidade de representar, o subdesenvolvimento tende a ser crônico, e a sociedade em que isso prevalece, predominantemente psicótica (já ouviu falar de arte norte-coreana?). Quando vemos pessoas que odeiam e rejeitam a arte e os artistas, podemos considerar que é muito provável que tenham problemas psíquicos e que temam que o artista possa colocar numa representação visual, teatral, ou literária, seus próprios (dos que rejeitam) conflitos internos com os quais não querem se defrontar. Um exemplo disso está em *Hamlet*, de Shakespeare, em que o personagem-título, com o auxílio de um grupo teatral, encena para sua mãe, a rainha, e para o rei, seu tio, o drama que o fantasma do rei morto (seu pai – imagem-sonho que teria permitido a Hamlet organizar e captar o que intuía) havia contado: que fora morto pelo irmão que lhe usurpou o trono e a mulher. Ao verem encenado o envenenamento de um rei na peça escrita pelo príncipe, reagem com ultraje e se retiram do local, confirmando, assim, para Hamlet, aquilo que ele havia "visualizado".

Nas sociedades desenvolvidas, vemos as crianças muito cedo tendo acesso às formas mais sofisticadas de produção artística e também tendo acesso a meios para produzir arte. Sabe-se que o desenvolvimento psíquico-emocional delas depende disso e, consequentemente, também o desenvolvimento da própria comunidade da qual fazem parte.

A arte é fundamental para o desenvolvimento individual e de comunidades; porém, ela não pode substituir uma psicanálise para quem dela necessita. Mesmo grandes artistas podem não ter o alcance daquilo que intuem e representam, e muitas vezes podem se ver sem a condição de suportar as experiências emocionais indissociáveis daquilo que intuem e podem representar, caso tenham o talento e os meios para tal. As experiências emocionais associadas às suas capacidades intuitivas podem ser tão intensas que poderiam arrebentar suas mentes, fragmentando-as. Um artista pode embotar seu talento por medo daquilo que pode captar, das consequências psíquicas que podem vir junto com aquilo que visualiza, se as emoções associadas forem vividas por ele como demasiado disruptivas. Às vezes a mente pode ver longe, mas a condição emocional para conter as dimensões do que foi visualizado pode não estar à altura. O analista experiente poderá auxiliar o paciente artista a desenvolver sua continência emocional para tal. Dessa maneira, contrariamente ao que pensava Freud, ao ser analisado, o artista não perderia seu talento (segundo ele, a arte seria uma solução neurótica para seus dilemas, e, sendo "resolvida" sua neurose, a arte desapareceria da mesma forma que um sintoma). Para Freud, o artista tentava realizar na arte tudo o que não seria capaz de fazer na vida real. Hannah Segal (1993) já havia denunciado o equívoco dessa percepção de Freud sobre o artista em seu livro *Sonho, fantasia e arte*. Considerando os *insights* de Segal e os de Bion, com a análise o artista tornar-se-ia mais capaz de suportar as experiências emocionais relativas ao que intui, visualiza e pode expressar, dando maior margem a expressões de seus talentos.

Toda atividade, quando exercida de forma criativa, seja ela artística, científica, psicanalítica, médica, jurídica etc., está sujeita às mesmas condições. Todos nós, de certo modo, precisamos ser artistas. Assim como se faz na análise de crianças, em que o analista pode auxiliá-las a suportar as experiências emocionais que não tolerariam se brincassem sozinhas, ajudando-as a ampliar o espaço para o que podem representar e ver por meio de brincadeiras, jogos, encenações, desenhos, dando-lhes segurança para brincar, o analista de adultos poderá ajudá-los a tolerar aquilo que intuem e visualizam, seja por meio de sonhos com caráter particular, seja por meio daqueles que podem adquirir caráter coletivo, como é o caso das verdadeiras obras de arte (plásticas, musicais, dramáticas, literárias, ou mesmo na confecção de impressionantes equações matemáticas).[3]

Referências

Bion, W. R. (1962). *Learning from experience*. London: Karnac.

Segal, H. (1993). *Sonho, fantasia e arte*. Rio de Janeiro: Imago.

---

[3] A colega Afsaneh Alisobhani, de Los Angeles, mencionou, em comunicação pessoal, que antes de se tornar psicanalista havia sido engenheira e sabia perfeitamente o que era ver a grande beleza estética de equações matemáticas.

5. Considerações sobre memória e desejo a partir da leitura de "O Moisés de Michelangelo", de Freud

Valho-me do artigo de Freud (1914/1978) sobre a escultura de Moisés feita por Michelangelo, que se encontra na igreja de San Pietro in Vincoli, em Roma, para falar sobre memória e desejo e sobre mudanças na abordagem psicanalítica dos fenômenos desde a época de Freud até a atual. A partir da síntese do artigo, comento os aspectos que me parecem relevantes no que tange à memória e ao desejo e à prática da psicanálise.

Freud fala de sua atração pelas obras de arte, especialmente a escultura e a literatura (a pintura o interessa em escala bem menor, e a música, especialmente, não o interessa). Ele não se apresenta como um *expert*, mas como um diletante interessado em compreender o sentido de algo que o mobiliza intensamente no campo das emoções. Quer saber ao que se deve o efeito que experimenta quando contempla esses trabalhos.

Ele acaba verificando algo aparentemente paradoxal, ou seja, que precisamente algumas das maiores e mais impressionantes criações artísticas permanecem como enigmas insolúveis, não conseguem ser alcançadas pela compreensão. São obras admiradas, que nos assombram, mas não conseguimos dizer como isso ocorre. Ele chega a postular (e estou de pleno acordo com isso) que um estado de desnorteamento intelectual seja uma condição necessária para que uma obra de arte alcance seus efeitos – na minha apreensão, uma verdadeira obra de arte rompe com paradigmas anteriores e apresenta a nossos olhos algo da realidade que estava lá para ser percebido, mas isso só se torna possível por meio dela, por meio do que o artista captou e representou.

Freud diz que, em sua opinião, aquilo que nos captura de modo tão poderoso seria a *intenção do artista* – isso seria particularmente verdade na medida em que tenha sido bem-sucedido em expressar essa sua intenção e tenha sido capaz de fazer-nos compreendê-la. *Diz que o artista procura despertar em nós a mesma atitude emocional, a mesma constelação mental, que nele produziu o ímpeto de criar.*

Freud coloca-se a seguinte questão: por que a intenção do artista não seria capaz de ser comunicada e compreendida em palavras, como qualquer fato da vida mental? Com os posteriores desenvolvimentos da psicanálise, sobremaneira com Bion, ver-se-á que, na verdade, as apreensões são feitas primordialmente por meio de experiências emocionais que, quando conseguem ser representadas, o são primordialmente por meio de imagens visuais, e apenas posteriormente essas imagens visuais podem encontrar uma linguagem verbal e racional para a elas podermos nos referir. A tradução em linguagem verbal e racional, em grande parte, contudo, satura e pode pôr a perder o contato com a experiência emocional que dá um sentido real para o que é observado. Alguém pode ler e saber tudo sobre uma obra de arte, mas diante dela ser incapaz de percebê-la, de entrar em contato com ela e, muito menos, de atribuir-lhe um sentido próprio por meio de sua experiência pessoal.[1] Há uma inversão naquilo que Freud considerava ser a construção de sonhos.[2] Para Freud, no entanto, a intenção do artista nas grandes obras de arte nunca poderia ser alcançada sem o trabalho da interpretação. Para ele, uma grande obra de arte, se realmente for a expressão da intenção e das atividades emocionais do artista, deve admitir uma análise. Para saber quais seriam essas intenções, deve-se fazer uma interpretação da obra. Só assim saberíamos por que fomos tão poderosamente afetados por ela. Freud recorre à tragédia *Hamlet*, de Shakespeare: o mistério de sua

---

[1] Há uma grande diferença entre ser erudito e ser sábio. Um erudito pode também ser sábio, assim como uma pessoa inculta pode ser muito sábia. Muitos eruditos, contudo, não possuem sabedoria, e as informações que possuem (no sentido de ter a posse) costumam ser estéreis.

[2] Bion refere-se a trabalho onírico alfa. A observação dos dados sensoriais precisa ser digerida pela função-alfa que ele postula. Os dados concretos da percepção (elementos-beta) precisam ser transformados em elementos-alfa (que representam, mas não são – portanto, algo possível apenas para quem pode tolerar a frustração de suportar a ausência de coisas em si). Quando ocorre a experiência de um fato selecionado e a percepção de uma conjunção constante, esta só pode ser apreendida, na maioria das vezes, por meio de uma imagem visual que a representa, como um ideograma (uma condensação). Essa imagem visual é confeccionada com os elementos-alfa disponíveis. O primeiro momento de apreensão ocorreria com a percepção da imagem visual precipitada pelo fato selecionado. Somente depois é que haveria o movimento de perceber o sentido racional daquilo que foi captado de modo irracional, por meio de uma experiência emocional. A operação de nomear aquilo que foi apreendido e apresentado por meio de imagens é, portanto, posterior. Dessa maneira, inverte-se a proposta de Freud segundo a qual sentenças racionais seriam deformadas e apresentadas de modo distorcido por obra do trabalho onírico. Na nova proposição, as sentenças procuram nomear e descrever verbalmente aquilo que primeiramente é captado e comunicado por imagens oníricas. O que frequentemente ocorre é que as formulações racionais escritas em palavras ou fórmulas matemáticas costumam ficar aquém da apreensão feita por imagens (conforme descrição do físico Heisenberg, mencionada no livro *Insights of genius*, de Arthur Miller). Podemos verificar algo semelhante ao narrarmos um sonho: na maioria das vezes a narrativa não "faz justiça" às vivências do sonho.

força, segundo ele, reside em estar calcada no tema do complexo de Édipo.

Em seguida, Freud faz uma descrição da estátua e comenta as possibilidades de interpretação desta feitas por diversos pensadores. Elas são inúmeras, muitas vezes bastante contraditórias ou seguindo caminhos que não encontram intersecção entre si. Considero que esta é uma boa oportunidade para comentar algo que frequentemente verificamos em reuniões de psicanalistas ou de psicólogos: a um determinado material clínico são atribuídas quase tantas possibilidades de interpretação quanto os presentes ao encontro. Parece que nossa atividade acaba se reduzindo a um "achismo" ou jogo de batalha naval no qual, se alguém, eventualmente, acerta o alvo, é por mera coincidência ou sorte.

Os sentidos atribuídos, conforme minha maneira de ver, não devem ser dissociados da experiência presente entre analista e analisando. Os fatos por meio dos quais o analista consegue suas informações e nos quais se baseia devem ser aqueles que ele observa na sala – outros tantos referidos pelo analisando ou que estejam nas memórias do analista devem ser desconsiderados,[3] pois não podem ser, de fato, verificados. Em *Atenção e interpretação* (1970/1977), Bion ressalta a necessidade de contrastar o que é informado pelo paciente com o que é observado pelo analista. O paciente diz que é casado, mas a observação feita no consultório evidencia um comportamento e uma condição mental de uma pessoa solteira. Tendo em vista ser relevante a realidade psíquica do paciente, e não a sua referida condição social, a pessoa a ser considerada em análise é alguém que ainda não se casou. Memórias também não são dignas

---

[3] Ao ouvir uma narrativa, o foco da atenção deve ser colocado não no conteúdo, mas na função daquela fala no contexto da sessão. Incongruências nas narrativas podem ser verificadas, assim como se possuem caráter onírico ou prevalentemente alucinatório.

de confiança, e a importância dada à presença delas sempre leva ao prejuízo da capacidade de observar os eventos presentes. Os sentidos que venham a ser atribuídos aos fatos precisam ser construídos no contexto da experiência vigente e precisam ser verificados naquilo que decorre após serem publicados pelo analista ao analisando.

Lembro-me da defesa de doutorado de uma colega que tratava de desenhos de crianças feitos em análise. Uma das pessoas que a arguia quis propor inúmeras outras possíveis interpretações aos desenhos, diferentes das propostas pela doutoranda. Ela, por sua vez, respondeu, de modo muito pertinente, que fora do contexto da sessão, da experiência emocional compartilhada por ela e pelos analisandos, os desenhos poderiam ter infinitas interpretações. Contudo, o que salientou é que os sentidos que ela propôs tinham sido construídos ao longo da experiência de cada sessão e dentro do contexto em que foram feitos: levando em conta as falas das crianças, suas expressões, a comunicação de emoções e outras tantas coisas que não são passíveis de registro mecânico ou sensorial, além das respostas e reações das crianças às interpretações apresentadas, que indicariam ou não suas pertinências. Se não fosse dessa maneira, acabaria sendo um vale-tudo.

Ao verificar a quantidade de interpretações sobre as intenções de Michelangelo no seu *Moisés*, Freud prefere considerar que haveria uma interpretação "correta" da proposta de Michelangelo e que o artista não pretendia fazer algo ambíguo que permitisse leituras tão diversas. Qual seria ela, porém? Um estudo sobre o caráter e o humor? Moisés em algum momento específico e altamente significativo de sua vida? A maioria dos juízes sobre essas questões do final do século XIX e início do século XX considerou ser esta última interpretação a válida.

O momento da vida de Moisés seria aquele em que desce do monte Sinai após receber as tábuas da Lei de Deus e em que percebe que, enquanto estava no alto da montanha, seu povo havia construído um bezerro de ouro e estava dançando em torno dele, regozijando-se. Essa seria a cena para a qual seus olhos estariam voltados. Surgem, neste ponto, outras inúmeras possibilidades. Várias delas indicariam que Moisés estaria no momento imediatamente anterior a romper em fúria selvagem e deixar-se levar por uma grande violência contra o povo. Ele estaria prestes a levantar-se e a colocar-se em ação. Freud não considera que Michelangelo tivesse tal intenção, pois ela, de acordo com seu ponto de vista, entraria em choque estético e de proposição com as demais esculturas projetadas para a tumba do papa Júlio II, em meio às quais se encontra(ria).[4]

Muitas outras interpretações feitas por outras autoridades sobre o assunto na época de Freud vão em sentidos diferentes do que ele propõe. Não vou me ater às possíveis interpretações, pois isso pode ser verificado por quem ler seu texto.

Prossigamos com o sentido atribuído por Freud. Para ele, o Moisés faz parte de um todo, e não se poderia imaginar que a figura devesse mobilizar uma expectativa de que estava a ponto de levantar-se e desencadear um grande tumulto. Fosse esse o caso, provocaria uma desarmonia, pois as demais estátuas previstas estariam em situação contemplativa. Para Freud, esse efeito caótico não estaria de acordo com a produção de um grande artista.[5] Estaria, igualmente, em desacordo com o estado de mente que a tumba deveria induzir.

---

[4] A tumba ficou incompleta.
[5] Essa ideia de Freud está em conformidade com um ideal artístico. Uma suposta desarmonia pode ser justamente aquilo que dê relevância a uma ideia e torne expressiva a obra de arte.

Para Freud, conforme um pensador de sua época, Thode, o Moisés não deveria estar prestes a levantar-se; a ele deve ser atribuído o sublime repouso conforme as demais figuras e a estátua do próprio papa (que não foi feita por Michelangelo). O Moisés da estátua não é alguém cheio de ira, não é aquele que desceu do Sinai e encontrou seu povo sem fé, vindo a quebrar as Tábuas da Lei em destempero. Thode percebia na representação uma calma quase opressivamente solene. Esse Moisés permaneceria sentado para sempre. Ele considera que Michelangelo cria a imagem de um líder apaixonado da humanidade, consciente de sua missão divina, aquele que trouxe a Lei e encontra com a oposição incompreensiva dos homens.[6] Portanto, o único modo de representar um homem de ação da estatura desse Moisés seria acentuar o poder de sua vontade por meio de fazer o movimento imiscuir-se no todo de sua aparente calma, como se poderia ver no movimento de sua cabeça, na tensão de seus músculos e na posição de seu pé esquerdo. *O caráter geral da figura é realçado por meio do conflito que está prestes a surgir entre o gênio reformador e o resto da humanidade.* Estão tipificadas no Moisés: emoções de raiva, desprezo e dor. Sem elas, não seria possível retratar a natureza de um super-homem desse tipo. Para Freud, Michelangelo criou não uma figura histórica, mas um protótipo de caráter que incorpora uma força interior inesgotável que doma o mundo recalcitrante. Michelangelo teria dado forma

---

[6] Faço aqui um parêntese, pois parece-me, associando essa passagem com a biografia de Freud escrita por Jones, que dessa maneira Freud fazia o seu retrato, pois, ao trazer a psicanálise, ao propor as leis de funcionamento da mente, ele também se defrontou com a oposição incompreensiva dos homens. Esse tipo de interpretação que faço aqui não é uma interpretação psicanalítica, mas uma ficção (quiçá plausível). Os elementos que possuo para fazê-la são referidos e não observáveis diretamente por mim. Tampouco essa proposta pode ser verificada, pois Freud não é meu paciente, e, por conseguinte, não é possível fazer esta asserção em uma situação clínica e verificar as repercussões que estimularia.

não somente à narrativa bíblica de Moisés, mas também às suas próprias experiências interiores e às suas impressões tanto da personalidade de Júlio II como dos conflitos subjacentes com Savanarola.

Freud acrescenta, conforme outro pensador, Knackfuss, que o segredo do Moisés estaria no contraste artístico entre o seu fogo interno e a sua calma externa. Freud considera, contudo, que é necessário acrescentar algo mais a essas duas leituras.

Ele prossegue com uma detalhada descrição da posição da estátua e da maneira como o personagem toca sua imensa barba. Os movimentos da barba, a posição do dedo indicador e do polegar direitos e a maneira como as Tábuas da Lei estão posicionadas sob o braço do profeta fornecem as pistas para Freud chegar às suas conclusões finais. Também aqui não vou me ater aos inúmeros detalhes. Vou diretamente ao sentido atribuído por Freud.

Antes, porém, ressalto considerar que o grande esforço intelectual para compreender uma situação pode ser exatamente aquilo que impeça o acesso ao sentido que ela possa ter. O desejo de compreensão, como ressaltou Bion (1970/1977), opacifica a percepção e impede o uso da intuição. Não permite a vivência de transformações em O, ou seja, solapa o acesso às evoluções de O. Ressalto, todavia, que um dos problemas de Freud, *nesse artigo*, ou dos psicanalistas em geral, para apreender a realidade psíquica, é o apego a memórias e desejos e à necessidade de compreender, entender e explicar o que se passa. Na proposta de Bion, captar o fato selecionado e a apreensão da conjunção constante não é uma operação intelectual. Bion, no entanto, ressalta outra postura de Freud em carta dele a Lou Salomé, na qual diz cegar-se artificialmente, de modo a restar apenas um pequeno facho de luz que pudesse permitir-lhe perceber aquilo que não seria possível caso estivesse ofuscado por um excesso de iluminação. Também chamo a atenção para o fato de que Freud destacava o conselho dado por Charcot de que deveria observar uma situação até que *ela* dissesse do que se tratava (e não o contrário). Considero, igualmente, que o que possibilitou a Freud ter acesso à realidade psíquica foi poder permanecer no escuro e ignorar as teorias vigentes em sua época que "explicavam" as neuroses. Penso que precisam ser contrastados os posicionamentos de Freud quando propõe uma atenção flutuante e quando procura encontrar ou produz explicações para algo que, na verdade, permanece inacessível.[7] O problema decorrente dessas explicações é que o desconhecido fica oculto por elas e o trabalho de investigação não prossegue por conta da ilusão de esclarecimento que elas produzem – sobretudo quando essas explicações não são plenamente percebidas como ficções e são tomadas como fatos.[8]

A interpretação final de Freud sobre o *Moisés* é que, na obra, percebe-se não o início de uma ação violenta, mas os vestígios de um movimento que já teria acontecido. Ou seja: no seu primeiro transporte de fúria, Moisés desejou agir, levantar-se e vingar-se, esquecendo-se das Tábuas; mas ele suplanta a tentação e permanece sentado e imóvel na sua fúria congelada e em meio à sua dor misturada com desprezo. Ele tampouco jogará as Tábuas nem as quebrará, visto ter sido em consideração a elas mesmas que teria controlado sua ira. Foi para preservá-las que conteve sua atitude passional. Ao deixar-se levar, em um primeiro momento, por sua raiva e indignação, ele negligenciou as Tábuas, e a mão que as segurava foi retirada e agarrou, em um gesto de violência contra si mesmo, a espessa barba. As Tábuas começaram a escorregar e

---

[7] Ver situação semelhante em "Moisés e o monoteísmo" (1939/1978), entre outros trabalhos.
[8] Essa constituiria uma diferença de abordagens de um trabalho que enfoca o desconhecido de outro que busca "explicar".

ficaram em perigo de se quebrar. Isso o teria feito cair em si; ele lembrou-se de sua missão e em nome dela renunciou a uma indulgência com seus sentimentos. Sua mão soltou a barba que havia sido apertada com fúria e o braço voltou a uma posição capaz de salvar as Tábuas que estavam para cair e quebrar. O dedo indicador direito, que apenas roça os fios de barba deslocados de um lado para outro do rosto, seria a indicação desse movimento já acontecido. Nessa atitude ele teria sido imortalizado por Michelangelo como o guardião da tumba do papa.[9]

Segundo Freud, à medida que passeássemos o olhar de alto a baixo pela figura, perceberíamos três diferentes estratos emocionais. As linhas da face refletiriam os sentimentos que tomaram a ascendência, o meio da figura mostraria os restos do movimento suprimido e o pé ainda reteria a atitude da ação projetada, porém não levada a cabo.

Neste ponto faço outro comentário. A interpretação de Freud reconstrói um suposto passado; ele pensa recuperar os movimentos feitos pelo personagem nos momentos que antecederam a maneira em que efetivamente o encontramos. Como veremos nas considerações finais do próprio Freud, essa memória reconstruída é, na prática, inverificável. Fica sempre uma questão sobre a plausibilidade do que é proposto. Mesmo na presença de um analisando, tal tipo de construção ou memória reconstruída pode acabar como uma ficção interessante e curiosa que a pessoa pode vir a ter sobre si mesma, mas com pouca ou nenhuma repercussão

---

[9] Em uma nota do editor da biografia de Freud (Jones, 1961/1975), podemos ler que Ernest Jones, o biógrafo, sugere que seu biografado teria sido levado, em parte, a fazer essa análise dos sentimentos representados na estátua de Michelangelo por conta de sua própria atitude em relação aos movimentos dissidentes de Adler e de Jung, que ocuparam muito sua mente no período imediatamente precedente à escrita desse seu trabalho sobre o *Moisés*.

emocional, sobretudo se se tratar de uma sofisticada elaboração intelectual como a que Freud faz a propósito do Moisés. Considero ser de maior utilidade a observação dos fatos presentes no consultório, em que o analisando é testemunha daquilo que podemos lhe mostrar. Quando não há desenvolvimento psíquico, seus modos de funcionar permanecem em atuação – não precisam ser resgatados em memórias ou em reconstrução do passado. Ao contrário, caso o analisando possa vir a perceber como funciona no presente, poderá ressignificar muitas de suas experiências pretéritas. O presente é que ilumina o passado, e não vice-versa. A iluminação do passado, todavia, não é algo que seja relevante, mas a percepção dos modos de alguém funcionar (que certamente não podiam ser diversos anteriormente) no presente, o esclarecimento quanto aos usos desses modos e a descoberta de outros recursos mais favoráveis a serem usados podem ser extremamente valiosos para a qualidade de vida de uma pessoa para o resto de seus dias. O presente e o futuro passam a ser mais relevantes que as memórias e o passado. Além do mais, ocorrem, inúmeras vezes, equívocos na tentativa de reconstrução de templos ou de cidades de tempos remotos. Ao tentar refazer o templo ou a cidade como teriam sido outrora, arqueólogos acabam reconstruindo algo que não existiu. Não atentam para a possibilidade de aquelas estruturas nunca terem saído dos alicerces, de nunca terem sido terminadas. Da mesma maneira, inúmeras reconstruções de situações edípicas pretéritas não passariam de ilusões por parte dos analistas por não poderem verificar que as próprias pré-concepções edípicas não tenham se estabelecido ou tenham sido destroçadas antes de poderem encontrar as experiências que pudessem preenchê-las de significados, configurando a situação edípica. O trabalho de análise poderia, considerando-se esse vértice, ser o de verificar em que ponto se encontra, no presente, a condição mental do analisando, a partir da experiência que o analista tem com ele. O trabalho não seria o de resgatar memórias recalcadas, mas sim o de construir um arcabouço mental que nunca se estabeleceu efetivamente. Somente com a configuração ou restauração das pré-concepções edípicas, por exemplo, durante o trabalho analítico, é que poderia haver um encaminhamento de vivências para a situação edípica que, na verdade, nunca chegaram a ocorrer. O fato de um paciente ser casado, ter filhos, sucesso profissional, não significa, necessariamente, que possua o correspondente sentido mental, emocional, para a condição social em que se encontra. Em análise, o relevante é a realidade psíquica do paciente verificável no consultório; a realidade social referida, não. A imitação[10] é algo muito mais frequente do que se imagina.

Retomemos o artigo de Freud e sua interpretação. Em seguida à descrição do que teria sucedido a Moisés e de como ele teria sido imortalizado pelo escultor, Freud traz trechos do *Gênesis* sobre essa passagem da vida de Moisés. Ressalta as grandes contradições no texto bíblico, o que evidenciaria uma montagem capenga de diferentes versões que foram reunidas para constituir o texto que finalmente ficou estabelecido. Aqui, diferentemente da situação anterior, em que procura recriar o que teria acontecido, recuperar uma memória perdida, Freud baseia sua interpretação em algo efetivamente observável no texto: as incongruências. Nessas contradições, primeiramente Moisés está no alto do Sinai junto a Deus, que o informa da infidelidade de seu povo, o qual teria

---

[10] Não é raro se observar a imitação de um homem casado, de uma mulher casada, de um profissional de qualquer área de atividade. Pode-se ir à igreja, sinagoga etc., assinar documentos e assim por diante, imitando todos os gestos e rituais do que seria um homem e uma mulher que se casam. Entretanto, é possível se observar em análise que psiquicamente não têm noção real da existência de alteridade, ou constituem-se em imitações de homens e mulheres adultos sem que haja uma condição emocional e reconhecimento psíquico das reais contrapartes desses comportamentos.

construído o bezerro de ouro e não teria preservado sua fé. Deus avisa que vai se vingar e destruir os infiéis. Convencido por Moisés, Deus *se arrepende* (!) e resolve poupar os hebreus. Moisés desce do Sinai e, apesar de já ter sido informado anteriormente do que se passara, ao chegar à planície, age como se não soubesse de nada. Surpreso, ataca seu povo e quebra as Tábuas. Em seguida, sobe novamente o Sinai para informar a Deus do que se passara, em completa contradição com o texto precedente (no anterior, Deus é quem avisa a Moisés; em seguida, Moisés é quem vai avisar a Deus – ignorante (!) – do que havia se passado). Na segunda passagem, Deus, ao ser informado, fica irado e diz que vai se vingar. Mas na passagem anterior já havia relevado, e assim por diante. Freud ressalta que todo o texto do *Gênesis* está cheio dessas contradições e incongruências, o que revelaria, segundo sua leitura, a maneira rudimentar em que diferentes versões dessas histórias foram amalgamadas.

Freud ressalta que essa leitura crítica da Bíblia não deve ter sido possível para um homem da Renascença, porém, modos livres de representação artística, que não seguiam ao pé da letra o que estava nas escrituras, eram permitidos aos artistas. Desse modo, Michelangelo teria representado Moisés com uma personalidade não correspondente à que seria feita se a representação fosse literal. O Moisés da tradição era temperamental e sujeito a ataques passionais. Michelangelo, contudo, representou um Moisés diferente. Ele teria modificado o tema das Tábuas quebradas; ele não o deixa quebrá-las em sua ira. Ao contrário, temendo que se quebrassem, o artista o faz conter sua ira, ou, ao menos, impedir que ela tenha consequências se for transformada em ação. Assim procedendo, Michelangelo teria acrescentado algo de novo e mais que humano à figura de Moisés. Dessa maneira, a forma gigante, com seu enorme poder físico, torna-se apenas uma expressão concreta do mais alto feito possível para um homem: o de lutar de maneira bem-sucedida contra uma paixão interna em prol de uma causa a que se devotou.

Freud ainda acrescenta que, no retrato que fez de Moisés, Michelangelo também teria retratado criticamente tanto as características de personalidade do papa Júlio II quanto as suas próprias. Também algo da relação entre os dois. Ambos seriam personagens com ambições grandiosas. Segundo a interpretação de Freud, na representação de Moisés está explicitado tanto esse caráter ambicioso e grandioso quanto o previsível fracasso de todos os personagens envolvidos (o papa, o artista e o profeta). Todos queriam superar suas próprias naturezas. Esse aspecto da superação e da negação da própria natureza é uma invariante na nossa atividade clínica. A maior parte do sofrimento está associada a esse estado de mente. Uma pessoa não poder reconhecer-se e tolerar-se como ela é constitui o cerne da problemática. *Conhece a ti mesmo* era o lema do oráculo de Delfos e aquilo que foi indicado a Édipo.

Freud considera que o exame de detalhes insignificantes permitiu que se chegasse a uma interpretação inesperada do significado e da meta do artista para a figura como um todo.

Todavia, nas últimas linhas do artigo, ele se questiona se essa sua versão não seria algo completamente falso e distante da verdadeira intenção do artista. Considera ser essa uma possibilidade, mas ao mesmo tempo assinala que o artista não é menos responsável que seus intérpretes pela obscuridade de seu trabalho. Segundo Freud:

> *Michelangelo, em suas criações, mais do que frequentemente foi ao limite do que seria possível expressar em arte e, talvez, a estátua de Moisés não tenha sido completamente bem-sucedida se o seu propósito foi fazer a passagem de um surto*

passional visível nos sinais deixados na subsequente calma (Freud, 1914/1978, p. 236).

Penso ser perceptível, nessa colocação, que Freud não conseguiu tolerar a percepção de que todo seu trabalho nesse artigo não o levou a mais que uma ficção bem elaborada, talvez plausível, mas sem qualquer possibilidade de verificação da pertinência de suas interpretações. Diz ser de Michelangelo a intenção que ele, Freud, lhe atribuiu, e, em vez de haver uma problemática nas suas proposições, Michelangelo é que passa a ser um artista que não teve talento suficiente para representar aquilo que Freud diz que ele pretendeu fazer. Freud, a meu ver, um tanto despeitado por não conseguir que sua interpretação fosse sentida como cabal por ele mesmo e por outros, procurou diminuir o trabalho de Michelangelo em vez de reconhecer as limitações do seu nesse artigo.

A interpretação exposta no parágrafo anterior de quais seriam os sentimentos de Freud no final de seu artigo é, certamente, *a minha interpretação* a partir do que está escrito no texto, dos elementos que considero estarem presentes no texto, não no passado da vida dele. Ela, contudo, não é uma interpretação psicanalítica, conforme o critério que ora exponho, mas uma interpretação de texto, literária (se tanto), que leva em conta um referencial psicanalítico. Por outro lado, recentemente fui incumbido de revisar a tradução de uns textos sobre Freud em que alguns colegas europeus fazem interpretações de sua vida estimulados por dados de sua biografia. Consideram, por exemplo, que a mudança de prenome que Freud fez aos 16 anos de Sigismund para Sigmund deveu-se, primeiramente, ao fato de seu prenome original ser o de um personagem histórico que lutou contra os interesses austríacos: consequentemente, ter um tal prenome em Viena não seria algo aconselhável. Isso parece muito plausível. Acrescentam, todavia, outras interpretações que me soam extremamente fantasiosas ou mesmo delirantes, mas levam-nas a sério e as consideram verdadeiras interpretações psicanalíticas. Uma delas seria: o *is* suprimido estaria ligado a um trauma prepucial de Freud associado ao nome do rabino que teria feito o seu *bris*. Outra seria a de que Freud escolheu Sigmund e não Siegmund, como seria mais natural na Áustria, porque Siegmund era um personagem lendário que, em relações com sua irmã Sieglinde, teve Siegfried por filho (figuras usadas por Wagner em suas óperas). Freud, portanto, segundo essa interpretação, não queria (aos 16 anos!) ter seu nome associado ao incesto. Outra diz que, com esse gesto, livrava-se do domínio paterno, do nome que o pai havia lhe dado, e assim por diante. Penso que esse tipo de proposição leva, com propriedade, a que nossa atividade seja considerada não científica, pois privilegia basicamente a imaginação, não a observação e, muito menos, a possibilidade de verificação do que se propõe.

O texto de Freud sobre o *Moisés* de Michelangelo não é psicanálise; poderia, talvez, ser chamado de aplicação de um viés psicanalítico na interpretação de uma obra de arte.

A psicanálise, contudo, na minha maneira de ver, só acontece e só existe na presença do analista e do analisando na hora em que estão trabalhando. O objeto psicanalítico (não o objeto da psicanálise), conforme postulação de Bion (1963/1977), só surge na relação entre as personalidades do analista e do analisando. O que importa verificar é a relação. As interpretações ou os sentidos que podem ser atribuídos não podem estar desconectados das vivências, dos fatos que se sucedem no consultório. Só será possível verificar a pertinência, ou não, daquilo que um analista capta por meio de um fato selecionado que configura uma conjunção constante com a observação do que se desenrola entre analista e analisando após sua publicação (quando o analista faz a interpretação). Fora desse contexto, tudo o mais pode ser *sobre* psicanálise, mas não psicanálise. Qualquer artigo psicanalítico é sempre sobre psicanálise (como este que escrevo). A psicanálise científica coloca suas intuições para serem verificadas e avaliadas pela experiência.

Referências

Bion, F. (ed.) (1992). *Cogitations: Wilfred R. Bion.* London: Karnac.

Bion, W. R. (1977). *Seven servants, four works by Wilfred R. Bion: (1962) Learning from experience; (1963) Elements of psychoanalysis; (1965) Transformations; (1970) Attention and interpretation.* New York: Jason Aronson.

Freud, S. (1978). *The Moses of Michelangelo.* In S. Freud, *The stardard edition of the complete psychological works of Sigmund Freud* (Vol. 13, pp. 211-240). London: The Hogarth Press. (Trabalho original publicado em 1914.)

Freud, S. (1978). *Moses and monotheism.* In S. Freud, *The stardard edition of the complete psychological works of Sigmund Freud* (Vol. 23, pp. 3-140). London: The Hogarth Press. (Trabalho original publicado em 1939 e escrito entre 1934 e 1938.)

Jones, E. (1975). *Vida e obra de Sigmund Freud.* Rio de Janeiro: Zahar. (Trabalho original publicado em 1961.)

Miller, A . I. (2000). *Insights of genius.* Cambridge/London: The MIT Press. (Trabalho original publicado em 1996.)

6. O pânico, o delírio e outras "perturbações mentais" a partir do vértice psicanalítico[1]

Introdução

Primeiramente, quero deixar claro que não sou contra a intervenção psiquiátrica, e muitas vezes considero não haver alternativa para situações desesperadoras. O sofrimento pode ser amenizado por meios químicos, em uma espécie de "sedação". Na minha experiência clínica, já atendi pessoas que foram medicadas quando se encontraram em situações que consideraram intoleráveis, impossibilitando-as até de saírem de seus quartos ou leitos.[2] A "sedação" lhes permite um mínimo de mobilidade. Contudo,

---

[1] Esta é uma versão modificada e atualizada de um artigo que foi originalmente publicado em *Alter*, jornal de estudos psicanalíticos de Brasília, XXIII(2), dez. 2004.
[2] Não penso que uma pessoa em meio a uma crise aguda de pânico ou de um surto psicótico possa se beneficiar de um atendimento psicanalítico, ou sequer consiga ouvir alguma coisa que possa lhe fazer sentido na vigência de tais estados críticos. O quadro precisa estar atenuado para que tenhamos condições de fazer algum tipo de aproximação.

aquelas que atendi, ou atendo, referem que o delírio, a depressão ou o pânico, quando sob o efeito de remédios, permanecem intocados, intactos, dentro delas. Sentem apenas que a corrente elétrica que as alimenta, ou que faz a ignição dos comportamentos correspondentes a essas estruturas, está momentaneamente suspensa, mas pronta a ser religada a qualquer instante. As doses de medicamentos precisam, constantemente, ser aumentadas, caso a situação intrapsíquica permaneça intocada, levando à ocorrência de efeitos colaterais como sonolência, confusão mental, perda de memória, de concentração, apatia, incapacidade para o trabalho, por conta da prostração decorrente dos efeitos da droga, quando não surge um quadro depressivo sério devido à percepção de que o cerne da questão não é alcançado e que com a "anestesia" isso se torna cada vez mais difícil, pois sem acesso ao fenômeno não será possível alcançar algum *insight* sobre ele.[3]

---

[3] Tenha-se em mente a euforia em relação aos antidepressivos como o Prozac, considerado há alguns anos capaz de efetuar milagres, representando o fim da depressão. Posteriormente, esse mesmo medicamento passou a ser olhado com mais desconfiança, considerando-se que há uma estreita relação entre o seu uso e casos de suicídio. Considero que o suicídio estaria ligado ao desespero de se verificar que, com a sedação, o núcleo do problema fica cada vez mais inacessível, assim como se uma pessoa com um grave problema físico percebesse que está sedada para a dor, mas não deixa de notar que uma grave ferida ou múltiplas fraturas permanecem sem atendimento adequado. A dor e a depressão são, na ótica mais habitual, percebidas como doenças e não como manifestações do problema. Há, conforme o vértice que aqui proponho examinar, o equívoco de se acreditar que, uma vez eliminada a dor ou a depressão, o problema também some. A ilusão é: se não há dor, não há sofrimento. Muitas pessoas não pesquisam ou ficam impossibilitadas de tratar graves problemas de saúde física porque não entram em contato com eles. Uma vez eliminados a dor ou os sintomas de uma moléstia, acredita-se que se eliminou o problema. Todavia, a doença pode se espalhar e tornar-se ainda mais grave, a despeito da aparente cura. A dor psíquica, por sua vez, é ainda mais temida e evitada que a dor física.

Saliento que considero que psicanálise não é para todos. As pessoas, para se beneficiarem dela, precisam já dispor de alguma condição emocional e de inteligência[4] mínimas para tolerar essa investigação. O benefício de um tratamento psicanalítico é mais provável de ocorrer em indivíduos cujos aspectos neuróticos da personalidade prevaleçam sobre os psicóticos.[5] É necessário que exista alguma capacidade para suportar frustração. Na situação inversa fica difícil encontrar um interlocutor com quem possamos entrar em contato e alguém que possa nos ouvir *no* paciente. Isso sem falar do tempo e dos recursos financeiros envolvidos. Não obstante, quanto a este último, frequentemente tratamentos medicamentosos que se pretendem mais rápidos e eficazes, além de "muito mais econômicos" do que uma psicanálise, podem se estender por anos, a custos consideráveis,[6] pois os medicamentos modernos costumam ser muito onerosos, sem que, por sua vez, permitam que se alcance algum *insight* sobre o nó da questão – apenas mantêm, quando conseguem, a situação em suspenso.[7]

---

[4] Capacidade para abstração.
[5] Ver "Diferenciação entre personalidade psicótica e a personalidade não psicótica" (Bion, 1967/1988).
[6] Além dos custos profissionais dos médicos, eventuais internações etc.
[7] Uma colega que trabalha em um hospital psiquiátrico relatou um caso em que determinado paciente, após ser medicado com um antipsicótico, pedia, desesperado, que lhe devolvessem o delírio, pois não suportava ficar sem ele. O delírio, assim como as demais formações psicóticas ou neuróticas, são, apesar de se costumar esquecer, métodos de sobrevivência mental, são defesas da mente (ver "Formulations on the Two Principles of Mental Functioning", Freud, 1911/1978; e "Notes on Some Schizoid Mechanisms", Klein, 1946/1950). É um terror uma pessoa se ver privada desses recursos se não se percebe dispondo de outro meio mais eficaz. Sente apenas que ficou desprotegida e a mercê dos eventos, sem poder contar com nada.

Por outro lado, psicanálise não é panaceia. Devemos reconhecer quando encontramos situações-limite para nossas atuações e encaminhá-las para os colegas psiquiatras ou psicoterapeutas que permitam algum tipo de conforto e alívio para aqueles que estão imersos em profundos sofrimentos.[8]

Pretendo, neste artigo, ressaltar a diferença na abordagem e na apreensão de delírios e de pânico a partir do vértice psicanalítico, em que vivências aparentemente "absurdas" possam encontrar um sentido real.[9] Aproveito igualmente para fazer algumas reflexões sobre a experiência de percepção da des-continuidade e de manobras para evitá-la.

O delírio de ciúmes

Certa vez, ouvi de uma pessoa conhecida que sua maneira de abordar um delírio de ciúmes em seu consultório foi a de convidar o marido de uma paciente que se sentia traída, desconsiderada e desprezada por ele. Colocou-o diante da paciente e indagou se ele a traía ou não gostava mais dela. O marido fez juras de amor à companheira e a colega considerou que o caso estava resolvido sem nenhuma dessas complicações "inventadas" pelos psicanalistas.

Do meu ponto de vista, a abordagem feita é bastante ingênua, a despeito das boas intenções da colega. Ela não leva em conta a realidade psíquica e toma como correspondente aos fatos aquilo que é referido, quer pela paciente, quer pelo marido.

Numa abordagem não psicanalítica é costumeiro considerar o delírio uma perturbação em que toda reação emocional e

---

[8] Ver Castelo Filho (2004).
[9] Cabe ressaltar que essa qualidade de apreensão só é possível no atendimento de pacientes capazes de tolerar uma experiência psicanalítica.

comportamental é desencadeada a partir de eventos produzidos inteiramente pela mente do indivíduo que os vive. São "produções independentes" que não possuem qualquer relação com os fatos. A atuação nesses casos, sobretudo em abordagens psiquiátricas e em muitas psicoterapias, seria a de procurar convencer o paciente da falsidade e do absurdo de suas vivências ou, por meio de medicamentos, fazer desaparecer a perturbação.[10] Busca-se a *cura* da doença que seria o delírio.

O vértice psicanalítico sobre um delírio de ciúmes

Trago, a seguir, uma situação clínica de minha experiência em que outra percepção pôde ser alcançada sobre uma situação similar.

Uma paciente muito angustiada não encontra elementos em sua experiência, mas fica procurando algo que evidencie que seu marido tem casos com outras mulheres, tem uma amante ou mesmo muitas aventuras extraconjugais. Diz que não consegue tirar isso de sua cabeça, apesar de não haver nada realmente consistente que a leve a pensar assim. Essa fixação, contudo, a atormenta dia e noite.

O que observo na conduta dessa cliente em meu consultório é que ela se considera inaceitável. Devia ser uma outra pessoa; não devia sentir e experimentar os sentimentos e emoções que vive *quando na minha presença*.[11] Não devia perceber o que seus órgãos

---

[10] Ver "Lecture XVI – Psycho-analysis and Psychiatry", de Freud (1917/1978) e "Medecine as Model", de Bion (1970/1977, pp. 6-25).

[11] Não suporta verificar que fica contente por me encontrar, que está feliz de me ver, que sente falta de nossos encontros, que sofre durante as separações de fins semana. Irrita-se quando se vê beneficiada pelo atendimento, pois isso leva a uma valorização da minha pessoa, e ela não quer sentir medo de me perder. Considera

dos sentidos lhe informam. Sua experiência a atrapalha. Gostaria que os fatos correspondessem às suas expectativas. Ela própria deveria corresponder às suas expectativas. Durante as sessões procura apresentar-se, para si mesma e para mim, conforme aquela que "deveria" ser. Tudo aquilo que percebe em si, que difere desse personagem valorizado, é rejeitado. Sua convicção é de que eu, igualmente, prefiro o personagem que ela procura me apresentar àquilo que seria ela mesma.

Para fazer os comentários que finalmente lhe ofereço e relato a seguir, também levo em conta suas associações, apesar de considerar que nem sempre isso é essencial. A própria observação dos fatos na sessão pode ser bem mais reveladora do que as supostas associações livres. Muitas vezes, as associações livres são apenas pseudoassociações com a função de distrair a atenção do analista e do analisando para histórias que os seduzem e que, por sua vez, evitam o contato com as vivências e atuações do momento do encontro analítico. Tendo isso em mente, frequentemente o que parecem ser associações livres são apenas *atuações* – ações que visam impedir que os pensamentos possam ser pensados (Bion, 1970/1977) (coluna 2 da grade proposta por Bion [1963/1977]).

Nas associações da paciente ela diz que passa o tempo todo procurando corresponder à criatura que, segundo ela, o marido quer ou diz querer que ela seja. A paciente refere ter pavor de que ele possa vê-la como, de fato, pensa ser. Procura evitar ao máximo que ele saiba o que ela pensa, quais são suas opiniões. Considera que seria rejeitada caso aparecesse com suas próprias ideias e gostos. Busca se assemelhar o mais que pode à personagem "desejada pelo companheiro".

---

que todas essas vivências são fraquezas. Ela deveria ser um monumento de gelo e superioridade; dessa maneira, acredita que não sofreria.

Digo à paciente que eu não tenho como saber se seu marido se relaciona ou não com outras mulheres por iniciativa própria, mas que percebo que ela vive lhe apresentando, assim como faz comigo, uma outra mulher, ou muitas outras mulheres, para ele ter relações. Ela mesma oferece as mulheres que considera que ele gostaria de encontrar. Nunca é ela própria quem se apresenta para os encontros; é sempre uma outra que, segundo seus critérios, é bem mais interessante e atraente. Considero, consequentemente, que ela possui elementos reais para sentir-se traída e passada para trás, visto ser verdade que seu marido mantém relações sexuais e de toda espécie, diante de seus próprios olhos, com sua própria colaboração, com as mulheres que ela "produz" para ele. Mesmo quando aparentemente está na cama com ele, não é com ela que ele "transa", mas com a(s) outra(s) que ela lhe apresenta.

A paciente sofre um impacto e se emociona. Algum tempo depois, os delírios de ciúmes arrefecem e ela sente que não consegue mais operar por esse esquema: ele não mais encontra substância para manter esse tormento.[12]

Ressalto que isso não consiste em uma "cura", mas na colocação do conflito em sua dimensão real. Considero que vale destacar que o mais significativo disso tudo são as relações da paciente com ela mesma. Sua fantasia de ser outra que não ela mesma está radicada

---

[12] Não considero, todavia, que sua ideia de que o marido pudesse ter uma amante fosse completamente descabida. Uma mulher que não faz resistência ao marido, que se apresenta como uma sombra dele e que existe apenas para satisfazer o que imagina que ele deseja, acaba se tornando "sem existência". Uma pessoa para ter uma companhia precisa ter alguém que lhe faça resistência, como uma mão só encontra a outra se houver resistência de uma em relação à outra. Se o marido não encontra uma parceira real, que lhe faça oposição (o que não implica ser do contra), pode acabar procurando outra, ou outras, para poder se "encontrar" de fato com alguém, para ter uma parceira de fato, mesmo que eventual.

na crença de que sua vida é difícil por ela ser quem é. A vida de outra pessoa seria muito mais fácil que a sua. Caso não sentisse as emoções, dores, tristezas e angústias que lhe são naturais, tudo seria uma maravilha. Dessa maneira, rejeita sua própria experiência e procura substituí-la por outra que seria melhor, ou seja, por outras vivências que, de fato, não tem, apenas imagina.[13] Na imaginação, qualquer vida é sempre mais fácil que a nossa. A rejeição que experimenta como vindo de fora é um deslocamento do próprio ódio que tem de si mesma. Isso não significa que tenha sido maldotada pela vida e pela natureza – é uma pessoa com aparência agradável e de inteligência acima da média –; significa que ela acredita possuir uma natureza desgraçada e que outra seria melhor. Procura substituir sua própria existência por uma outra natureza que acredita ser superior e que, por sua vez, a pouparia de todo e qualquer sofrimento, em uma vida de permanente êxtase e satisfação. Como consequência, não somente está privada das satisfações de sua "vida" imaginada/alucinada, pois na prática é apenas um produto seu sem consistência real, como também da vida que realmente teria para viver. Não podendo ter um contato real consigo mesma, também não tem acesso às suas percepções, ou, pelo menos, delas não pode se valer. Dessa maneira, tampouco é provável que jamais tenha feito um contato mais realista com seu marido ou com qualquer pessoa de suas relações, da mesma forma que seu contato comigo é, na verdade, com alguém produzido por sua atividade imaginativa – eu servindo apenas de estímulo sensorial para a construção de uma figura que tem uma série de expectativas a seu respeito e que não tolera que ela possa frustrá-la. Esse analista, com quem se encontra, é uma produção sua da qual está convicta da realidade na maior parte do tempo. Contudo, não corresponde à pessoa que de fato sou, que a tem recebido por um tempo considerável e que percebe e verifica que ela em nada corresponde

---

[13] Para ser mais preciso, ela *alucina*.

àqueles personagens que representa. Suponho, porém, que em algum lugar, nos recônditos de sua mente, deve haver alguma percepção, ainda que remota, dessa discrepância entre aquele que ela acredita que eu sou e aquele que ela efetivamente encontra, o que permite que ela retorne aos nossos colóquios e que a investigação prossiga. Esse contexto também remete a problemas de aceitação da minha existência (e a dela mesma) enquanto entidade autônoma de suas produções mentais.

Questões referentes à continuidade e à descontinuidade

Valho-me do próximo material clínico para refletir sobre questões ligadas à percepção da des-continuidade. É uma situação delicada, e penso que para ser abordada e suportada o analisando precisa sentir que se encontra em um ambiente benigno capaz de contê-lo. A abordagem desse problema pode desencadear reações de defesa por parte do analisando com características que frequentemente são vistas de maneira pejorativa e que tendem a ser usadas para denegri-lo porque "não colabora" com a análise. Um determinado modo de operar é percebido como deletério para o cliente, e, partindo desse pressuposto, podem surgir pressões para que o abandone e passe a abraçar métodos "mais realistas" ou supostamente mais desenvolvidos – costumeiramente percebidos como "superiores". Nem sempre é levado em conta o sofrimento temido pelo paciente, ou efetivamente vivido por ele quando da realização de determinadas experiências emocionais. É preciso, segundo minha experiência, que o paciente se sinta efetivamente acolhido e respeitado pelo analista, além de contar com uma genuína capacidade deste último para assimilar tanto as experiências emocionais do analisando como as suas próprias, para que um contexto emocional favorável possa ser gerado em que as sementes analíticas possam ser plantadas e desenvolvidas. Esse acolhimento de que falo não diz respeito a um analista caricaturalmente bonzinho. Considero que a condição de absorver as experiências emocionais e de respeito pela condição humana podem ser desenvolvidas na análise pessoal do analista associada a características de personalidade dele. Não é algo que possa ser impostado ou falsificado com êxito. Essa condição do analista é manifestada e captada pré-verbalmente. Quando há uma impostura, o analista estereotipado vai produzir uma análise estereotipada e analisandos padronizados (quando não totalmente aterrorizados, mesmo que não se deem conta disso). Havendo verdadeiro respeito e compaixão humana, a conversa pode ser bastante franca, sem que, em geral, haja maiores danos. O analista, por sua vez, pode perceber a dor de determinadas vivências e o terror desenvolvido no questionamento do *modus operandi* do analisando. Pode ajudar o paciente a se dar conta das dificuldades produzidas por suas organizações neuróticas ou psicóticas sem, no entanto, achar que ele pode ou deva abandoná-las antes de encontrar ou desenvolver outros modos, supostamente mais propícios aos seus (do paciente) interesses.

O material clínico destaca questões relativas à separação, ou seja, à percepção da des-continuidade entre uma existência e outra. A percepção de algo que se poderia chamar *eu* não seria possível sem tal experiência. *Eu* não é reconhecível sem o *não eu*.

Paciente mulher, *muitos* anos em análise

Entra na sala, deita-se no divã e permanece um longo período em silêncio. Parece sofrer, mas não se manifesta. Então, após um suspiro diz: "Ai, Claudio!", como que desalentada e esperando que eu desse algum jeito em seu sofrimento, sem, no entanto, informar-me do que se tratava, nem tampouco, conforme o meu ponto de vista, ela mesma entrar em contato com aquilo que a faz sofrer.

Digo que parecia que ela estava esperando um milagre de minha parte. Ela retruca, com violência[14] e desprezo, que essa minha postulação era um despropósito. Comento, com algum humor, que podia até ser um despropósito, mas ela não se permitia sequer examinar a minha observação. Já a tinha descartado sumariamente e a mim também, que só dizia sandices, segundo o modo em que *eu* a via se expressar. "[I]Magina! Eu não penso nada disso!" O tom é de escárnio. Mais uma vez, digo, eu teria falado outra besteira, pois a nova proposição tinha sido rechaçada e ridicularizada sem que houvesse um mínimo de tempo hábil para ser avaliada: simplesmente não valia a pena considerá-la. Mais uma vez, ela logo rebate e ridiculariza esse novo comentário. Também faz pouco caso de mim por tê-lo dito. Não entro no mérito do conteúdo de sua fala nem da minha. Comento que podia ser verdade que minha percepção era absurda – apesar de não ser muito sensato ela contratar os serviços de um profissional cuja opinião não pode levar em conta –, mas, uma vez ela estando ali, era o mínimo que podia fazer em consideração por si própria. Contudo, prossigo, o relevante seria ela verificar que não pode suportar outro ponto de vista que não o seu. Naquele momento, o mais importante não era saber se minha observação tinha ou não pertinência quanto ao teor, mas verificar que lhe parecia ser impossível tolerar a existência de uma

---

[14] Todavia, sua violência não me desperta aversão ou rejeição. Porta-se como uma amiga malcriada que não suporta que os "amigos" se comportem diferentemente de suas expectativas, logo ralhando com eles. Obviamente, há uma postura de superioridade e uma espera de subserviência. Ela é uma pessoa bastante sedutora.

percepção que não coincidisse com a sua. Em última instância, não era tolerável a percepção da minha existência. A paciente retrucou irritada e sarcástica dizendo ser óbvio que me percebia. Eu aproveitei mais uma vez a situação para mostrar que, naquele mesmo comentário que estava acabando de fazer, mais uma vez a minha observação não podia ser considerada, contida por ela. Seu movimento era para que eu me calasse, sumisse e não mais a incomodasse com algo que revelaria a falta de continuidade entre ela e mim. O que a desconcertava e a enfurecia era minha fala revelar que eu não fazia parte de suas produções mentais e pensamentos. O meu pensamento, evidenciado por minhas falas, não coincidia com o dela, e isso revelava minha existência e uma des-continuidade entre a minha pessoa e a dela. Ao atacar-me com sarcasmo procurava silenciar-me, fazendo-me desaparecer, ou forçar-me a coincidir meu ponto de vista com o seu, eliminando a des-continuidade.

Deprimida, a paciente reconhece o sentido do que lhe digo, mas comenta não saber o que fazer com isso. Digo que o significativo era ela poder ficar com algo para pensar – eu não estava ocupado em fazê-la mudar ou tampouco achava que isso, naquele contexto, era possível. Faço a observação de que o importante era ela ter visto esses movimentos, o que já ampliava, de algum modo, sua percepção de si mesma e dos fatos, ressignificando-os.

Fica mais um tempo em silêncio e finalmente o interrompe para fazer um comentário, à primeira vista, disparatado e sem conexão com o que estávamos conversando.

Fala de um conhecido seu que há muitos anos teria me encaminhado para análise. Essa pessoa teria vindo a apenas uma ou duas entrevistas e não mais retornado, segundo seu relato. De acordo com seu depoimento, era um mentiroso contumaz. Mentia tanto que acreditava nas próprias fabulações. Também era uma pessoa que – ainda conforme a paciente –, por conta desse comportamento de contínuas falsificações, era difícil aguentar. Ninguém suportava ficar junto dele muito tempo. Diz que ele, atualmente, está em uma situação muito difícil – não consegue arrumar emprego e teve de adiar importantes projetos de vida por conta desse contexto. Toda vez que é entrevistado para um trabalho, não é escolhido. Comenta que ele não fez análise, mas acabou desse jeito. Sua fala contém um julgamento moral.

Digo à paciente, levando em conta os seus relatos, que o seu conhecido procura evitar a dor de perceber o que o faz sofrer. Protege-se dessa maneira. Nega o que o machuca como modo de sobrevivência. Falsifica para evitar dor. Todavia, a própria forma de se proteger acaba levando-o a sofrer consequências dramáticas. Surge um impasse. Se entra em contato com o que o atormenta, considera que sofrerá algo intolerável. Se não o faz, compromete toda sua existência.

Indago-a se ela saberia qual a relação que haveria entre esse seu comentário e o que estávamos conversando – considerando que exista uma. Ela diz que havia ficado, no início da sessão, fazendo de conta que eu não existia e depois procurando anular tudo o que eu dizia junto com a percepção da minha existência, falsificando tudo. Parece estar muito sofrida ao fazer essa observação, dilacerada.

Digo-lhe que se defendia da percepção da minha existência e falo dos movimentos que ela que fazia para anulá-la (minha existência), procurando evitá-la a todo custo, porque, para ela, verificar-me fora de sua cabeça, fora de seus pensamentos, com existência separada da sua, era uma vivência extremamente violenta, pois não era simplesmente perceber-me existindo fora, em outro lugar. Sua experiência era de eu ser rasgado dela, arrancado de uma maneira equivalente a uma folha de papelão quando as partes são separadas com rasgos que despregam e esfolam uma parte da outra. Era como ser esfolada viva. Não se tratava de uma situação em que eu já estaria existindo fora dela, mas que ela passava a me ver fora como consequência de ter sido dilacerada – eu surgia a partir daquilo que lhe fora arrancado. Por isso, segundo o que eu estava pensando, atacava-me, desfazia-se do que eu dizia e da própria percepção da minha presença. Ouvir-me e ver-me fora de seus pensamentos era sentido como algo dilacerante e precisava ser rechaçado com vigor. Todavia, cabia ressaltar que essa sua vivência não correspondia efetivamente aos fatos. Eu não tinha sido arrancado de dentro dela e de seus pensamentos, eu sempre estivera fora dela e de sua cabeça. Podia, contudo, compreender sua dor, a despeito de ser produzida por um engano.

A conversa prossegue de modo um pouco mais amistoso e um pouco deprimido e, então, encerro a sessão.

Comentário

Caso houvesse uma tentativa de minha parte de atacar moralmente o modo de operar da paciente, com o intuito de demovê-la de funcionar da maneira que faz, considero que, simplesmente, seria criada uma situação desesperadora. Para ela, esse é um método de sobrevivência, de proteção de sua mente. Ficar privada disso é ficar à mercê de tudo, extremamente apavorada e ameaçada. Mostrar-lhe o quadro é uma coisa (já bastante difícil). Outra possibilidade é a de, a partir dessa percepção, desenvolverem-se novos recursos de que ela possa se valer para lidar com seus sofrimentos. Atacar o seu modo de funcionar como se fosse uma doença a ser extirpada nos leva ao mesmo contexto que procura "curar" delírios e crises de pânico sem que se possa vislumbrar qual a função que possuem.

A abordagem de uma vivência de pânico sob o vértice psicanalítico

Normalmente, ao ouvirmos uma situação em que uma pessoa diz que está sofrendo de pânico, com medo de sair na rua ou de fazer atividades rotineiras sem ter uma crise, a abordagem mais habitual seria a de considerar o pânico o sintoma de uma doença a ser eliminada. O pânico caracterizaria uma perturbação mental.

Proponho, a seguir, uma aproximação psicanalítica para um caso específico. Trata-se do atendimento de um paciente que se queixa de estar vivendo crises de medo e pânico.

Na sessão a que ora me refiro, observei que ele estava em visível desconforto, deitado no divã. Havia um evidente mal-estar. Contudo, permanecia em um longo silêncio. Ao ser indagado sobre o que estaria se passando, respondeu, laconicamente, que nada tinha a dizer, que nada estava acontecendo e que não estava pensando em nada. Comentei que percebia um visível e considerável desconforto que ele estaria experimentando. O paciente retrucou, com certa irritação, que não havia nada de significativo no que estaria se passando. Vários minutos se sucederam naquele contexto em que o seu sofrimento me parecia escancarado, mas ele permanecia em uma atitude de ignorar aquilo que eu verificava. Indaguei ao paciente se realmente não percebia o desconforto que eu lhe comunicava, e ele pareceu ignorar-me e ficou calado. Comentei, com bom humor, que ele estaria partindo para a ignorância (e também, de certo modo, convidando-me a partir para a ignorância)[15] como o meio de lidar

---

[15] A finalidade desse tipo de estímulo seria a de fazer-me cair na provocação ("partindo para a ignorância"). Caso isso fosse bem-sucedido e se estabelecesse uma rixa com o paciente, o falso conflito, artificialmente produzido, teria como função

com alguma situação difícil e desconfortável para ele. A mentalidade seria a de "o que se ignora não existe". Todavia, parecia haver um problema, pois aquele método de alívio a que, a meu ver, ele recorria, não estava sendo eficaz, pois o seu mal-estar era patente, ao menos para mim. Um tanto irritado, respondeu que estava irado por estar na sessão e perceber que o que ele experimentava, o que ele sentia, não era o que gostaria de estar percebendo nem sentindo. Verificava que os pensamentos que ocupavam sua mente não eram os que ele gostaria de ter e realmente não queria saber das coisas que lhe passavam pela cabeça, pois elas o contrariavam.

Comentei que partir para a ignorância parecia ser o seu método de "resolver" as dificuldades. Quando partir para a ignorância não era suficiente, parecia que se esforçava para destruir sua percepção, que era a "culpada" por fazê-lo dar-se conta daquilo que pretendia ignorar, da mesma maneira que um rei pode mandar matar o mensageiro que lhe traz uma má notícia, como se, com esse expediente, pudesse eliminar não apenas o mensageiro, mas também o fato que ele reporta.[16] O paciente, com muita relutância, inconformismo e ódio, reconheceu que aquele, de fato, parecia ser seu modo de proceder.

Comuniquei-lhe que seu pânico, que ele considerava uma doença a ser eliminada, extirpada, era, a meu ver, uma manifestação de *sanidade* de sua parte. Se sua maneira de lidar com o que o desagradava e o angustiava era negar a realidade de suas percepções e, mais ainda – quando isso não era suficiente para fazer desaparecer o incômodo –, se recorria ao recurso de "furar" os olhos e os ouvidos (e demais órgãos perceptivos) que revelavam os fatos que rejeitava como meio de livrar-se de seus tormentos, ao perceber-se

---

distrair-nos e evitar os verdadeiros conflitos do paciente consigo mesmo, ou seja, levaria à permanência da ignorância dos reais conflitos que o trouxeram à análise.
[16] Ver Bion (1992, pp. 133-134).

completamente no escuro, cego e surdo diante dos fatos que não podia mais considerar, e muito menos pensar a respeito, nada havia de ser mais natural do que sentir-se em pânico, totalmente indefeso e vulnerável. Sua maneira para conseguir alívio tinha como resultante, na prática, deixá-lo em uma situação ainda mais assustadora e desconfortável. Estar na vida podendo contar com a percepção já não é uma tarefa fácil. Estar na vida sem poder considerar o que se percebe, ou, ainda pior, sem ter equipamento para perceber, é realmente algo assustador. O pânico, portanto, era totalmente justificado e realista.

Tendo em vista essa ótica, tomar remédios ou qualquer outra providência para eliminar o pânico seria algo muito questionável, pois a vivência do pânico era o que havia de *saudável* naquele indivíduo *nesse contexto*.[17] O pânico estava associado a uma percepção residual do perigo e da vulnerabilidade em que se colocava ao negar as percepções e procurar destroçar o equipamento perceptivo, considerado "culpado" pela existência dos fatos que repelia. Ao destroçar o equipamento perceptivo, era também destroçado o equipamento para pensar, a mente, que podia considerar e refletir sobre a realidade rejeitada. Essa percepção residual é que traz o paciente para a análise, pois ele intui que algo em seu funcionamento precisa de evolução.

A tentativa do paciente seria a de "viver" em um mundo produzido alucinadamente, em que a realidade seria conforme suas

---

[17] Esse cliente é um daqueles que foi medicado por longo tempo para combater o pânico e que percebe que a estrutura da situação permaneceu inalterada dentro de si. Após algum tempo sob o efeito da medicação passou a sentir medo de suicidar-se. A meu ver, aquilo que o afligia, como evidenciado na descrição que ora faço, permanecia em curso e, segundo o vértice que apresento, privá-lo de seu medo é privá-lo de contato com a realidade, deixando-o completamente desvalido.

expectativas e desejos. O problema com esse tipo de produção mental é o seu defeito para existir. A realidade[18] (seja ela o que for), ao contrário, por mais que seja negada, permanece existindo. Apesar de eu estar falando em alucinação, não estou me referindo a um paciente esquizofrênico – não se diferencia da maioria das pessoas que fazem parte de nossos cotidianos. Esses estados são muito mais corriqueiros do que se costuma considerar. Muita gente pensa que é casada, que tem mulher, marido, filhos etc., e na prática, do ponto de vista mental, não o é e não os tem, pois os relacionamentos se dão com os maridos, mulheres, filhos, amigos que são produzidos no mundo mental. As pessoas reais servem apenas para dar suporte, sustentar as produções mentais. Os desencontros são a tônica, pois as pessoas reais nunca correspondem àquelas que deviam ser conforme o que se produz na mente. As vivências experimentadas são as de que o companheiro ou companheira, amigo etc. funcionam de maneira divergente daquela como "deveriam" por maldade. Não ocorre, a quem está funcionando desse modo, a possibilidade de que simplesmente as pessoas, que de fato existem, pouco ou nada correspondam ao que lhes é atribuído. Quando o desencontro é muito grande e não há tolerância à depressão que seria vivida na percepção do engano feito, ataques ao aparelho perceptivo podem ser deslanchados para evitar a experiência de dor mental.

Dor mental e depressão (no sentido atribuído por Melanie Klein [1946/1950] a esse termo, não no psiquiátrico) precisam ser toleradas para haver contato com a realidade interna e externa. Quando não suportadas, métodos de defesa contra essas vivências podem ser desencadeados na procura de alívio. O alívio conseguido, contudo, pode, com o decorrer do tempo, mostrar-se mais nefasto do que aquilo que se evitou. Uma população que se sinta acuada por

---

[18] Albert Einstein afirmou de modo muito eloquente, em 1931, que: "A crença em um mundo externo independente do sujeito que o percebe é a base de todas ciências naturais" (*apud* Miller, 1996, p. 122).

algum tipo de invasor ou inimigo (real ou imaginário) pode se refugiar em uma cidadela. Contudo, se esse isolamento perdurar por muito tempo, as pessoas que assim se protegeram podem começar a morrer de fome devido ao esgotamento dos recursos que se encontravam entre as muralhas no começo do cerco.

O paciente que funciona como o de meu exemplo assim o faz por acreditar não dispor de outro recurso para lidar com as frustrações impostas pela realidade e com o ódio estimulado pela dor associada às frustrações. Seu recurso, como já salientei, é negar a realidade odiada, ou, indo mais além, destruir o seu equipamento perceptivo e para pensar (cf. Bion, 1992). Esses são modos mais arcaicos de procurar algum conforto e proteção.

O paciente que nos procura espera encontrar, na relação que venha a ter com seu analista, outros recursos mais desenvolvidos e eficazes para enfrentar a realidade e poder usufruir daquilo que a vida realmente tem a oferecer. Seus recursos habituais, no entanto, só poderão ser deixados de lado como algo que é verificado obsoleto ou contraproducente à medida que venha a desenvolver e realmente dispor de algo mais favorável e eficaz para sua vida.

Uma psicanálise que procure forçar o abandono de modos de funcionar de um paciente, ou que procure desmontar os equipamentos de que ele se vale por serem "anacrônicos", "psicóticos" e "neuróticos", sem levar em conta o desenvolvimento e a existência de outros modos de funcionar de que ele possa se valer, pode levar o paciente ao desespero ou ao abandono do trabalho. O paciente pode ficar *moralmente* constrangido a desfazer-se dos seus recursos que, com grande esforço e pena, conseguiu organizar (por mais precários que possam parecer ao analista ou a terceiros), ao mesmo tempo que se sente extremamente desamparado por não encontrar outras possibilidades para funcionar. Pode acabar tornando-se uma imitação grosseira de modelos que o analista[19] lhe impõe, ou fragmentar-se em um surto psicótico ao não ser aceito na condição de funcionamento que lhe é possível, sem saber a quem recorrer. Um analista que funcione desse modo não estará fazendo algo muito diferente daquilo que realizou o presidente americano George W. Bush ao querer, de modo violento, modernizar o Iraque, impondo ao povo daquele país aquilo que chama de democracia (do modo mais antidemocrático possível, tanto no Iraque quanto nos Estados Unidos). Nesse contexto, o analista coloca-se como uma autoridade moral, uma criatura superior e "iluminada".

Referências

Bion, F. (ed.) (1992). *Cogitations: Wilfred R. Bion.* London: Karnac.

Bion, W. R. (1958). On hallucination. *Int. J. Psychoanal.,* 39, 341-349. (Trabalho original publicado em 1956.)

Bion, W. R. (1966). Catastrophic change. *Scientific Bulletin of the British Psychoanalytical Society,* 5, 13-24.

Bion, W. R. (1977). *Seven servants, four works by Wilfred R. Bion: (1962) Learning from experience; (1963) Elements of psychoanalysis; (1965) Transformations; (1970) Attention and interpretation.* New York: Jason Aronson.

Bion, W. R. (1977). *Two papers: The grid and Caesura.* Rio de Janeiro: Imago.

---

[19] O analisando, como em certos grupos religiosos e igrejas, passa a imitar a linguagem e os modos de seu analista, tornando-se membro de uma seita. Observa-se a estereotipia.

Bion, W. R. (1987). Turbulência emocional. *Revista Brasileira de Psicanálise*, *21*(1), 121-133. (Trabalho original publicado em 1977.)

Bion, W. R. (1988). Diferenciação entre a personalidade psicótica e a personalidade não psicótica. In W. R. Bion, *Estudos psicanalíticos revisados (Second thoughts)*. Rio de Janeiro: Imago. (Trabalho original publicado em 1967.)

Castelo Filho, C. (2004). Reflexões sobre a experiência de atendimentos de pacientes que poderiam ser descritos como *borderlines* ou limítrofes. *Revista Brasileira de Psicanálise*, *38*(3), 605-620.

Freud, S. (1978). Formulations on the two principles of mental functioning. In S. Freud, *The standard edition of the complete psychological works os Sigmund Freud* (Vol. 12, pp. 213-226). London: The Hogarth Press, 1978. (Trabalho original publicado em 1911.)

Freud, S. (1978). Lecture XVI – Psycho-analysis and Psychiatry. In S. Freud, *The standard edition of the complete psychological works os Sigmund Freud* (Vol. 16, pp. 243-256). London: The Hogarth Press. (Trabalho original publicado em 1917 e escrito entre 1916 e 1917.)

Joseph, B. (1986). O paciente de difícil acesso. *Revista Brasileira de Psicanálise*, *20*(3), 413-432.

Klein, M. (1950). A contribution to the psychogenesis of manic depressive states. In M. Klein, *Contributions to psychoanalysis*: *1921-1945*. London: The Hogarth Press. (Trabalho original publicado em 1935.)

Klein, M. (1980). Notes on some schizoid mechanisms. In: M. Klein, The writings of Melanie Klein (Vol 3: Envy and gratitude and other works: 1946-1963, pp. 1-24). London: The Hogarth Press. (Trabalho original publicado em 1946.)

Klein, M. (1980). The origins of transference. In M. Klein, *The works of Melanie Klein* (Vol. 3: Envy and gratitude and other works: 1946-1963, pp. 48-56). London: The Hogarth Press. (Trabalho original publicado em 1952.)

Klein, M. (1980). On mental health. In M. Klein, *The works of Melanie Klein* (Vol. 3: Envy and gratitude and other works: 1946-1963, pp. 268-274). London: The Hogarth Press. (Trabalho original publicado em 1960.)

Miller, A. I. (1996/2000). *Insights of Genius.* Cambridge, MA, USA/London, UK: The MIT Press.

7. Psicanálise do vir a ser – não médica e não prescritiva: sem memória e sem desejo[1]

Introdução

Valho-me de minha experiência no consultório para explicitar ideias que me parecem relevantes na minha prática da psicanálise, que considero uma atividade completamente distinta de um trabalho médico-curativo ou psicoterápico. Psicanálise costuma ter, apesar de não ser o que visa, um efeito psicoterápico, e isso, em geral, pode ser observado em pessoas que se interessam em sofrer um processo propriamente psicanalítico, que, para mim, tem como única finalidade apresentar um indivíduo a ele mesmo – seja lá o que isso venha a se revelar no processo psicanalítico – e nada mais. Considerando-se esse enfoque, o que importa apresentar para quem nos procura é aquilo que essa pessoa não sabe de si mesma – e que nós, psicanalistas, tampouco deveríamos ter qualquer pretensão de

---

[1] Publicado originalmente em *Rêverie*, revista de psicanálise do Grupo de Estudo Psicanalítico (atualmente, Sociedade Psicanalítica) de Fortaleza, *III*(1), 2010.

saber de antemão do que se trata. Por exemplo, ao fazermos um diagnóstico, considerando que um paciente é neurótico ou psicótico, ou mesmo autista, estamos dentro de terreno conhecido e "confortável" da psiquiatria e da psicologia, portanto estranho à psicanálise. Essas explicações opacificam a percepção e a intuição do analista. O fundamental é o encontro com o desconhecido – tanto por parte do analisando quanto do analista, como bem já havia destacado Frank Philips (1997) em seu livro *Psicanálise do desconhecido*. Nesse sentido, a psicanálise prossegue com a proposta fundamental de Freud, que teria por meta apresentar ao analisando aquilo que ele não tem consciência a respeito de si mesmo, ou seja, revelar-lhe o inconsciente. Nesse viés, que ora apresento, considero o termo inconsciente como aquilo que não é conhecido, e não necessariamente aquilo que está no sistema Inconsciente, como proposto por Freud. O não consciente pode ser aquilo que nunca foi visto, nunca pensado, que nunca passou pela mente ou pelos processos perceptivos. Também pode equivaler ao que foi olhado, porém nunca visto A percepção do nunca visto, ou nunca constatado a despeito de visto, equivale à apresentação à mente de pensamentos que pedem para ser pensados. Se o analisando se dispuser a pensar sobre aquilo que nunca viu e nunca pensou, que venha a ser apresentado pelo analista e, eventualmente, a ser vislumbrado ou percebido por ele, desenvolverá sua capacidade para pensar, assim como sua mente, que é o equipamento (ou aparelho, como o digestivo para os alimentos) que existirá para tal atividade.

O contato com o nunca verificado pode levar um indivíduo a ter uma considerável mudança de perspectiva quanto àquilo que existe e ao que possa ser real. Nesse sentido, penso que psicanálise pode acabar tendo um efeito terapêutico.[2] Ao ter novas percepções

---

[2] Caso possam ser toleradas vivências de mudança catastrófica (Bion, 1970/1977, cap. 10), como aquelas experimentadas pelos contemporâneos de Copérnico e Galileu, em que o mundo que viviam e que conheciam "desapareceu".

que venham a reformular as concepções de como as coisas possam efetivamente ser, um indivíduo pode acabar, caso se disponha a isso, revisando todo seu modo de funcionar diante dos fatos da vida e de sua própria natureza, que passaria a verificar de forma diversa daquela que via antes de se submeter à análise. Uso como analogia a visão do mundo que a humanidade tinha até o Renascimento. A Terra era plana, imóvel e o *centro* do Universo. Com a percepção de que era esférica, foi possível pensar em viagens para o Oriente partindo na direção do Ocidente. Tirando a humanidade do *centro* das atenções de Deus, Ele também deixou de ser o centro das atenções da humanidade, permitindo o desenvolvimento do pensamento não religioso etc. A mudança de foco pode mudar as perspectivas e apresentar caminhos e recursos não antes divisados. O uso das novas percepções e recursos deve, por sua vez, ser de inteira escolha e responsabilidade de quem o vislumbrar – sem qualquer intuito de catequese.

Há de se considerar que muitos dos modos de uma pessoa funcionar e se organizar no mundo possam ser vividos por ela como modos de sobrevivência. Na minha maneira de ver, o intuito de *atacar* esses modos com pretextos de que são obsoletos, imorais, inadequados, ou não condizentes com "valores psicanalíticos" de saúde mental (expressão que poderia ser substituída, sem mudança de sentido, por "valores cristãos", "valores judaicos", ou "mulçumanos", e similares) seria vivido como grave ameaça à própria vida. Cecil Rezze[3] usa um modelo que destaca que ninguém precisou fazer campanha para que a máquina de escrever caísse em desuso. Surgindo um instrumento – o computador – que se evidenciou para o usuário como mais eficaz e útil do que o anterior

---

[3] Analista didata da Sociedade Brasileira de Psicanálise de São Paulo – comunicação pessoal.

(que, por sua vez, não foi algo "errado" ou "inadequado" quando surgiu e foi utilizado), a máquina de escrever foi naturalmente deixada de lado.

O intuito da análise não seria o de levar o analisando a comportar-se de modo diverso daquele como se comporta e nem tampouco o de convencê-lo da verdade daquilo que vê o psicanalista. O analista pode (e deve, senão não estaria fazendo o seu trabalho) apresentar ao analisando aquilo que *ele percebe* como sendo verdade a partir de sua experiência direta com o analisando. Mas não cabe ao analista apresentar ao analisando o que ele, analisando, deveria ser e muito menos como deveria comportar-se. Como destacou Bion em *Transformations*:

> Seria repugnante para a teoria e prática psicanalíticas se o analista trabalhasse sobre o paciente como um pintor pode trabalhar sobre sua tela. O pintor que trabalha sobre as emoções do seu público com um fim em vista é um propagandista com a perspectiva de um artista de cartaz. Ele não tem a intenção de deixar seu público livre na escolha do uso da comunicação que faz. A posição do analista é afim com a do pintor que, por meio de sua arte, acrescenta algo à experiência de seu público. Visto que psicanálise não visa dirigir a vida do paciente, mas sim capacitá-lo a dirigi-la conforme as suas próprias luzes, e, portanto, saber quais são as suas próprias luzes, $Ta\beta$, tanto na forma de interpretação quanto na de artigo científico, deveria ser a representação verbal de uma experiência emocional. Uma tentativa de excluir por meio de restrição a expressão verbal de qualquer elemento de Ta que pudesse fazer com que passasse do domínio da comunicação do conhecimento para o da propaganda seria inadequada. A expressão verbal deve ser limitada de modo tal que expresse verdade sem que haja

qualquer implicação outra que a de que é verdade conforme a opinião do analista (Bion, 1965/1977, p 37, tradução livre do inglês minha, grifo de Bion).

Em psicanálise, costuma-se designar o analisando como paciente ou cliente. O termo paciente, a despeito de evidenciar uma condição mental necessária por parte de quem quer se submeter a uma análise, que é a paciência, guarda sua origem médica e o viés associado à prática da medicina. O termo cliente, por sua vez, é permeado pelo uso nas práticas comerciais. Proponho que se deva privilegiar o termo *analisando*, que especifica uma situação única e sem igual em qualquer outra atividade, assim como penso ser a função do analista.

Narrativa do primeiro caso clínico

O analisando, um homem maduro, há três anos em análise, entra em minha sala e deita-se no divã. Fica de oito a dez minutos em silêncio. Eu nada tenho a dizer e nada digo.

Após esse tempo, ele diz que fica intrigado por estar lá. Tinha uma quantidade enorme de afazeres e negócios importantes e achava uma coisa esquisita que, não se sentindo muito disposto a vir, e não tendo ideia do que teria para conversar, tivesse atravessado a cidade em horário de trânsito difícil e interrompido seus compromissos para estar ali. Acha ainda mais estranho estar vindo, há semanas, de forma sistemática, para sua análise, a despeito de não saber muito para que, visto que não tem mais as queixas específicas que o trouxeram no primeiro instante (graves problemas nos relacionamentos familiares e de sentir que se esfola trabalhando, mas não se sente satisfeito com o que obtém). Sente e percebe que a análise não serve para aquilo que veio no início, ou seja, para lhe orientar e lhe dizer como resolver suas dificuldades, e que tampouco ela o ajuda no seu desejo de se ver livre de todo tipo de angústia! Além do mais, o que mais o intriga é ele se perceber vindo e querendo vir! Diz ele: "Eu sinto que quero vir! Sinto que é importante para mim estar e vir aqui! Porém, não entendo por que nem para quê! Acho algo muito esquisito". Eu pondero que considerava que ele estava ali por perceber que havia algo diferente, a despeito de não ser do alcance de sua compreensão, que verificava ser de vital importância para si. Proponho que ele estava achando importante, fundamental, vir para *conversar comigo*, para ter uma real conversa comigo, não sendo propriamente importante o assunto, mas sim a oportunidade de ter alguém com quem pudesse efetivamente conversar.

Ele diz que certamente é algo que sente como importante, mas não entende como alguém poderia vir para uma conversa sem ter uma meta, um objetivo específico, uma ação a ser tomada, uma problemática a ser resolvida. Acha absurdo! E mais absurdo ele se ver querendo isso! Ele precisava entender como algo poderia ser assim!

Eu o indago sobre qual seria a necessidade de ele entender. Para mim, prossigo, não seria necessário que ele entendesse. Por que não seria suficiente que ele simplesmente aceitasse se oferecer algo que se via querendo? Para quem ele precisaria se justificar? Se ele queria e achava importante e eu estava disponível, o que mais seria necessário? Ele diz: "Eu não aguento ficar sem entender – não é suportável para mim eu ficar não entendendo. Não aguento! Não aguento! Não suporto o que está acontecendo!".

Não obstante, ele permanece deitado calmamente no divã, contrastando com sua fala aparentemente desesperada.

Esse tipo de situação vinha se repetindo frequentemente nas últimas sessões, e o analisando assinala isso. Diz que já tem um tempo que se vê no desconforto de se ver vindo para a análise, voltando para as sessões, sem entender bem para que ou como se poderia querer uma conversa que não tem um propósito estabelecido e uma meta objetiva a ser alcançada.

Ele prossegue: "Não dá para suportar, não dá para aguentar fazer coisas que não são compreensíveis!". E permanece deitado tranquilo, sem fazer qualquer menção de sair da sala ou de levantar-se do divã.

Observando o contraste entre sua fala e seu comportamento, digo: "Eu vejo você insistir que não tem capacidade para suportar essa situação, porém vejo também que você está tranquilamente deitado no divã, não faz qualquer menção de se levantar, e, como você mesmo assinalou, tem voltado sempre e sido assíduo. O que me parece é que você tem uma ideia de si mesmo que não corresponde ao que de fato é! Na sua ideia você é alguém que não aguenta, mas a pessoa real que eu estou vendo aqui aguenta muito bem, tem suportado razoavelmente a situação e declara francamente que quer mais dela, que a acha importante. Portanto, tem uma pessoa que você está convicto ser que não aguenta, e tem a outra, que seria você mesmo, que é quem eu observo aqui, diferente do discurso que você tem sobre você mesmo, que aguenta, que suporta".

Ele se declara muito espantado. Diz ser verdade o que estou lhe dizendo, mas que essa percepção, essa noção, era uma coisa muito estranha para ele – muito, muito estranha! Esquisita! Como ele pode ter uma ideia dele e ser outra coisa, funcionar diferente? Muito estranho!

Proponho que o estranho, antes de mais nada, era ele para ele mesmo! Ele estranhava estar se dando conta, naquele instante, de que era um estranho, um desconhecido, para ele mesmo, de que não pudesse ter noção, ou tinha uma noção bastante distante, de quem de fato ele é!

Ele diz que isso parecia ser um absurdo, mas que não obstante parecia ser assim mesmo.

Digo-lhe que agora poderia perceber um propósito para ele estar ali comigo – que verificava por que era tão significativo para ele estar ali e por que ele queria tanto estar ali.

Ele me indaga, perplexo, sem conseguir verificar o que eu estava propondo, e eu digo: "Porque aqui você tem a chance de finalmente encontrar-se consigo mesmo, de conhecer quem de fato é, e, eventualmente, viver sua vida mais de acordo com aquilo que você de fato é – se pudermos nos aproximar disto que você seria, nas nossas conversas" – como estaríamos fazendo naquele instante.

Ele diz: "Mas é uma coisa muito louca e muito esquisita, muito estranha que eu possa não saber quem eu realmente seja, como eu realmente funciono! No entanto, parece que é isso que eu vi aqui hoje! Eu acho que não aguento e estou aqui aguentando! Que coisa mais maluca! Que coisa mais estranha!".

Ele permanece aturdido com tal perspectiva. Ao mesmo tempo, exclama de espanto e de interesse, e também se mostra perplexo. Continua achando tudo estranhíssimo, esquisitíssimo. E assim vai chegando o final da sessão.

Nossos encontros prosseguem, com ele vindo de forma sistemática, nunca faltando às sessões. Sua perplexidade permanece com as nossas conversas e com aquilo que vem surgindo delas.

Pouco tempo depois, surpreendi-me ouvindo uma descrição feita por ele. Fiquei consideravelmente tocado! O analisando costumava ter uma fala um pouco tosca, encontrando dificuldades para exprimir o que via e sentia. Eu já estava achando que aquilo que me era habitualmente apresentado não parecia corresponder ao que poderia ser a verdadeira natureza dele, pois eu desconfiava, pelo que dele escapava eventualmente, que pudesse ser alguém mais sagaz, intuitivo e articulado do que se mostrava e acreditava ser. Foi quando, ao iniciar uma sessão após um fim de semana, relatou-me que fora até sua casa de campo no interior e, depois de passar vários anos diante da entrada de uma pequena cidade que sempre estivera em seu caminho, resolvera ir conhecê-la. Era uma cidade nova construída em substituição a uma outra original, que fora inundada por uma represa. Ao conhecer aquela que era a nova, considerou-a muito desinteressante. Parecia não ter alma. "Fiquei com a impressão de que a alma daquela cidade havia ficado submersa ou enterrada no fundo da represa!", disse-me o analisando para meu espanto. A imagem não poderia ser mais comovente e poética! Comentei minha percepção sobre o modo extremamente refinado com que ele fazia uma descrição em contraponto à suposta rusticidade que ele costumava apresentar. Pareceu-me, eu disse a ele, que era a sua verdadeira alma que estava emergindo das profundezas, após tantos anos submersa...

Em episódio posterior, ele voltou a comentar, surpreso e espantado, ter deixado um importante compromisso para estar comigo e não perder sua sessão. Verificou que dá toda prioridade a nossos encontros. Considerou que devia ser por conta do que esperava encontrar e descobrir a partir deles. Eu comentei que ele vinha e não perdia um encontro não por conta do que iria encontrar, mas por conta do que já havia encontrado! Ele se surpreendeu, e eu completei dizendo que eram os nossos próprios encontros, as próprias conversas que eram as "coisas" de tanto valor que ele procurava *e já havia encontrado*, e por isso vinha! Ao continuarmos a conversa, procurei deixar a situação mais clara, dizendo que ele tinha uma tal ideia do que deveria encontrar e sobre o que o deixaria feliz que não podia reconhecer quando encontrava algo que efetivamente o atendesse, que desse para ele uma vivência de saciedade, que é transitória, como tudo que a meu ver é humanamente viável. Sua expectativa de algo que o saciasse eternamente e completamente não o permitia verificar quando tinha uma vivência de real saciedade – uma experiência que, comparada às suas expectativas, poderia ser insignificante. Contudo, parecia-me que ali, no nosso encontro, naquele momento no consultório, sentia-se saciado, satisfeito! – dentro do que humanamente poderia ser uma real satisfação. Ele espantou-se e reconheceu muito emocionado o sentido do que eu estava lhe dizendo.

Outro episódio clínico: o que poderia ser visto como empecilho era o cerne da questão. Outra visão sobre o "problema" da resistência

O analisando, um executivo de 40 e poucos anos, demonstra muita dificuldade em ouvir qualquer opinião sobre fatos e sobre si mesmo que não coincida com aquilo que pensa e é convicto. Qualquer pequena diferença de apreensão que lhe é apresentada costuma desencadear intensas reações emocionais em que se sente desconsiderado ou mesmo atacado com violência. Com o evoluir do trabalho, que já dura alguns anos, constata que a ocorrência de verdadeiros ataques de minha parte não é realmente verificada em sua observação atenta dos fatos, mas, a despeito dessa constatação, não consegue mudar suas atitudes em relação às que efetivamente percebe em mim e menos ainda em relação ao sentimento de ser atacado. Por vezes, sua reação é tal que não consegue suportar comparecer às sessões, faltando a várias em sequência, frequentemente sem qualquer aviso. Ponderei comigo mesmo que poderiam se tratar de ataques invejosos, ou qualquer outra coisa do tipo: uma resistência à análise do ponto de vista clássico. Seria algo que aconteceria tendo em vista a ocultação de outras situações mais penosas? Não me pareceu ser o caso.

Após nova série de faltas por conta de discordância em torno de questões de pouca relevância, ele comenta que não pode evitar tal conduta, a despeito de não ver fundamentação nela. Diz não aguentar vir e que de vez em quando precisa "dar um tempo", por mais que também lhe pareça de suma importância comparecer. Sente-se numa sinuca.

Num rompante, em meio à escuridão em que me via, disse-lhe que era plenamente compreensível ele não querer vir porque eu verificava, na conversa que estávamos tendo (e cujos detalhes não me parece haver necessidade de expor), que parecia haver uma total coincidência entre o que ele pensava e o que seriam os próprios fatos da existência. Eu questionar uma ideia sua, ou levantar uma dúvida de qualquer ordem era algo muito grave, pois para ele equivalia a questionar a própria existência das coisas. O que existe, para ele, é igual ao que ele pensa. Questionar o que ele pensa é igual a questionar a existência, a realidade. A dúvida que eu pudesse levantar era uma ameaça de fim de mundo. Caso sumisse uma ideia sua, caso ela se mostrasse equivocada, não era a ideia que desapareceria, mas a própria realidade, a própria existência, que não era diferenciada dela. Da mesma maneira, qualquer dúvida a respeito do que e de quem ele era, para ele, era sinônimo de aniquilação, de anulação de sua existência.

Quando eu disse isso, verifiquei que a comunicação teve um grande impacto e que o analisando emocionou-se intensamente. Falei que me parecia que algo havia se tornado claro, alcançado um sentido para nós dois ali e que podia também dar um sentido a muitas de suas ações. Ainda bem emocionado, o analisando confirmou essa apreensão. Continuamos...

Penso que está claro algo que poderia ser apreendido como uma "resistência". Contudo, a pessoa resiste à análise não necessariamente porque quer evitar algo reprimido, no Inconsciente, mas porque a análise é uma ameaça à sua própria existência.[4] Por outro ângulo, sua manifestação de oposição e de faltas não é resistência! É a própria matéria-prima e essência do trabalho analítico. Se o psicanalista achar que a conduta do analisando é algo que está atrapalhando o trabalho, não terá visto a essência mesmo de sua função.[5]

---

[4] No estado mental do analisando não há inconsciente, pois, sendo o seu pensamento equivalente às coisas em si, ele não possui representações. O que ele expressa não pode ser interpretado em termos de conteúdo porque não há um conteúdo a ser interpretado. As ideias não são propriamente ideias, mas coisas em si.

[5] Salvo os casos em que aquilo que procura alcançar um sentido por parte dos analisandos possa se expressar de uma tal maneira ou com tal violência que o profissional possa considerar que supera sua capacidade de trabalho ou aquilo a que se dispõe viver e suportar em prol de sua atividade profissional. A ideia de precisar dar conta, de ter de dar conta é expressão de desejo, além de ser humanamente inviável. Se nosso intuito fosse apresentar uma pessoa a quem ela realmente seria, deveríamos igualmente ter pelo menos uma razoável noção de quem somos para sabermos até onde podemos ou nos dispomos a aguentar uma situação sem nos fazer violência.

Terceira vinheta clínica

O analisando beira os 50 anos. Na sessão que destaco, relatou que tomou um grande porre alcoólico pouco antes do final de semana. Atribuiu sua atitude à perda de seu time num jogo de futebol. Quando a esposa chegou em casa, encontrou-o embriagado. Não houve maiores inconvenientes e ela não fez grande caso da situação, a despeito de ele mostrar-se indignado com sua própria atitude no dia seguinte, convidando a esposa a recriminá-lo, o que ela não fez. Considerei que ele também me convidava a recriminá-lo e a buscar as causas de seu comportamento "psicopatológico". Resolvi aguardar o andamento dos eventos no encontro.

Com o prosseguir da conversa, fui dando-me conta de que o analisando se encontrava extremamente deprimido por aquilo de que vinha percebendo na análise a respeito de seu funcionamento na vida e das inúmeras oportunidades que haviam se apresentado para ele e que havia esnobado, como se dispusesse de infinitos recursos e vida para viver. Ao dar-se conta de sua finitude e também da dos seus recursos, experimentou profunda dor. Foi à dor que procurou dar fim embriagando-se. Disse-lhe que ele procurou atingir sua cabeça porque achava que esta era a responsável por seu sofrimento. Caso a explodisse (já lutou boxe) ou a afogasse, eliminaria aquilo que o faz sofrer, pois é ela que percebe onde e o que dói. Dentro desse viés, se não tiver cabeça para perceber suas dores, não as sofrerá. Por outro lado, se não tiver cabeça para perceber o que o leva a sofrer, o que dói e onde dói, repetirá as atitudes que promovem sofrimento, sem ter a chance de refletir e reorientar suas condutas que verifique serem contrárias aos seus próprios interesses.

Prosseguimos a conversa ponderando que ele estava com muito ódio da análise, pois ele considerava que ela é que o havia levado a perceber determinadas coisas que o deixaram bastante deprimido e dolorido. Ele disse que realmente havia chegado a pensar isso durante o fim de semana.

Destaco que o evoluir de uma análise não precisa ser algo que leve o analisando a sentir-se melhor, como seria o intuito médico ou psicoterápico mais conhecido. A maior apreensão dos fatos pode levar a contato com maiores níveis de sofrimento. Por outro lado, somente a percepção da extensão real dos sofrimentos (e de modos que possam agravá-los apesar da intenção de aliviá-los) poderia levar um indivíduo a chegar a uma maneira mais pertinente de lidar com eles, pois estaria considerando e lidando com aquilo que realmente demanda cuidados, e não com aquilo que seria "bom" que existisse.

Supervisões

Na minha experiência como supervisor, verifico amiúde que o que atrapalha alguns colegas bem-intencionados é o desejo, a necessidade que têm, ou a obrigação que consideram ter, de dizer aos analisandos algo que "melhore" a situação deles. Também observo o esforço que podem fazer ao insistir com o analisando para que pare com uma determinada maneira de funcionar que estaria atrapalhando a análise ou suas vidas. Acham-se responsáveis e na obrigação de proporcionar um maior conforto para o analisando e afligem-se quando não conseguem dizer algo para diminuir-lhes o sofrimento. Dessa maneira, excluem a eventual oportunidade de alcançar o sentido que aquela própria situação "difícil" ou "irritante" possa ter.

Frequentemente há uma queixa de os analisandos não se "abrirem" ou de resistirem ao início de uma análise. Raramente se considera que seria uma reação bem motivada, pois o analisando só vai conhecer o analista no decorrer da própria análise. Parece-me uma atitude bastante sensata estar angustiado diante de uma situação que por si só já é extremamente *sui generis*, numa conversa em que alguém fica deitado e outro sentado, em que há uma possível exposição de intimidade para um completo estranho (e tem pouca relevância o renome e a fama que o analista possa ter, e tampouco por quem ele tenha sido indicado), que a despeito de seu currículo pode ser alguém de caráter questionável, ou mistificador, ou mesmo que, tendo a melhor das índoles, possa não estar nas suas melhores condições mentais. Ao analista não caberia convencer o analisando de que é confiável, mas evidenciar a angústia por ele vivida naquele contexto e a *pertinência* de tal angústia. Pode aproveitar para ressaltar a responsabilidade do analisando por sua própria vida e o interesse dele, analisando, em prestar atenção naquilo que se passa ao seu redor, sem delegar essa função para qualquer outra pessoa. Penso que cabe dizer ao analisando que é adequada sua apreensão e reticência, e que somente sua experiência pessoal com aquele analista é que poderá levá-lo a desenvolver um sentimento de confiança, sem, contudo, jamais deixar de estar atento ao que se desenrola à sua volta. Analistas, afinal de contas, são apenas pessoas comuns. Para que tal confiança possa vir a se desenvolver, o analisando terá de correr riscos (que podem ser reais), testando, paulatinamente, ao expor-se, o analista, na experiência analítica, para ver como ele procede efetivamente, para daí tirar suas conclusões sobre o profissional a quem recorreu.

Função do analista

Ao analista caberia apresentar ao analisando um eventual sentido ou função daquilo que captasse no comportamento dele, sobretudo o observado no consultório. Isso quando consegue captar algo. Ter a obrigação de perceber e dizer algo ao analisando é um estorvo para a função analítica. Também pode ser útil ajudá-lo a perceber as limitações do analista, de modo a não o colocar igualmente na obrigação de tornar-se alguém que tem de dar conta daquilo com que se defrontar. Se tiver instrumentos para tal na circunstância, dará conta, caso não os tenha, seria útil e confortante reconhecer que não os possui e a inutilidade de desesperar-se. O tempo e a paciência podem ser os maiores exércitos de um homem, como postulava Tolstói (1868/1995) por meio de seu personagem marechal Koutouzov em *Guerra e paz*.

Ao analista caberia "pintar" um quadro da situação que verifica para que o analisando possa contemplá-lo e tirar suas próprias conclusões a partir do que vier a perceber da "imagem" apresentada. O analista pinta o quadro a ser contemplado pelo analisando, não pinta o analisando como se fosse uma tela conforme sua concepção pessoal do que ele deveria ser. Do quadro apresentado, o analisando é que deve decidir, para si e por si, o que melhor *ele* mesmo achar conveniente.

Quarta vinheta clínica: finalizando

A analisanda assumiu um alto cargo de chefia em um grande conglomerado industrial. Queixa-se das inúmeras intrigas internas com que tem de se haver. Sempre havia encarado o seu trabalho como de natureza "objetiva". Sente-se perplexa ao deparar-se com uma série de situações em que seus subordinados de alto nível funcionam de forma não racional. Ciúmes, invejas, rivalidades, arrogância, vaidades, tramoias, estão no centro do palco – a última coisa que parecem vislumbrar são os interesses da empresa e o desenvolvimento desta. Percebe que parte deles faz de tudo para desorientá-la e para que perca a cabeça. Teve de encerrar uma reunião no momento em que considerou que se a continuasse poderia perder completamente a paciência com um alto executivo. Disse que não chegara a esse ponto, mas que teve de tomar uma decisão e impô-la, pois o sujeito tentava manipulá-la de todas as formas de que era capaz para que ela aceitasse um projeto que era altamente danoso para a imagem de sua corporação. Sentiu-se confortada por ter contado com um outro colega[6] na reunião que a ajudara na tarefa sem perder o tino.

Eu disse que o trabalho de um general se constituía principalmente no uso de sua capacidade para pensar, refletir, diante de seguidos bombardeios que visam à sua *cabeça*. O jeito certo de fazer com que um general perca uma batalha é aquele que for eficaz em explodir sua cabeça, em destruir sua capacidade para pensar. Os principais mísseis, bombas, artefatos de guerra, são aqueles que visam à cabeça do estrategista. Um general qualificado é aquele que desenvolveu ou possui a capacidade para lidar com esses aspectos de turbulência emocional, ou seja, é capaz de absorver, assimilar, administrar e integrar esses conflitos que visam desestabilizá-lo mentalmente. Para tal, ele precisa ter a habilidade e a disponibilidade para conviver com grandes intensidades emocionais e permanecer pensando. Completo dizendo que ela sempre havia acreditado que sua atividade era uma que excluía o emocional e que envolvia somente estratégias que seriam objetivas e "matemáticas", mas que ela estava percebendo que lidar com gente era uma tarefa que implicava fundamentalmente o trabalho com as subjetividades – começando com a dela própria.

---

[6] Também considero que essa referência diz respeito à sua vivência comigo.

Num rompante, ela fala surpreendida e muito emocionada: "Você sempre havia me dito, durante os vários anos que estou aqui em análise, que eu gostava de você, que eu tinha estima por você. Eu, porém, nunca havia visto isso e nunca havia reconhecido tal situação. Sempre achei que vinha por conta dos benefícios que pudesse obter neste trabalho, mas nunca considerei que sua pessoa propriamente pudesse ter alguma importância real. Agora mesmo, porém, verifico que gosto mesmo de você, que você é muito importante para mim. Não só a análise que tenho com você que é importante, mas a sua pessoa mesmo, de quem eu percebo que realmente gosto muito![7] E eu nunca havia percebido isso, mas agora vejo que é verdade!".[8]

Fico um instante em silêncio e por fim digo que ela havia acrescentado um aspecto dela mesma que não reconhecia como seu e, dessa forma, havia se expandido, passando a contar com áreas de sua personalidade, de sua pessoa, que até então funcionavam à parte

---

[7] De Bion, *A Memoir of the Future*: "'ser' algo é diferente de compreender esse algo. Amor é a coisa final que 'vem a ser', não que se compreende... 'Amor apaixonado' é o mais próximo que chego de uma transformação verbal que 'representa' a coisa em si, a realidade última, o 'O', como a tenho chamado, aproximando-se a isto." (Bion, 1975/1991, p.183, tradução minha). No original em inglês: "'being' something is different from 'understanding' it. Love is the ultimate which is 'become', not understood... 'Passionate love' is the nearest I can get to a verbal transformation which 'represents' the thing in itself, the ultimate reality, the 'O' as I have called it, approximating to it". No trecho que destaco desse livro, é perceptível o completo afastamento de Bion de qualquer apreensão curativa, médico-psiquiátrica ou psicológica tradicional, quando se refere ao amor de Alice por Rosemary.

[8] Não me refiro à transferência – não se trata de transferência –, mas a sentimentos presentes. Durante muitos anos procurei evidenciar à analisanda reações de cunho emocional observadas nos seus encontros comigo (não somente as de cunho amoroso afetivo, mas estou destacando, nesse contexto, as que tinham esse caráter). Eu ser alguém importante para ela, alguém que "faz a diferença", parecia-lhe ser algo insuportável e incogitável. Quando foram assinaladas essas reações indicativas de intensidades emocionais relacionadas à minha existência, suas reações foram de completa incredulidade.

e nem eram percebidas como dela própria. Assim, ela estaria se sentindo mais articulada consigo mesma, sentindo-se mais integrada a si mesma. Se continuássemos com a analogia de um exército, poderíamos dizer que batalhões que viviam à parte e desarticulados do resto da arma, ou cuja existência nem mesmo era sabida, teriam sido acoplados e articulados ao resto do grupo, certamente aumentando sua eficiência nas empreitadas da vida que precisasse enfrentar.

A analisanda permanece emocionada e chorando no divã por mais alguns instantes, até que encerro a sessão. Com um rosto que parecia iluminado e contente, levanta-se e sai da sala dizendo cordialmente: "Até amanhã".

Referências

Bion, F. (ed.) (1992). *Cogitations: Wilfred R. Bion*. London: Karnac Books.

Bion, W. R. (1977). *Seven servants, four works by Wilfred R. Bion: (1962) Learning from experience; (1963) Elements of psychoanalysis; (1965) Transformations; (1970) Attention and interpretation*. New York: Jason Aronson.

Bion, W. R. (1991). *A memoir of the future* (Book 1: The dream). London: Karnac. (Trabalho original publicado em 1975.)

Freud, S. (1978) Analytic therapy (Introductory lectures of psychoanalysis). In S. Freud, *The standard edition of the complete psychological works os Sigmund Freud* (Vol. 16). London: The Hogarth Press. (Trabalho original publicado em 1917 e escrito entre 1916 e 1917.)

Philips, F. (1997). *Psicanálise do desconhecido*. São Paulo: Editora 34.

Tolstói, L. (1995). *Guerre et paix*. Paris: Le Livre de Poche (2 vols.). (Trabalho original publicado em 1868.)

8. O incesto, a situação edípica e a (in)capacidade para pensar[1]

O incesto e aquilo que, na cultura ocidental, chamamos de abuso sexual são algo tão antigo quanto a humanidade. Estão na mitologia grega – Zeus era casado com sua irmã Hera –; no Antigo Egito – os faraós eram frutos de casamentos sucessivos entre irmãos (um suposto atributo de criaturas de natureza divina, mas com a finalidade prática de que o poder permanecesse nas mãos de um mesmo grupo) –; e nas famílias aristocráticas da Europa – D. Pedro I do Brasil e IV de Portugal deu sua filha menina, Maria da Glória, futura rainha de Portugal, em casamento ao irmão dele, Miguel;[2] e

---

[1] Minha experiência como supervisor no Centro de Estudos e Atendimentos Relativos ao Abuso Sexual (Cearas) do Instituto Oscar Freire da Faculdade de Medicina da USP. Conferência apresentada na I Jornada Sobre Abuso Sexual, em 2 de abril de 2016, no auditório Sigmund Freud da Sociedade Brasileira de Psicanálise de São Paulo.

[2] Levando em conta os interesses dos poderosos, rapidamente o papa concedeu-lhes a permissão para o que não era aceitável para outros.

também na própria Bíblia judaico-cristã, em que as filhas de Lot (aquele que fugiu de Sodoma e Gomorra) o embebedaram para poder gerar filhos com ele, na falta de pretendentes. Sem falar em culturas de cujas tradições fazem parte coisas que consideramos inaceitáveis, desde a Grécia Antiga, onde os meninos aristocratas eram educados em ginásios e tornavam-se amantes de seus professores até a adolescência, aos casamentos entre meninas e homens maduros em países islâmicos e hinduístas, aos meninos dançarinos dos senhores da guerra afegãos etc. O próprio mito de Édipo tem sua origem na relação entre seu pai, Laio, e um menino filho de um rei da região, que originou a maldição de Laio.

Freud, Klein e Bion perceberam o aspecto fundamental da existência do tabu sobre o incesto, intrinsecamente associado ao desenvolvimento da capacidade para reconhecer e lidar com a frustração,[3] o que implica o crescimento da capacidade para pensar dos seres humanos, essencial no processo civilizatório. Sem isso, pouco ou nada nos diferenciamos dos outros mamíferos superiores ou das feras selvagens, que permanecem sempre potenciais dentro de nós. Não obstante, o que se verifica é que essa capacidade para pensar e civilizatória é muito mais incipientemente desenvolvida do que se costuma acreditar. O que se observa, na prática, é que os aspectos mais primevos encontram pouco equipamento mental para elaborá-los, e o incesto e o abuso sexual (além de toda a violência que observamos no nosso cotidiano, o que não é novidade na história de nossa espécie) são muito mais comuns do que o tabu que os envolve leva a crer.

Sou supervisor convidado do Ceara s há vários anos. Lá, desenvolve-se um extenso trabalho de pesquisa e psicoterápico com

---

[3] O desenvolvimento da capacidade para pensar, simbolizar, é indissociável da expansão da capacidade para tolerar frustrações.

famílias incestuosas (pais com filhas/filhos, irmãos entre eles, mãe/filhos/filhas, avós/netas/netos, padrastos/madrastas/enteados, tios etc.) que revela o quanto o incesto é difundido na sociedade, das classes menos favorecidas às mais privilegiadas.

Nesse trabalho, feito somente com famílias encaminhadas por fóruns de Justiça e que estão sendo acompanhadas juridicamente, tratamos do grupo (família), que percebemos como um indivíduo, assim como no consultório analítico também podemos ver que uma pessoa é também um "grupo de entidades", sendo priorizada, no atendimento do Cearas, a dimensão psíquica da situação. Levando em consideração a dimensão psíquica, preferimos diminuir a relevância da discriminação entre vítima e algoz, pois o que verificamos é uma questão dinâmica de todo o grupo, em que a capacidade para pensar e simbolizar é, em geral, muito precária (e, na grande maioria dos casos, os abusadores também foram abusados na infância, o que evidenciaria uma corrente de participantes em que a *função do pensar* pouco teria se desenvolvido). O trabalho é focado na captação dessa problemática, na sua exposição e possível conscientização, para que se possa desenvolver alguma possibilidade de ela ser percebida, reconhecida, pensada e elaborada, visto que admoestações morais e policiais podem ser e são muito úteis para o grupo manter a organização social, mas insuficientes e quase sempre inúteis para a verdadeira *realização* por parte da família e de seus membros do sentido psíquico-emocional desse tipo de atuação. Na maior parte das vezes o que se produz pela simples repressão e punições dos familiares envolvidos é um discurso imitativo daquilo que as autoridades morais ou judiciais esperam deles, sem que haja um real *insight* sobre o sentido emocional do problema. Em outros termos, passam a dizer aquilo que percebem que se espera que digam, e até mesmo se esforçam genuinamente para tal, mas sem realmente "entender" emocionalmente, de forma profunda e mutativa, os motivos de serem punidos ou perseguidos. (Não estou, de maneira alguma, negando a necessidade de que haja repressão e punições – apenas consideramos que a lida real do problema na sua dimensão psíquica profunda não se resolve dessa forma, e, não se resolvendo nesse nível, tende a cronificar-se, haja vista o que acontece em instituições religiosas com forte discurso moralista e repressor).

Trago em seguida duas situações de minha experiência como supervisor de atendimentos do Cearas. Os atendimentos do Cearas são realizados com famílias em que já houve denúncia criminal e que seguem uma tramitação jurídica e policial. É a Justiça que encaminha as famílias. Os atendimentos são com todo o grupo familiar que possa comparecer, incluindo o(s) membro(s) abusado(s) e também o(s) suposto(s) ou real(is) abusador(es). São encontros semanais de uma hora e meia com a participação de dois psicoterapeutas.

Situação A[4]

Tomemos o exemplo de uma família que comparece ao atendimento, constituída por mãe, pai e seis filhos. Além dos seis filhos, uma das filhas adolescentes teve uma filha do próprio pai, e suspeita-se que uma das filhas dos pais é, de fato, também filha de outra filha com o pai. As psicólogas que fazem o atendimento manifestam incômodo porque não há uma constância entre os que comparecem. A cada semana uma parte da família aparece e outra não. Pediram que, pelo menos, se mantivessem sempre presentes a mãe e a filha que sofreu abuso por parte do pai, tendo com ele uma filha. Mesmo assim, permanecem insatisfeitas porque, quando uma

---

[4] Certos dados foram distorcidos para impedir qualquer forma de reconhecimento.

parte vem, a outra não vem. O pai está foragido e por isso não comparece. A participação dele, se não foragido ou preso, faz parte dos métodos do Cearas, desenvolvidos depois de anos de experiência de atendimentos de famílias incestuosas.

Como supervisor, proponho que as psicólogas olhem para o que viam como empecilho/resistência ao atendimento, ou seja, a ausência de uma parte ou de outra nas sessões, como uma informação, como algo que revelava um aspecto da dinâmica psíquica dessa família. E que aguardassem para ver que padrão poderia surgir desse suposto não padrão (a cada dia era uma apresentação diferente). A conversa prossegue, e as terapeutas voltam a se queixar de que nunca estão todos, quando vem uma parte a outra não vem, e vice-versa – e eu digo: nunca há algo que está *inteiro, são sempre partes que não se encontram*. Proponho também que considerem as ausências físicas como representantes de dimensões psíquicas da dinâmica dessa família, como o manifesto de sonhos para Freud.[5] Nas pessoas que não podem sonhar (funcionamento primitivo/esquizoparanoide),[6] aquilo que para um

---

[5] O que vemos e lembramos de um sonho é o conteúdo manifesto. Em psicanálise, como proposta por Freud, o que importa seria captar o que o manifesto estaria representando ou apresentando para que dele se capte um sentido inconsciente, ou o que até então não havia alcançado representação psíquica, conforme Wilfred Bion.

[6] Cf. Melanie Klein em *Notes on Some Schizoid Mechanisms* (1946/1980), que propõe duas posições em que a mente pode funcionar: a esquizoparanoide e a depressiva. Na posição depressiva haveria uma integração de aspectos da personalidade até então separados, o que permitiria um maior contato com a realidade dos fatos. Na esquizoparanoide, a imaturidade e a falta de condição da personalidade de suportar angústias intensas levaria à ação de mecanismos de defesa que fragmentam a percepção e distorcem o contato com a realidade sentida como insuportável. W. R. Bion reformulou a relação entre essas posições, mas isso pode ser deixado de lado nesse artigo. As integrações depressivas (indissociáveis do

neurótico seria sonho torna-se atuação, *acting*. Minha observação foi dizer às terapeutas que olhassem para as "atuações" como manifestações de uma situação psíquica que não adquiriu propriamente a qualidade de psíquica/mental. Ou seja, o que seria sonhável numa situação psíquica mais desenvolvida é atuado numa mais precária.

A conversa continua na supervisão, e é narrado que uma das filhas menciona ter ido ao médico para tratar de perebas, para total surpresa da mãe, que não sabia nem das perebas (a despeito de evidentes), nem de ela ter ido ao médico com uma irmã mais velha, que tem o mesmo problema de pele. Quando isso fica evidente, a mãe, perseguida, trata de mostrar, de todas as formas, que é uma mãe atenta e dedicada, em contraponto ao total desconhecimento dos problemas de saúde da filha, assim como não teria se dado conta da gravidez dela (isso ocorrendo somente quando a filha tentara abortar, aos cinco meses de gestação).

Outra informação que surge é a ausência da filha de outra filha (provavelmente também fruto de incesto com o pai) em vários atendimentos, ou, quando ela vem, de haver um atraso de pelo menos metade do tempo da sessão por parte dos que comparecem. Novamente as terapeutas se queixam desse funcionamento, e eu volto a lhes propor que considerem isso não como algo que atrapalha, mas como uma informação relevante. O que não pode aparecer, ou não pode ser visto?

Surge que nenhum dos filhos foi registrado pelo pai. Nenhum deles tem o nome dele. E, para destacar a situação, foi a mãe que não quis que o pai o fizesse, pois ele era um homem casado quando começaram a se relacionar e ela não queria que ficasse evidente, pelo

---

aprender com a experiência) são assim chamadas por serem sempre acompanhadas de sentimentos depressivos que são normais.

reconhecimento dos filhos, que eles eram frutos desse seu relacionamento com um homem casado.

Indaguei qual a religião da família. Evangélica.

Nesse momento proponho uma leitura da situação: que a mãe não poderia deixar que o pai nomeasse, reconhecesse, os filhos, porque ele estaria dando nome ao que ela faz, deixando claro para ela o teor de suas ações, que para ela seriam inadmissíveis conforme os *seus* valores morais/religiosos. Se o pai desse o nome, nomeasse, estaria reconhecendo, nomeando, aquilo que faziam. Ou seja: que estavam tendo uma relação adúltera, que os filhos eram filhos do adultério, do pecado. Que a mãe tinha se deixado levar pelo "diabo", e que os filhos dela eram filhos do diabo (segundo suas crenças). Não dando o nome, não haveria reconhecimento psíquico dessa situação. Ela poderia continuar uma "boa" pessoa religiosa sem ter de confrontar-se com seu aspecto "pecaminoso" (numa dissociação de natureza esquizoparanoide). A mãe que se deixou levar pelo "diabo" não se encontra com a "boa" mãe dedicada. Dar o nome do pai aos filhos seria dar o nome do que não pode ser nomeado, que, por sua vez, se nomeado, passaria a ter *existência psíquica*. Não tendo existência psíquica as "atuações" podem continuar aparentemente sem gerar conflito psíquico/emocional (tanto que já seria a segunda filha que teria engravidado do próprio pai – e a denúncia de abuso foi feita pelo hospital por ocasião da tentativa de aborto da filha, e não pela mãe ou outro familiar). A mãe atuaria (*inconscientemente*) no sentido de desconhecer, de não nomear, *de não ter registro psíquico*, daquilo que se sucede. Um lado não encontra com o outro (o religioso moral e aquela que é levada pelo prazer carnal com um homem casado, com outra família e filhos – que, do ponto de vista dessa religião, seria um devasso, e ela também). Dessa forma, os contraditórios podem prosseguir, desde que não se encontrem. Esse modo de proceder da mãe é também o da família – o de desconhecer, de não permitir que as ideias e percepções contraditórias se encontrem (*insight* depressivo/posição depressiva – Klein, 1946/1980), se defrontem, sejam reconhecidas, nomeadas, simbolizadas, vividas psiquicamente.

A presença de todos os aspectos, da família inteira, no atendimento, durante o horário inteiro, poderia colocar os aspectos dissociados, que não se encontram, frente a frente, precipitando a atuação de um superego[7] extremamente moral e potencialmente assassino sobre a mãe e os membros da família. Esse tipo de superego não permite o aprendizado e o *insight* a partir do que revela a experiência – tende a levar à destruição dos envolvidos, como na situação em que, no mito, Édipo (Sófocles, 429 a.C./1967), ao descobrir que matara o pai e casara-se com sua mãe, cega-se e desterra-se na miséria (e com isso levando, junto com ele, seus filhos a um destino trágico e desastroso), e de Jocasta (sua mãe e esposa), que se enforca. O trabalho psicoterápico teria por função permitir, com o auxílio dos terapeutas, o contato com a realidade psíquico-emocional do incesto e do abuso, que pudesse levar ao *insight* e ao aprendizado (e que a depressão e os remorsos que surgissem pudessem promover o desenvolvimento psíquico, e não a destruição do grupo). O paralelo com essa última situação seria o que vemos, em *Édipo em Colono*, tragédia de Sófocles (401 a.C./1967) escrita cerca de vinte anos após *Édipo-rei*, no diálogo de Édipo com seu tio Creonte. Surge nesse diálogo o Édipo que pode ter compaixão de si mesmo – o que não implica complacência –, que pode aprender com

---

[7] Instância psíquica proposta por Freud a qual, para ele, se desenvolveria a partir da vivência do conflito edípico e que se manifesta como uma consciência moral, ou a partir da introjeção de objetos parciais primitivos, conforme Klein. Wilfred Bion ainda propõe a existência de uma consciência moral inata, primitiva e violenta, que tudo sabe, tudo julga e tudo condena, que em certas pessoas é muito ativa, não permitindo que aprendam com a experiência.

a experiência. Somente no contato com essas dimensões emocionais é que poderia haver uma real ruptura de uma cadeia de incesto e violência de gerações que se sucedem.

Resumindo: o trabalho psicoterápico procuraria produzir esse encontro sem o viés moralista/policial, sem que Édipo precise cegar-se e exilar-se na miséria e Jocasta se enforcar. Que o conhecimento possa gerar crescimento – posição depressiva (Klein, 1946/1980) –, e não autoimolação.

Veio-me à mente o depoimento da senhora que, quando garota, aos 13 anos, teve relações com o cineasta Roman Polanski (ela estava drogada quando isso ocorreu, e ele também). Nele, diz que o escarcéu midiático e moralista (usado também para autopromoção do promotor público do caso) lhe causou muito mais mal e traumas do que o abuso que sofrera. Não que fosse conivente com o ocorrido, mas o viés moralista/religioso e a exposição que foi feita de sua intimidade teriam lhe trazido muito mais sofrimento do que o próprio fato. Nesse sentido, ela demonstrava muito mais ressentimento em relação ao promotor, à mídia, às igrejas e aos órgãos de "proteção" ao menor do que ao próprio Polanski, recusando-se a dar novo impulso ao caso quando da prisão dele na França a pedido da justiça americana, muitos anos depois.

Situação B

Os terapeutas reclamavam de que o atendimento era um caos. Que todos falavam ao mesmo tempo, que faziam uma bagunça infernal, que cada um funcionava para cada lado, que era um pandemônio, e que, dessa forma, não conseguiam saber nada nem desenvolver coisa alguma. Tentavam impor uma ordem e um *modus operandi* em que cada um falasse a cada vez e sem se sobreporem. Comento que, ao fazerem isso, estariam desconsiderando aquilo que se apresentava diante deles. Achavam, como é muito habitual acontecer, que o importante seria colher informações do gênero anamnese e de natureza de investigação policial; em vez de considerarem a família que tinham diante de si, queriam que houvesse outra. Dessa forma, deixariam de observar e de considerar aquela que funcionava daquele jeito e o que esse funcionamento poderia estar informando. Digo-lhes que a informação fundamental era exatamente a que estava diante deles: esse pandemônio, essa bagunça total, em que nada conversava com nada, cada parte funcionando independentemente (esquizoparanoide).

Um dos terapeutas menciona que uma garotinha de 5 anos fazia garatujas numa lousa no meio dessa confusão. A garotinha teria dito que estava escrevendo na lousa, só que ninguém sabia ler. Para mim, esse era o fato porta-voz da situação mental. A família, por meio da garotinha, revelava que todos eram analfabetos mentais – não sabiam nomear, reconhecer, processar, assimilar, alfabetizar, sonhar (Bion, 1962/1977), pensar, as experiências emocionais, os impulsos etc. que viviam –, portanto, só podiam atuar o que experimentavam, e todos os impulsos ao mesmo tempo, sem que pudessem ser lidados psiquicamente. Ela tentava "escrever", simbolizar, mas ela e a família não tinham recursos para simbolizar, para tornar propriamente psíquico aquilo que vivem, a despeito da tentativa que a menina fazia na lousa ou do pandemônio que apresentavam diante dos psicólogos. Acrescento que a reclamação também seria dirigida aos psicoterapeutas por não saberem ler as garatujas na lousa e o comportamento caótico da família, não podendo transformar essas expressões mais primitivas em outras realmente simbólicas, que pudessem ser pensadas, tanto pelos psicólogos quanto pela família (Bion, 1962/1977). Se os psicólogos pudessem captar isso, aquilo que está no terreno da ação poderia, eventualmente, se tornar representação, ideograma, sonho, palavra, sendo passível, então, de ser propriamente pensado (Bion, 1962/1977; 1963/1977; 1965/1977; 1970/1977). O incesto não decorre da presença natural dos impulsos sexuais, mas da falta do desenvolvimento do equipamento mental para assimilar, digerir e lidar com eles e com as emoções associadas.

A situação incestuosa está sempre diretamente ligada a uma falta de desenvolvimento da condição para experimentar e pensar as emoções e os impulsos, da falta de crescimento psíquico dos grupos envolvidos. Não é uma questão de uma pessoa ou de outra nos grupos familiares que chegam, mas do "indivíduo" família e de sua dinâmica psíquica.

A experiência pioneira do Cearas evidenciou isso que acabo de mencionar, portanto, os atendimentos são sempre do grupo, não separando abusador(es) de abusado(s), porque não são separáveis psiquicamente.

Nos primeiros tempos de existência do Cearas foram feitos atendimentos em que abusados e abusadores eram separados, e havia atendimentos individuais – a experiência mostrou que essa forma não era realmente produtiva para que se tratasse da questão que envolvia todo o grupo. Isso não impede que, em outras instâncias, possa haver atendimentos individuais – mas, para aquilo que pretende o Cearas, o atendimento do grupo inteiro revelou-se fundamental. Uma das questões dos atendimentos que eram feitos separadamente no início era a tendência em tornar a problemática uma questão de um indivíduo ou dois, seja do "abusador" ou do abusado, enquanto o resto da família se isentava de qualquer responsabilidade ou parte no drama. O que foi se verificando, contudo, era uma dinâmica que envolvia a todos (um exemplo simples de se ver isso se dá quando os terapeutas observam um comportamento abusivo em relação a eles por parte da família – em que se vêm constantemente tratados de forma manipulativa, invasiva e desrespeitosa, pela família, sem que essa pareça ter discernimento quanto a isso – é o modo "normal" de ela funcionar).

Nessas questões, que são profundas e psíquicas, as soluções moralistas e simplórias não dão conta da extensão da situação. Não estou dizendo que não deva haver leis e responsabilização social, elas são fundamentais, visto que a maior parte dos membros de uma comunidade se orienta por meio de prescrições morais ou pelo temor a punições, e não pelo desenvolvimento propriamente ético, que distingo de moral ou moralidade. A ética está diretamente associada ao desenvolvimento do aparelho psíquico e da tolerância à posição depressiva, conforme Klein.[8] Consideramos que o enfoque moral está longe de ser uma abordagem eficaz para uma questão tão mais complexa e enraizada na natureza humana do que se costuma e se tolera admitir normalmente.

Isso não implica a desresponsabilização por parte dos adultos que agem de forma incestuosa e abusiva. Insanidade mental não exime de responsabilidade, como já dizia o dr. José Longman.[9] Uma grande vantagem dos atendimentos realizados no Cearas é a de que

---

[8] Um exemplo simples para se ver a diferença está em se dirigir respeitando os limites de velocidade e as regras de trânsito porque não quero me ferir, matar-me, nem ferir ou matar terceiros. A consideração por si mesmo e pelos outros (posição depressiva) suplantaria o prazer e o desejo de enfiar o pé no acelerador e correr pelas estradas e ruas – trata-se de uma atitude ética. Não correr quando se tem apenas medo de levar multas ou de ser flagrado por um guarda, e dos castigos que seriam impostos pelo grupo social, é uma atitude moral (esquizoparanoide). Na moral, se não há guarda, nada impede de se acelerar a 200 km por hora. Na ética, isso não acontece, pois há um *insight* profundo quanto à necessidade de frustrar um desejo que pode resultar numa catástrofe. A ética é de dentro para fora, a moral é de fora para dentro.
[9] Analista didata da SBPSP, falecido no início dos anos 1990.

todas as famílias que lá chegam vêm encaminhadas pelos fóruns e com processo judicial. Portanto, todo o aspecto policial e jurídico da questão já está sendo verificado no âmbito da Justiça, dos conselhos tutelares e dos psicólogos forenses. Assim, há liberdade para que se trabalhe tanto investigativamente, no sentido da pesquisa científica sobre essa questão tão fundamental à humanidade, como no sentido terapêutico, ou seja, de permitir que a família e seus integrantes possam vir a pensar sobre aquilo que até então era impensável para eles – impensável não só no sentido de ser um tabu sobre o qual não se pode ou se deve falar, mas impensável porque nunca se tornou psíquico, mental. Não sendo algo que se torna psíquico propriamente, não é passível de ser pensado, mas somente atuado.

Referências

Bion, W. R. (1977). *Seven servants, four works by Wilfred R. Bion: (1962) Learning from experience; (1963) Elements of psychoanalysis; (1965) Transformations; (1970) Attention and interpretation*. New York: Jason Aronson.

Freud, S. (1978). *The standard edition of the complete psychological works of Sigmund Freud*. London: The Hogarth Press (24 vols.).

Klein, M. (1980). Notes on some schizoid mechanisms. In: M. Klein, The writings of Melanie Klein (Vol 3: Envy and gratitude and other works: 1946-1963, pp. 1-24). London: The Hogarth Press. (Trabalho original publicado em 1946.)

Sophocles (Sófocles) (1967). Oedipus the King. In Sophocles, *The complete plays of Sophocles* (pp. 75-114). New York: Batam Books. (Trabalho de c. 429 a.C.)

Sophocles (Sófocles) (1967). Oedipus at Colonus. In Sophocles, *The complete plays of Sophocles* (pp. 219-261). New York: Batam Books. (Trabalho de *c.* 401 a.C.)

9. *A grande beleza*[1]

Esse belo filme de Paolo Sorrentino cativou-me aos poucos. Não foi amor à primeira vista. Não saí do cinema arrebatado. O arrebatamento veio no dia seguinte, depois de "dormir sobre" ele. Foi decantando na minha mente, assim como um excelente vinho de grande safra precisa de um *decanter* para respirar. Grande parte dos meus conhecidos se apaixonou de pronto. Eu, primeiramente, via algo que parecia tentar imitar Visconti, Fellini, Antonioni, e outros grandes cineastas italianos das décadas de 1950 a 1970, que foram muito caros para mim. Há também uma profunda reverência ao cinema francês evidenciada na aparição relâmpago e fascinante de Fanny Ardant. Acho que reagi com uma questão que o próprio filme aborda, ou seja, com o meu desejo de encontrar um novo filme de

---

[1] Conferência apresentada no evento Cineanálise, organizado pelo Centro de Eventos e Estudos Psicanalíticos de Uberlândia (Minas Gerais), em 3 de junho de 2016.

Visconti ou de Fellini, algo que esperava ansiosamente todos os anos enquanto eles eram vivos. Parecia, mas não era. Meu desejo e minha memória atrapalharam-me. Parecia porque Sorrentino bebeu profundamente nessas fontes, nessas raízes, mas não quis ser nenhum deles, fez algo próprio. Foi no dia seguinte à primeira exposição à película que a coisa começou a me pegar e realizei sua grandeza e profundidade, e percebi que me pegou exatamente quando me dei conta do meu problema associado ao desejo e à memória, tão sutilmente e amplamente explorados nesse extraordinário filme.

É um filme que abrange importantes questões humanas, que podem ser abordadas tanto na história de um indivíduo, de sua cidade adotiva, de seu país, quanto no cinema feito nessa cidade – como o desejo de ser importante a solapar toda uma existência, impedindo o ser, que é substituído pelo aparentar; o apego às glórias passadas, impedindo novas realizações; o apego à memória (que falsifica e idealiza o passado), sabotando o contato com o presente; e o usufruir da vida que ocorre; o culto de um esteticismo que se torna superficial e ignora, ou mesmo provoca, grande dor e sofrimento. A beleza real, que também é inseparável da violência e da miséria humana, só poderá ser realmente percebida quando as últimas também puderem ser percebidas e sofridas.

***

Um turista oriental contempla Roma e, em seguida, desmorona num colapso. Morreu impactado ao se embevecer com a beleza da Cidade Eterna? Não suportou a intensidade das emoções? Será esse o fio condutor de todo o filme? A possibilidade ou a impossibilidade de tolerar emoções?

Durante a viagem temos por guia, o qual seguimos por Roma durante o filme, Jep Gambardella, um *dandy bon vivant*, artista de uma obra só (um único livro sucesso de público e crítica, publicado na juventude), que se tornou uma espécie de cronista social ou jornalista de assuntos sofisticados/artísticos/mundanos. Uma espécie de Proust da Roma do início dos anos 2000, sem ter, contudo, a profundidade psíquica de Proust. Jep paira sobre os aspectos mais superficiais, assim como os irmãos Goncourt (ou melhor, a paródia deles feitas por Proust em *Le temps retrouvé* [*O tempo redescoberto*]) pairam sobre os mesmos personagens de *À la recherche du temps perdu* (Em busca do tempo perdido) sem lhes alcançar as almas (ou as próprias).

Jep nos remete diretamente ao personagem de Marcello Mastroiani em *La dolce vita*, de Fellini (que, como o personagem narrador Marcel, na *Recherche* de Proust, também se chama Marcello no filme), o qual passeia por Roma numa espécie de aventura rapsódica que nos faz entrar em contato com diversas situações humanas e com a alma da própria Roma e dos romanos, tão estupendamente comunicada por aquele grande cineasta. Outro paralelo que podemos verificar é com o mesmo Mastroiani, agora como Giovanni em *A noite*, de Michelangelo Antonioni, que se passa numa noitada de grã-finos nos anos 1960 (mesma época da *Dolce vita*, só que localizada em Milão) e, de certa forma, com personagens vivendo dramas muito semelhantes em meio a uma aparente riqueza material e de sofisticação refinada. Outras duas fortíssimas referências (raízes, como diz a irmã "santa" Maria) são os extraordinários *Satyricon*, *Roma*, *Julieta dos espíritos* e *Amarcord*, todos filmes de Fellini. A beleza estética nos remete a Antonioni e a Visconti. As aparições de grupos de freiras, ventos, figuras misteriosas e exóticas são totalmente fellinianas, assim como os enquadramentos, movimentos de câmeras e outros cacoetes de linguagem cinematográfica.

Jep vai a Roma com o propósito de se tornar um mundano, um *socialite*, em termos atuais, mas não apenas mais um, e sim o rei de todos eles, o que, segundo testemunho do próprio personagem, alcança com sucesso.

Ele circula por todas as rodas da moda e da *high society*. Dos pseudoartistas de vanguarda que fazem performances que "chocam" a *bourgeoisie*, que se deleita diante da profundidade inexistente de obras de impacto mistificadas – impacto literal: numa delas a artista "profunda" se atira de cabeça contra o muro de um grande aqueduto da Roma Antiga. Ela é desmascarada pelo Jep jornalista cruel em uma crônica do órgão de imprensa para o qual trabalha. Mas ele não tem compaixão da "artista" e não se importa em destroçá-la publicamente, assim como não tem de seus amigos cujas fragilidades não hesita em expor no momento em que pode lhes causar maior dano, ou de se valer dessas mesmas fragilidades para fins de autopromoção e autoproveito (como na sua técnica de participar de velórios). Jep é incapaz de entrar em contato com o sofrimento. Quando o percebe, faz que não o vê, ou literalmente o ignora, como sucede com o filho da amiga que lhe anuncia o suicídio em um restaurante – Jep, porém, que prefere ser agradável e evitar assuntos desconfortáveis, assegura a amiga de que o filho está melhor, como ela própria gostaria de acreditar, em vez de lhe alertar para o perigo iminente sobre o qual acabara de ser informado pelo potencial suicida. No momento em que vai carregar o caixão, parece fazer contato com a dor e o remorso, ao começar a chorar, o que dizia ser totalmente fora de propósito, mas logo a emoção é sufocada e ignorada, com o personagem que ele construiu eliminando o homem que ele realmente seria. Da mesma maneira, diante de uma criança que é violentamente explorada por seus dotes artísticos exibidos em cruéis performances, durante as quais a menina chora, e para cujo fato é alertado por sua companheira do momento, rejeita a percepção da dor e se apega ao fato de que a criança ganha milhões (ou seus pais ganham) com todo aquele horror exibido como uma façanha estética para deleite de sofisticados colecionadores, que permanecem alheios à dor evidente da criança.

A alienação de Jep de tudo que possa ser desagradável ou sofrido leva-o a ignorar o vizinho mafioso que o atrai por conta de seus ternos sofisticados e do mistério que o envolve.

Procurado pelo marido de sua paixão idealizada de juventude, fica sabendo que num diário, que ela mantivera por toda a vida, declarara ter sido ele seu único amor, enquanto o marido, mencionado *en passant*, teria sido apenas um bom companheiro. O marido, apesar de sentir-se "traído", diz a Jep que dedicará o resto de sua vida ao culto daquela mulher, como sempre fizera antes. O grande contraste que vemos pouco depois ocorre quando é procurado por Jep, que quer saber por que ela o havia deixado. O marido diz que ignora. Indagado se pode ler o diário da falecida, o marido lhe informa que o havia jogado fora dias depois da morte e que já estava casado com outra mulher. Levavam uma vida sem pretensões e eram felizes. O viúvo não ficou preso ao passado, às memórias, ao cultivo de uma figura idealizada da morta. Não ficou preso a uma mentira. Ele virou a página e foi viver o presente. Também não ficou a lamentar o tempo perdido com a esposa que não o amava e foi atrás de viver sua vida e de ser feliz no tempo que ainda tinha. Pôde construir uma nova relação feliz, despretensiosa, sem o intuito de serem extraordinários, excepcionais, o que os deixou livres para *serem*. Não vivem para provocar inveja nos outros, vivem para usufruir das próprias vidas. Jep pode reconhecer neles algo de uma grande beleza. Porém, ao contrário deles que podem viver essa coisa linda, mas anônima e sem destaque social, Jep volta a sua vida mundana de grandes noitadas. Como um vampiro, vive à noite quase o tempo todo. Seus passeios pela Via Veneto são de madrugada, quando os cafés e restaurantes já estão fechados. Os dias são evitados, e a luz do Sol, mais associada às memórias de um tempo em que ainda não teria sido mordido definitivamente pelos desejos de glória e imortalidade. Os dias são para os míseros mortais. Suponho que a mulher que o abandona na juventude para casar-se com um homem que não ama, o faz para ter uma vida real. Se ficasse com Jep, isso não seria possível. Ele faz uma proeza para se destacar desde cedo: não sair do caminho de uma lancha em alta velocidade, salvo no último instante em que mergulha para evitar o atropelamento, ressurgindo das águas para impressionar a "plateia" e a moça em questão, que está na praia de rochedos. Ela, também, só poderia ficar para ele como alguém extraordinário e miticamente mantido na memória, porque inacessível. A real proximidade impediria a manutenção de idealizações. Ela também sai da vida dele para que se torne um mito, da mesma forma que pôde permanecer amando um mito por tê-lo mantido distante. E, por conta disso, permanece estéril, como Jep (que também não produz mais filhos/livros).

Aqui temos outra questão crucial no filme: a inveja! Os personagens vivem de forma a impressionar os outros, a estimular neles o sentimento de inveja com o qual não conseguem lidar em si mesmos. Ficar fora de moda, não ser da turma sofisticada, da elite, "*in*", descolado, é estar em desvantagem, segundo seus critérios, o que lhes faria sofrer de inveja. O agito constante de festas sem fim, de anseio pelo sucesso, pela fama, pelo renome, pela importância social, são meios de tentar combater o sentimento de inveja que não pode ser elaborado. Esse sentimento não reconhecido e não elaborado leva à substituição do *ser* pelo *parecer, aparentar*.

Jep, a Itália e boa parte dos italianos vivem de suas glórias passadas, de seus monumentos, de seus fantasmas, de seus mortos-vivos. Cultivam os tempos idealizados do império ou das princesas barrocas em seus grandes palácios-catacumbas em que Jep e sua namorada moribunda (vestida como uma vampira) passeiam em noites soturnas, levados por uma espécie de guia dos mundos subterrâneos a visitar princesas tão velhas e semivivas (mortas-vivas) como os próprios palácios que habitam. Vivem presos às memórias. Não conseguem viver no hoje como o viúvo e sua nova mulher. Vivem das glórias idealizadas de um passado grandioso e ficam nelas aprisionados. O apartamento de Jep tem uma magnífica vista do Coliseu – das ruínas de tantas dores e terrores, mas visto como monumento estético, sofisticado, *chic*, quase se ignorando que se trata de um palco de tantos horrores. Essa, a meu ver, é uma forte crítica que o cineasta faz da mentalidade de seu país, do peso imenso que o passado tem sobre seu povo, muitas vezes sufocante e aniquilador, o que levaria a Itália à estagnação e à decadência econômica que vem enfrentando nos últimos tempos, e às pretensões de superioridade de seus habitantes (e mesmo entre os seus habitantes, já que os milaneses desprezam os romanos, como enuncia uma conviva de Jep, e os meridionais são tratados, com desprezo, como africanos. Os "africanos", por sua vez, consideram que fazem parte da Magna Grécia, e, a despeito disso não ser muito evidente para boa parte dos estrangeiros, muitos italianos são bastante isolacionistas, tanto ou mais que os habitantes de outros países europeus onde isso é aparentemente mais evidente).

Lembro-me aqui da narrativa de um colega de Sociedade que sempre se hospedava em um mesmo hotel no Campo de Fiori, que existe há novecentos anos. Certa volta, falou com o filho dos proprietários e, conversando com ele, declarou sua admiração pelo negócio estar com a mesma família todos esses séculos! O filho retrucou que era algo muito difícil para ele, pois se via condenado a seguir a tradição familiar e cuidar do hotel, a despeito de ter estudado arquitetura e desejar fazer outra coisa. Não via saída para tal peso do passado.

Outra situação que me ocorre foi o relato de uma amiga minha, uma pessoa muito despojada. Depois de algum tempo de convivência, porém, vim a descobrir que seus pais eram condes italianos habitantes de uma casa em São Paulo que era um verdadeiro museu de preciosidades artísticas. No relato, uma amiga de seus pais havia planejado mudar-se para Roma para fugir da violência de São Paulo. A mãe de minha amiga, a condessa, que também era uma pessoa incrivelmente despojada a despeito da imensa cultura e trabalho com antiguidades de altíssimo valor, alertou sua amiga para não fazer isso, pois, mesmo sendo muito rica, não conseguiria participar das altas rodas romanas como pretendia, apesar dessa amiga conhecer algumas pessoas superficialmente, porque tais rodas eram extremamente fechadas e arcaicas e, sem uma apresentação formal de alguma figura destacada desse círculo "exclusivo", ela não conseguiria real aceitação ou participação. A amiga desconsiderou o alerta da condessa e mudou-se para Roma, para um palácio na Villa Borghese. Dava grandes festas às quais compareciam todos os que convidava, porém, não recebia convites daqueles que iam às suas festas e jantares. Depois de um ano dando murro em ponta de faca, desistiu e retornou ao Brasil.

Há ainda as distinções entre nobres na Itália: a nobreza preta seria muito superior à branca, porque os primeiros teriam sido enobrecidos por papas, enquanto os segundos, por meros reis! Um determinado aristocrata romano considera-se a pessoa mais nobre da Europa, pois, segundo ele, descende diretamente de um general do Império Romano. A rainha da Inglaterra é uma espécie de arrivista, e os Savoia, que se tornaram reis da Itália em meados do século XIX vindos de Turim para Roma, uma horda de selvagens que tomou Roma de assalto.

Jep permanece como artista de uma única obra porque artista também é uma criatura inferior. O verdadeiro aristocrata não precisa fazer ou dedicar-se a nada. Os artistas servem para adornar as casas dos aristocratas, mas são sempre marginais ou serviçais deles (ainda hoje é assim). As grandes damas, com seus salões proustianos, chamavam e chamam artistas para frequentá-los a fim de deixar o ambiente interessante, mas muito dificilmente frequentariam a casa deles (salvo seu *atelier*, caso posassem para um retrato – um grande príncipe teria o artista a seu serviço particular, como um cozinheiro ou copeiro, e jamais o teria à mesa com seus iguais, como o arcebispo de Salzburgo e Mozart). Grandes artistas que eram aristocratas faziam questão de deixar claro que eram artistas diletantes e não profissionais, pois isso feriria suas dignidades. Molière frequentava Versalhes e o rei, mas morreu e foi enterrado em campo não consagrado, pois os artistas eram criaturas inferiores e coisa do diabo. Para ser um verdadeiro mundano, um aristocrata, tem de ser um diletante, um ocioso, não pode trabalhar a sério; portanto, para Jep, produzir algo sério, outro livro relevante – o que implicaria trabalho árduo –, seria uma mancha em sua reputação e uma queda do "Olimpo", onde quer se ver e ser visto.

O cardeal que Jep conhece num casamento milionário em um palácio, apontado como o futuro papa, é evidentemente uma direta alusão ao papa Bento XVI – fisicamente é muito similar. Ele, como Bento XVI com suas peles, seus veludos, suas joias, tronos dourados, tiaras, sapatos vermelhos, e grande afetação, apesar da violenta homofobia, também é apresentado como uma figura frívola, incapaz de ouvir qualquer coisa que seja desagradável ou profunda, e que sempre procura chamar a atenção para suas falas com receitas de comidas sofisticadas em meio a grã-finos fúteis ou a nobres falidos que alugam seus nomes para dar "brilho" e refinamento a festas com suas presenças – mesmo que seja para personificar outros nobres incapazes de comparecer por estarem fora da cidade, e que, duzentos anos antes, eram seus inimigos! O cardeal teria sido conhecido anteriormente por suas funções medievais como exorcista, torturando pessoas para delas extirpar o demônio. Jep recebe, de dentro da limusine do cardeal, que se retirava de um jantar na casa do *bon vivant*, após "encostar o cardeal contra a parede", dizendo-lhe que evitava dar qualquer resposta ao que lhe perguntavam porque não as tinha, uma benção que poderia ter o intuito de o livrar do inferno vazio em que vive, mas parece que ela não dá em nada, cai no vazio – seria só mais um gesto grandioso e oco – uma grande encenação. Ele também pede ao mágico que faz desaparecer girafas para que desapareça com ele também. Ou seja, para que acabe com sua vida, em que parece não ser capaz de usufruir de tudo que tem. Ele sabe que é tão medíocre quanto todos os seus amigos pretensiosos – o que o diferencia seria a condição de perceber isso, enquanto os outros mantêm a ilusão de serem especiais, como sua amiga *gauche*-caviar (ou esquerda festiva). Considero que, na prática, verifica que é tão comum quanto todos os demais seres humanos. Todavia, não parece tolerar isso. Se não pode tornar-se realmente extraordinário, pelo menos pode criar a ilusão de sê-lo em meio a pessoas fúteis e desesperadas, que buscam a reificação da fantasia de excepcionalidade. Não podendo ser mais um, também se exclui de ter uma vida real, um amor real, filhos reais, produção artística real, livros/filhos, relacionamentos verdadeiramente afetivos – que são coisas de pessoas comuns. Sua produção é leviana, mundana.

Seu amigo dramaturgo que finalmente faz sucesso quando escreve sobre sua experiência de vida real, e não as complicações pernósticas pelas quais gostaria de ser reconhecido, decide ir embora daquela vida de pessoas superficiais e interesseiras, que são incapazes de amar de fato, porque também incapazes de ter amor-próprio, pelas pessoas reais (e comuns) que efetivamente são. Mesmo quem possui real talento ou até genialidade continua sendo também um ser humano comum, com todo tipo de idiossincrasia e necessidade.

A companheira de última hora, *stripper* madura, filha de um antigo conhecido, parece ter contato com a vida mesmo, mas, junto dele, ela não sobrevive, morre. Ela tenta alertá-lo para o que seria a vida real, como na cena em que denuncia a dor da menina artista, mas não é ouvida, fica ignorada.

O contraponto seria uma freira de 104 anos, uma Madre Tereza de Calcutá que só comeria raízes cruas. Todavia, a freira tão abnegada parece extrair grande prazer de ser venerada em vida, sentada em um trono em que tem sua mão beijada por todo tipo de príncipes religiosos. A despeito da veneração do alto clero, senta-se no seu "trono" como uma criancinha mimada a balançar seus pezinhos que não tocam o chão. Suas vestes e aparências são ultra-austeras, porém tudo o que a rodeia é suntuoso e grandioso. Não rejeita a bajulação e a grandeza, mesmo que se arraste por escada em busca não de sua redenção, mas da comprovação de sua santidade. Teria a ideia de ser mais que os outros por sua vida de privações (mas se hospeda em hotéis de grande luxo). A despeito de só comer raízes, frequenta as festas da *high society* e pede pela convivência de aristocratas que teria conhecido em outros tempos, mas os quais não tem qualquer condição de discernir dos embustes que lhe são apresentados. (Também são conhecidos os grandes escândalos financeiros que envolvem Madre Tereza, sem falar de outros gravíssimos de ordem ética – seus "hospitais" eram verdadeiros campos de concentração, onde os infelizes que lá ficavam pouca ou nenhuma ajuda real recebiam, sendo doutrinados a aceitar a miséria e o destino cruel que "Deus" lhes teria dado –, a despeito da rápida canonização que fazem dela. O mesmo vale para o padre Cícero).

A beleza, a verdadeira beleza, só pode ser vivida por quem pode ter contato com a vida real. O verdadeiro e genuíno prazer só é acessível para quem pode sofrer a vida – sofrer os sentimentos além de senti-los. Não pode ter acesso a prazer autêntico quem não pode ter contato com dor psíquica. Na tentativa constante de se evadir da dor psíquica (incluindo muitas carreiras de cocaína em festas "requintadas" e todo tipo de atividade mundana que teria como objetivo conseguir esse tipo de alienação), por maior que seja o requinte, a riqueza, a opulência, a sofisticação, não haverá acesso à verdadeira beleza de viver uma vida real.

As raízes são importantíssimas – tudo aquilo que as sucessivas Romas deixaram para os tempos atuais –, mas não podem ser substitutas para a vida do agora, do hoje, do ser quem se é, e o que somos é gente sem importância: mesmo aqueles a quem supostamente se atribui importância nada mais são do que pessoas como todas as outras. Há de se perceber a grande beleza que há nisso. Todo o resto é truque, como diz o velho mágico do filme.

Numa das vezes que visitei o palácio de Versalhes, lugar que muito aprecio, algumas de suas suntuosas salas estavam com os lambris dourados afastados ou retirados para reformas. Por trás deles, paredes de argamassa mal-acabadas, que me lembravam, na aparência, os barracos sem massa fina que vemos nas nossas favelas. Somos todos seres humanos, mais, ou menos privilegiados, seja por recursos mentais, físicos, ou socioeconômicos, mas, no fundo, tanto reis quanto favelados são feitos do mesmo barro. O resto é truque, como disse há pouco. (Li uma reportagem em que um menino esteve há alguns anos no camarote de carnaval de Gilberto Gil em que se encontrava também a rainha da Suécia. Ela estava com roupas comuns e sem nenhum dos atavios da realeza. Desapontado, o menino indagou a seu pai: "mas é isso que é uma rainha?".) É possível ver a grande beleza para além das aparências? Penso que somente quem pode se dar conta disso pode produzir obras de arte com uma real "grande beleza". O fim do filme nos brinda com um deslumbrante passeio pelas águas do Tibre. De perder o fôlego, e quase morrer extasiado, como o turista oriental.

Tenho a impressão de que, como Proust, o cineasta descreve tudo o que percebe, em Jep e nos demais, com humanidade e sem se colocar acima de ninguém. Ele próprio é um deles. A beleza também estaria em reconhecer toda essa complexidade e paradoxos da existência humana, no que é capaz de produzir de sublime ou de miséria cruel.

10. Luchino Visconti e a sensualidade das imagens

Luchino Visconti, morto em 1976, foi um grande diretor de cinema italiano, não muito lembrado ou mesmo desconhecido por gerações mais recentes no Brasil. Todavia, foi um marco na história da cinematografia, contemporâneo de Fellini, Pasolini, De Sica, Antonioni etc. Até sua morte, assim como ocorria em relação às obras de seus ilustres colegas citados, sempre se esperava pelo seu próximo filme, como hoje em dia ainda acontece, em escala mais moderada, com os filmes de Woody Allen. Procurando seu nome na internet, porém, encontramos uma imensa lista de *sites* uma legião de admiradores mundo afora.

Antes de ser cineasta foi criador de cavalos de corrida. Passando uma temporada em Paris, foi amigo de Chanel, Cocteau e, finalmente, assistente de direção do grande Jean Renoir, filho do pintor. Não deixa de ser interessante assinalar como os filmes posteriores do italiano lembram a atmosfera da obra-prima de Renoir, *La règle du jeu* (A regra do jogo). Concomitante à sua carreira de cineasta desenvolveu-se como diretor de teatro e de ópera. Suas produções no Alla Scala de Milão, em Paris, Londres, Lisboa foram determinantes para essa modalidade artística, ressaltando a dramaturgia na encenação lírica. Os cantores passaram a atuar de maneira efetiva, ao mesmo tempo que cantavam. Foi por sua intervenção que Maria Callas tornou-se a diva que passamos a conhecer. Ele a "remodelou", ajudando-a a perder muito peso e construindo o "personagem" glamouroso que a tornou célebre. Trabalhando juntos, desenvolveram, como já mencionei, de modo irreversível, a encenação operística. A *Traviata* que fizeram tornou-se lendária.

No cinema, Visconti começou ligado ao neorrealismo, que pode ser visto em *A terra treme*, *Obsessão*, *Belíssima* (com a fantástica Anna Magnani) e, ainda, de uma certa maneira, em *Rocco e seus irmãos*, mas posteriormente desenvolveu um estilo próprio ligado ao melodrama, em que sua temática estava quase invariavelmente associada à nobreza e à decadência desta. Não obstante, temas marcadamente viscontianos, ligados à homossexualidade, ao incesto e às derrocadas familiares, já estavam presentes em todos os seus filmes iniciais. O próprio cineasta pertencia a uma das mais nobres e antigas famílias italianas, os Visconti di Mondrone, duques e condes de Milão. Paradoxalmente, foi filiado ao Partido Comunista Italiano e por conta disso recebeu a alcunha de Conde Vermelho. Nem por isso deixou de morar em palácios e levar a vida em grande estilo. Na época do fascismo foi opositor ao regime e acabou preso, escapando por pouco de ser morto na prisão. Foi um ser cheio de contradições. Da mesma forma que aristocrata e comunista, também era homossexual, condição desprezada pelos membros do PCI, ao qual, todavia, permaneceu subserviente.

Laurence Schifano, em seu livro sobre o cineasta, revela-nos o seu grande fascínio pela figura da mãe, a bela Carla Erba, riquíssima herdeira de um laboratório (Carlo Erba). De origem plebeia, chegou a ser pedida em casamento pelo rei da Sérvia e acabou se casando com o duque Visconti. Sua imensa fortuna serviu para dourar os brasões dos Visconti, permitindo inclusive a restauração do castelo medieval da família em Grazano.

A juventude de Luchino deu-se entre diversos palácios, sendo que uma das residências de verão, a Villa Erba, à beira de um lago, era tão grande que fazia jus àquilo que um dos personagens do filme *O Leopardo*, o príncipe Tancredi, comenta em relação à moradia de seu tio, o príncipe de Salina, quando sua noiva, a belíssima Angélica, interpretada por Claudia Cardinale no esplendor de sua juventude e viço, lhe indaga quantos cômodos havia no castelo. Tancredi responde a Angélica que não tem a menor ideia, pois, segundo o tio, nenhuma moradia de cujas reais dimensões se pudesse ter noção seria digna de ser habitada.

A figura da mãe, por quem era obcecado, aparece de modo tocante nas imagens dos personagens de seus filmes, como vemos em Angélica, já referida, riquíssima burguesa que se casa com o aristocrata arruinado; na mãe extremamente refinada, bela e envolta em muitos véus de *Morte em Veneza*; na mãe do velho professor esteta de *Violência e paixão* (Dominique Sanda também envolta em muitos véus) e na trágica mãe do incestuoso Martin de *Os deuses malditos*, cuja história se desenvolve durante a ascensão do nazismo.

Seus filmes, sobretudo a partir de *Sedução da carne* (*Senso*) e *O Leopardo* (inspirado no romance de Lampedusa), sempre foram realizados em meio a extremos requintes estéticos, com cenários e figurinos fabulosos, sendo altamente custosos, o que levava seus produtores a verdadeiras exasperações. O impacto visual e a beleza de seus filmes revelam todo o esmero, e até hoje não encontrei reconstituições de época em filmes de outros diretores que estejam à altura de suas produções. O ápice dessa evolução estética pode ser visto em seu momentoso e insubstituível *Morte e Veneza*, baseado em Thomas Mann, cujos figurinos foram exibidos no Metropolitan Museum de Nova York.

A obsessão de Visconti pela perfeição e pela reconstituição "alucinada" de uma época era tremenda. *Sedução da carne*, com a belíssima Alida Valli, narra a história de uma condessa veneziana da alta aristocracia, casada e respeitada pelos seus iguais. Ela troca sua honra e seus valores, vindo a trair a causa da libertação do Norte da Itália dos austríacos, por conta de uma paixão erótica por um tenente jovem e inescrupuloso do exército inimigo. Por ele, ela tudo sacrifica. Quando se vê enganada e abandonada, vinga-se de modo dramático.

A cena inicial desse filme se passa no interior do teatro La Fenice, em Veneza, onde é encenada a ópera *O trovador*, de Verdi. No século XIX, por conta das lutas de emancipação do domínio dos Habsburgos, Verdi tornou-se – não só por seu posicionamento político, mas também por conta de sua ópera *Nabuco*, que narra a libertação dos escravos hebreus do Egito – uma bandeira dessa causa. Seu nome, muito a calhar, serviu igualmente como lema, pois, acrescentando alguns pontinhos, o mote "Viva V.E.R.D.I", era lido como "Viva Vittorio Emanuele, Re d'Italia" (Viva Vittorio Emanuele, Rei da Itália), da casa de Savoia, que posteriormente se tornou, de fato, o primeiro rei italiano. Para a filmagem dessa primeira cena, toda uma imensa reconstituição de figurinos foi feita. Tudo estava pronto para que se começasse a rodar. Todos os atores estavam a postos, assim como os demais membros de uma imensa equipe de produção. Uma fortuna já havia sido gasta. Luchino chegou e, ao primeiro olhar, disse que tudo deveria ser suspenso, pois daquele jeito não seria possível levar adiante. Todos ficaram perplexos, e ele mandou chamar o figurinista Piero Tosi (que posteriormente o acompanhou em todos os seus filmes). A ele, Visconti disse que era preciso refazer todos os chapéus dos figurantes masculinos. Eles estavam usando cartolas pretas, mas na época em que se passava o filme, por volta de 1860, eram usadas cartolas cinzas! E não pretas! Tudo precisou ser refeito para que ele se dispusesse a filmar.

Da mesma maneira, situações semelhantes ocorreram em *O Leopardo*, filme baseado no livro de Tomasi de Lampedusa, que narra a trajetória da família do príncipe de Salina, interpretado magistralmente pelo ator americano Burt Lancaster. O príncipe tem por lema que tudo deve mudar para que tudo fique como está. A história também se desenrola durante as guerras garibaldinas e a unificação da Itália. O príncipe procura casar seu nobilíssimo e falido sobrinho Tancredi, interpretado pelo jovem Alain Delon, com a nova rica e burguesa Angelica Calogero, um escândalo para os parâmetros sociais da época. Da mesma maneira, o príncipe abandona seus antigos suseranos, os Bourbons do reino das Duas Sicílias, para submeter-se aos Savoia, que se tornam os monarcas italianos. Tancredi luta inicialmente pelos garibaldinos, mas posteriormente, casado com Angelica e novamente rico, adere à nova ordem aristocrática e diverte-se com a eliminação de seus antigos aliados. Segundo a versão de Visconti, que se vale de uma parte do romance, com uma leitura ligada à esquerda política, a decadente classe aristocrática fará de tudo para permanecer o que sempre foi, mesmo que as fachadas precisem mudar. A despeito dessa tentativa, na minha leitura de seu filme, está evidente o amor pelas suas origens e por sua classe. Afinal de contas, o príncipe Fabrizio de Salina, do filme *O leopardo*, considera-se um "*gattopardo*", um animal nobre, que será substituído pelas hienas e pelos chacais.

O aspecto sensual, sensorial, ligado a vivências do alucinatório, é evidenciado pela necessidade de elementos extremamente "reais" na cenografia. Burt Lancaster[1] – que fez o papel principal, inicialmente à total revelia do diretor, que tinha horror ao "*cowboy*" grosseirão dos filmes de Hollywood, imposto pela produção que necessitava de um nome estelar capaz de garantir receita para um filme tão dispendioso, mas cujo talento e persistência acabaram por dobrar Visconti, de quem Lancaster se tornou amigo por toda a vida – ficou perplexo durante as filmagens ao abrir uma cômoda do cenário dos aposentos do príncipe de Salina, seu personagem. Nas gavetas, encontrou dezenas de camisas feitas em um caríssimo tecido com modelagem do século XIX. Perguntou à equipe de quem era aquilo tudo. A ele foi respondido que pertencia a ele mesmo, ou seja, ao príncipe. Lancaster indagou se ia abrir uma daquelas gavetas durante as filmagens, de modo a que o público pudesse apreciar aquelas roupas. Foi respondido que não, que nunca ninguém ia vê-las. Espantado, indagou-se qual a função daquilo. Deu-se conta de que, para viver o príncipe, ele devia ser o príncipe. Ele sendo o

---

[1] Na década seguinte, para *Violência e paixão*, Lancaster foi chamado por Visconti para fazer o papel do velho e refinado professor que aluga um apartamento de sua propriedade no andar de cima do que ele mesmo habita no centro de Roma para uma marquesa, seus filhos e o amante gigolô dela, vivido por Helmut Berger (num relacionamento não muito diferente do que o ator devia manter com o próprio diretor). O professor é colecionador de pinturas barrocas (*conversation pieces*), e a família que se instala no andar de cima traz com ela uma modernidade vulgar e contemporânea da marquesa ligada ao fascismo, de seus filhos promíscuos e incestuosos, e do inteligente gigolô a serviço dela (deles). O mesmo contraste entre os leopardos e leões e as hienas e chacais que os sucederiam, mencionado em *O Leopardo*, se apresenta aqui de uma nova forma. Tanto em *Violência e paixão* como no derradeiro *O inocente* (inspirado em romance de Gabriele D'Annunzio), Visconti dirigiu em precário estado de saúde, decorrente de um derrame cerebral que sofrera durante as filmagens de *Ludwig*.

príncipe, precisava de suas roupas e, mesmo que ninguém jamais as visse, ele, o príncipe, sabia que as tinha e onde se encontravam. Fortunas foram gastas dessa maneira.

O final do filme O *Leopardo*, diferentemente do livro, que avança mais no tempo, acontece com o evoluir de um belíssimo baile em que a personagem da sensualíssima e morena Claudia Cardinale é apresentada às altas rodas das quais passa a fazer parte devido à sua introdução, por meio de núpcias, na família dos Falconeri, do sobrinho do príncipe de Salina. Toda a longa sequência foi filmada no suntuoso palácio Valguarnera-Gangi, em Palermo, ainda hoje uma propriedade particular. Os figurantes eram membros da verdadeira nobreza siciliana, arrebanhados por Visconti. A atriz, para que tudo fosse verossímil, estava apertada em um estreitíssimo espartilho. Sua cintura estava tão comprimida que, ao final das filmagens do baile (mais de um mês), encontrava-se em carne vida. De tão apertada em seu espartilho, não podia sentar-se, e para os braços dela foi construído um anteparo, de maneira a que os pudesse descansar recostando-os nele, permanecendo de pé. A descrição feita pela atriz, que podemos encontrar no DVD do filme, não deixa de ter uma conotação extremamente erótica e um tanto sadomasoquista de sua relação com o diretor e vice-versa.

Como nada podia ser "falso" na filmagem do baile, de modo que a falsificação que é o filme passasse despercebida e que se tivesse uma ilusão violenta de realidade, foram trazidas diariamente de avião de Milão até Palermo as flores que compunham os ambientes. Elas tinham de ser reais e frescas, sendo substituídas todos os dias. As carnes, realmente preparadas, saíam fumegantes das cozinhas. A rotina de trabalho era tão extenuante que ao final de cada turno, tarde na madrugada, todos os nobres figurantes estavam caindo pelo chão do "*set*" de filmagem. Uma valsa inédita de Verdi foi descoberta e tocada pela primeira vez na cena em que Angelica dança com seu futuro tio, o príncipe de Salina. A sensualidade da bela moça que encanta e seduz o maduro príncipe vivido por Burt Lancaster é tocante. Não deixa de ser uma metáfora na qual a jovem de origem burguesa e rude, porém licenciosa e voluptuosa, traz uma vida nova para as vestustas e pudicas famílias aristocráticas. É a nova ordem (Angelica/burguesia) engendrando a antiga (príncipe/aristocracia). Cabe notar que no exercício da função de fertilizar esteja uma jovem mulher, enquanto na condição de "fecundado" esteja o homem maduro que, até então, se encontrava angustiado com a morte (o fim de sua classe e de seu tempo).

Claudia Cardinale relata que Visconti pensava nos mínimos detalhes e que cada olhar ou piscada que dava eram minuciosamente pensados e dirigidos. Nada era ao acaso. As emoções que Visconti consegue nos transmitir com esses olhares sem que nada precise ser dito são obra de mestre. Nós, o público, somos sensualmente acariciados por cada imagem, por cada textura de tecido, por cada movimento de câmera e dos atores. Tudo é extremamente barroco e voluptuoso. A sensualidade, o erotismo, o sensa-cional estão presentes não apenas no conteúdo das histórias (muito marcadamente em filmes como *Obsessão*, *Rocco e seus irmãos*, *Sedução da carne*, *Vagas estrelas da Ursa* (que aborda o incesto entre irmãos), *Os deuses malditos*, *Violência e paixão*, *Ludwig* e *O inocente*, mas também na extrema beleza da maioria de seus atores e atrizes, na textura de tecidos preciosos e ricos, nos farfalhares de sedas, veludos e tafetás, no esvoaçar de longos véus e no retirar e colocar de *voilettes*, nas deslumbrantes paisagens e locações e nas fabulosas trilhas sonoras. Quem poderá esquecer o "Adagietto" da Quinta Sinfonia de Mahler após ver *Morte em Veneza*?

Se cinema é imagem, destaco o aspecto de cinema puro que pode ser visto em seus filmes. Em *Morte em Veneza* praticamente não há diálogos – quando eles ocorrem, salvo as discussões sobre estética que ocorrem na lembrança do músico que é o personagem principal –, são na maioria das vezes conversas de fundo, que acontecem nas mais diversas línguas, como o polonês, da família do garoto Tadzio, o francês, o italiano, o russo etc. Toda a história é contada basicamente por meio da sucessão de imagens. A direção de atores é fabulosa, e, praticamente sem que nada seja dito, percebemos o que vai na alma dos personagens, sobretudo na do principal, interpretado pelo incrível Dirk Bogarde. Ele nos transmite, ou melhor, faz com que compartilhemos, todas as emoções e comoções mais íntimas de seu personagem, sem que palavras precisem ser emitidas. Algo similar pode ser verificado em longas sequências de seus filmes, como em *Ludwig* e *O inocente*.

A atriz Silvana Mangano é uma verdadeira aparição em todas as suas entradas em *Morte em Veneza*, com sua beleza exótica e elegante, vestida em fabulosos figurinos e coberta de joias preciosas, como pode se ver em fotos similares da própria mãe do cineasta da mesma época referida no filme (1912).

Belíssima, *Rocco e seus irmãos*, *Sedução da carne*, *O Leopardo* estão disponíveis em DVD. Outros filmes que ainda não mencionei são *Noites brancas*, um episódio do filme coletivo *As bruxas* e *O estrangeiro*.

Recentemente foi feito o lançamento em DVD do espetacular *Ludwig*, produzido e lançado entre 1972/1973, uma superprodução extremamente luxuosa a respeito da vida do último rei da Baviera, Ludwig II, filmada, em grande parte, em locações originais, a saber, nos palácios reais de Munique e arredores, e também nas magníficas paisagens nevadas do Tirol alemão e austríaco. As joias da coroa bávara que aparecem no filme, além de todas as demais, são autênticas, como é de hábito em todos os filmes de Visconti.

O filme narra a história desse rei desde a sua coroação (em uma reconstituição suntuosa) até a sua morte – vai de meados ao final do século XIX. Assim como Visconti, o rei, interpretado por Helmut Berger, era homossexual, inicialmente, não assumido. Envolve-se de forma platônica com sua prima Sissi, a famosa imperatriz Elizabeth da Áustria, interpretada mais uma vez por Romy Schneider, atriz que ficou famosa nesse papel em uma série de três filmes nos anos 1950. Sua representação, contudo, é abordada de uma maneira bastante diferente por Visconti. Romy Schneider era uma daquelas atrizes "ícone" dos anos 1970, e sua linda presença é extremamente marcante. A prima, percebendo os problemas e o galanteio pueril do jovem monarca, tenta empurrá-lo, com o intuito de "salvá-lo", para um casamento com sua irmã Sophie. Os resultados são desastrosos para a princesa, e o desenlace vai em sentido oposto. Em vez de casar, o rei dedica-se a uma vida de orgias em todos os sentidos (com todas as possibilidades encontráveis pelos "sentidos").

Ludwig também foi o grande mecenas de Richard Wagner, interpretado por Trevor Howard, e o responsável pela construção do famoso teatro lírico de Bayreuth, onde anualmente ocorre o festival dedicado a esse compositor, que atrai melômanos do mundo inteiro. As relações tempestuosas entre o rei e o compositor também estão abarcadas no roteiro. Cosima Wagner é interpretada, "para variar", por Silvana Mangano. A fabulosa trilha sonora, de uma extrema sensualidade e beleza, além da música de Wagner, conta com Schumann, Brahms, Saint-Saëns, entre outros.

Destaco, sobremaneira, que esse filme é um verdadeiro tratado sobre estados psíquicos, sobretudo ligados à alucinose – como propõe Bion em *Attention and interpretation* (1970/1977) para referir-se – aqui coloco de modo bastante simplista – a uma situação em que os elementos factuais da realidade são envolvos e engolfados como se fossem elementos de um sonho, assim como os elementos que costumeiramente seriam percebidos como os de um sonho são tomados como se fossem factuais. Os eventos da vida, nessas condições, devem obedecer às leis dos nossos desejos ou de nossas imaginações, não às leis da natureza. Em *Ludwig*, duas passagens são dignas de nota. Na primeira, uma trupe de atores se apresenta no teatro do palácio em Munique. Não há ninguém na plateia. Os atores atônitos são informados de que em algum lugar invisível o rei assistia ao espetáculo. Quando este finda, o ator principal, que interpreta um herói como Guilherme Tell, é convidado a um encontro com o rei e, posteriormente, a jantar com o monarca. A cena em que se veem pela primeira vez é muito desnorteante. Em uma gruta feérica construída para imitar cenários da ópera *Lohengrin*, de Wagner, o rei chega em um barco em forma de concha e cisne enquanto uma pequena orquestra toca. O ator se desdobra em reverências. O rei lhe dirige um olhar de desprezo e vai-se embora. O ator fica perplexo. Um dos criados do rei alerta-o de que o monarca não quer se encontrar com o ator, mas com Guilherme Tell ou Romeu. Para que tivesse qualquer chance com o rei, o ator deveria apresentar-lhe essas figuras. Nos desenvolvimentos que se seguem, vemos o rei embevecido, presenteando o jovem ator com um fabuloso relógio de brilhantes, quando, ao final do jantar, o ator se derrama em declamações de grandes personagens heróicos. Depois, Ludwig o leva a conhecer todos os locais da Europa onde teriam vivido os personagens. Vemos finalmente, em meio a um lago da Suíça, o monarca a exigir que o ator interprete Guilherme Tell só mais uma vez. O ator, desesperado, finalmente diz que não, pois se continuasse aquilo por mais um único minuto, enlouqueceria. O relacionamento dos dois, que na verdade seria um relacionamento calcado em alucinações, ou seja, no qual a existência do outro só é considerada tendo em vista a substanciação de produções alucinadas, e não a consideração de características reais daqueles com quem se dá o relacionamento, termina neste ponto. Podemos ver isso de forma evidente no "casamento" de celebridades e na fugacidade destes. Quando perguntaram à atriz Rita Hayworth, famosa nos anos 1940 e 1950 sobretudo por seu papel no filme *Gilda*, em que faz um *striptease* de uma luva que causou furor, o porquê de seus casamentos durarem tão pouco, ela respondeu que isso se devia ao fato de os homens irem para cama com Gilda e no dia seguinte acordarem com ela.

A Outra passagem significativa de *Ludwig* ocorre quando, em plena guerra com a vizinha Prússia, um general e amigo do monarca se aproxima dele enquanto este se deleita com um aparelho que projeta as fases da Lua nas paredes de uma sala e comunica-lhe que providências urgentes precisariam ser tomadas para que não fossem derrotados. Como resposta, o general, estupefato, ouve o rei dizer que "não reconhece a existência da guerra".

Cabe salientar, todavia, o papel instrumental/construtivo da alucinação/alucinose, quase nunca lembrado, pois foi essa condição que estimulou e levou à execução dos fabulosos palácios e castelos ao redor de Munique, erguidos a mando de Ludwig, como o famosíssimo Neuschwanstein – que serviu de modelo, para Walt Disney, dos castelos da Branca de Neve e da Bela Adormecida –, para que neles o rei vivesse os seus sonhos "tornados realidade", até que os fatos da vida viessem apeá-lo do poder. Esses palácios são visitados por milhares de turistas todos os anos. A alucinação – e não estou me referindo a sonhar – também precisa ser reconhecida como um potente motor propulsor da humanidade.[2] Uma belíssima

---

[2] Para podermos ver o que sonhamos, precisamos dos serviços da alucinação. Para o filme ter efeito, assim como toda peça de teatro e romances ou poesias que lemos, precisamos visualizar, alucinar, tomar momentaneamente como real o que vemos no palco ou nas telas ou o que emerge das páginas de um livro. A alucinação está a serviço do sonhar e do contato com a realidade psíquica. O problema surge quando é usada para substituir e evitar o contato com a realidade, e as percepções são

sequência próxima do final do filme mostra a chegada da imperatriz Elizabeth da Áustria junto com sua dama de companhia ao castelo de Herrenchiemsee, cópia exagerada do pavilhão central do castelo de Versalhes. Da carruagem que estaciona no jardim fac-símile do francês descem as duas damas vestidas em trajes escuros. *Voilettes*, anquinhas, longas caudas de pelo menos dois metros são arrastadas pela superfície gelada na direção da entrada. No *hall*, encontram a versão de Ludwig para o *Escalier des Ambassadeurs*, escadaria monumental existente nos primeiros tempos do castelo real francês, mas posteriormente demolida. Deslocam-se como que deslizando, subindo os degraus, e finalmente chegam à *Galerie des Glaces*. Vemos um grande plano desde uma ponta até a outra da galeria. A imagem é impressionante. Uma enorme fileira de candelabros que saem do chão e do teto se alinha em cada lado do espaço. É a *Galerie des Glaces* de Versalhes em versão rococó tardio extremamente exagerado. Um verdadeiro assombro. Pequeninas, ao fundo da imagem, vemos as duas mulheres. A imperatriz solta uma sonora gargalhada. Aquilo tudo era desmesurado até para quem estava habituado a viver em grandes palácios. Vemos as duas percorrerem a longitude do espaço. Vão embora, pois o rei não se encontra. Estão visitando sua obra.

Como já mencionei, o filme é um espetáculo grandioso. Tem aproximadamente quatro horas. Todavia, a despeito da duração, qualquer verdadeiro cinéfilo haverá de se deleitar com essa obra e desejará revê-la sempre que puder.

---

tomadas como coisas em si, realidade última, e não como representações dela. Quando a alucinação está a serviço de representações, ela possibilita uma aproximação do que seria a realidade e não uma substituição dessa por algo que é uma criação própria, fruto dos desejos e da intolerância a frustrações.

Recomendo fortemente, para quem não conhece, que entre em contato com essa filmografia, especialmente com *Morte em Veneza*, inspirado no livro de Thomas Mann. Este narra a trajetória de um músico alemão, baseado no compositor Mahler, que vai a Veneza para restabelecer sua saúde abalada pela perda de sua filha e também por constatar a inconsistência de seus valores estéticos. Hospedado no "Grand Hôtel des Bains" em 1912, estabelecimento em que o diretor Visconti se hospedou, de fato, com sua mãe no verão de 1913, o músico de meia-idade encontra a encarnação de seus ideais de beleza em um jovem rapaz polonês – no filme, ele é apresentado de uma maneira completamente desprovida de sensualidade, a despeito de uma grande beleza marmórea e "feminina" –, o qual passa a perseguir a distância, sem jamais chegar muito perto, por suas caminhadas pela cidade tomada pela cólera. A situação é tantalizante, angustiante, sufocante. A dor é pungente, acentuada pela música da trilha sonora. A mãe do rapaz é interpretada pela impressionante e bela Silvana Mangano (sua atriz fetiche). A música que percorre todo o filme é basicamente de Mahler (há trechos de *Pour Elise*, de Beethoven, tocados ao piano por uma prostituta), destacando-se o onipresente Adagietto e as deslumbrantes tomadas de uma Veneza ambientada no período imediatamente anterior à Primeira Guerra Mundial. Mais uma vez, o tema do fim de uma era e de um tipo de vida, a decadência, é o *leitmotiv*.

Não há quem tenha visto a película que, ao chegar a Veneza, mesmo nos dias atuais, não se sinta imediatamente transportado para dentro do filme e não ouça, pelo menos de vez em quando, os acordes da música de Mahler. Torna-se obrigatório ir até o Lido e procurar o Grand Hôtel des Bains e, alucinadamente, rever o personagem de Silvana Mangano com seus belíssimos vestidos, enormes chapéus e longos fios de pérolas a chamar por Tadzio (o filho).

Em *Os deuses malditos*, o elemento explicitamente erótico associado a muita violência está escancarado de uma maneira muito maior do que nos demais filmes. O filme se passa nos anos 1930, numa família de grandes industriais do aço (baseada nos Krupp). A ascensão do nazismo corrompe a família (mais uma vez aristocrática), que acreditava poder se aproveitar do lúmpen nacional-socialista (Hitler e os nazistas), para depois descartá-lo. Ao contrário, é por ele engolida e destroçada. Incesto, orgias, pedofilia, infanticídio, envenenamentos, tragédia social e mundial. Grandes interpretações em ambientes excessivamente suntuosos e operísticos (no sentido do exagero, da exacerbação dos sentidos) por parte de Dirk Bogarde (também o astro de *Morte em Veneza*), Ingrid Thulin, Helmut Berger, Charlotte Rampling – outra atriz que esteve muito em voga nos anos 1970 e que reapareceu recentemente – e, como curiosidade, uma ponta feita por Florinda Bolkan, como uma prostituta de um bordel frequentado pelas altas rodas do nazismo.

Destaco, mais uma vez, que os filmes de Visconti são extremamente "sensuais", pois nos mobilizam sobremaneira os "sentidos". A suntuosidade de suas apresentações estéticas propõe uma relação praticamente física com o espectador, além de mobilizar emoções melodramáticas. Isso, segundo minha leitura, é indicação de uma atmosfera erótica, violenta, mesmo na ausência de corpos nus. Ao contrário, na obra de Visconti, na maior parte do tempo, os corpos estão vestidos de tal maneira que só podemos ver os rostos, pois até as mãos estão cobertas por luvas nas minuciosas reconstituições históricas. Às vezes, nem os rostos são visíveis, pois estão cobertos por longos e pesados véus como em *Morte em Veneza* e nas cenas de viagem de *O Leopardo*, sob o tórrido calor da Sicília. Nem por isso a sensualidade, o sensa-cional, deixa de estar à flor da pele. Não impede que, em *Os deuses malditos* e em *Ludwig*, a nudez apareça e seja usada em cenas de orgias estetizadas, respectivamente, no encontro que resultou na chacina dos SA ou organizadas em pavilhões de caça alpinos pelo rei, ou faça breves aparições em *Violência e paixão* e em seu último filme, *O inocente*, que foi montado por seus assistentes, pois o diretor morreu durante a montagem.

Visconti morreu sem realizar seu grande intento, que era pôr na grande tela sua versão de *Em busca do tempo perdido*, de Proust. Foi uma infelicidade para os admiradores das obras de ambos, pois, certamente, não haveria ninguém capaz como ele de materializar em imagens aquilo que Proust deixou por escrito. Ao contrário de outros que tentaram a empreitada com o romance de Proust ou em congêneres, e que acabaram se detendo nos elementos sensoriais sem saber tirar partido deles, perdendo-se no formalismo ou na superficialidade, Visconti explorava ao máximo esses elementos sensoriais, nos mínimos detalhes, para, *paradoxalmente*, assim como Proust, revelar-nos a intimidade da *alma* de seus personagens.

Referências

Bion, W. R. (1977). *Seven servants, four works by Wilfred R. Bion: (1962) Learning from experience; (1963) Elements of psychoanalysis; (1965) Transformations; (1970) Attention and interpretation*. New York: Jason Aronson.

Blunt, W. (1973). *The dream king. Ludwig II of Bavaria*. London: Penguin. (Trabalho original publicado em 1970.)

Lampedusa, G. T. (1979). *O Leopardo*. São Paulo: Abril Cultural. 1979. (Trabalho original publicado em 1958.)

Mann, T. (s.d.). *La mort à Venise*. Paris: LGF/Le Livre de Poche. (Trabalho original publicado em 1912.)

Proust, M. (1954). *À la recherche du temps perdu*. Paris: Gallimard (7 vols.). (Trabalho original publicado entre 1913 e 1927.)

Schifano, L. (1987). *Luchino Visconti: les feux de la passion*. Paris: Libr. Académique Perrin.

Visconti, L. *Obsessão* (Ossessione, 1943); *A terra treme* (La terra trema, 1948); *Belíssima* (Bellissima, 1951); *Sedução da carne* (Senso, 1954); *Noites brancas* (Le notti bianchi, 1957); *Rocco e seus irmãos* (Rocco i suoi fratelli, 1960); *O Leopardo* (Il Gattopardo, 1960); *Estrelas vagas da Ursa* (Vaghe stelle dell'Orsa, 1965); As bruxas (Le streghe, episódio "La strega bruciata viva" [A bruxa queimada viva], 1967) *O estrangeiro* (Lo straniero, 1967); *Os deuses malditos* (La caduta degli dei, 1969); *Morte em Veneza* (Morte a Venezia, 1971); *Ludwig* (Ludwig, 1972); *Violência e paixão* (Gruppo di famiglia i un interno, 1974) e *O inocente* (L'innocente, 1976).

11. Considerações a respeito de rituais e moral: o cão domesticado e o lobo[1]

Situação clínica 1

A analisanda deita-se e fica vários minutos silenciosa. Em seguida, diz que não encontra nada para dizer. Sugiro que, em vez de pensar o que dizer, dissesse o que estava pensando.

Ela diz que pensava algo que parecia não ter qualquer relevância: em sua casa há dois cães que eram originalmente de seus filhos. Os dois filhos, agora adultos, saíram de casa e estão levando as próprias vidas. Sobrou para ela e o marido a necessidade de andar com os cães, que ficam chorando para sair. Ela e o marido detestam fazer isso, e ela sugere deixar os cães chorarem e só saírem com eles quando tiverem disposição para tal. Acabam levando os cães para

---

[1] Na fábula de Esopo (também revisitada por La Fontaine), o lobo faminto fica primeiro invejoso da condição do cão bem alimentado e viçoso. Ao se deparar com a corrente e a coleira do cão que está preso, prefere continuar penando em liberdade a trocá-la pela vida aprisionada do cão submetido ao dono.

dar uma volta. Outro dia, um dos filhos esteve em sua casa e ela mandou que ele andasse com o cão, pois era dele. O filho retrucou que estava muito ocupado e acabou não fazendo o que ela solicitou.

Ao ouvi-la percebo que há certa expectativa de que eu lhe dissesse o que fazer, como proceder, tanto em relação aos filhos quanto aos cães. Permaneço em silêncio.

Pouco depois ela diz que passou uma espécie de descompostura no marido por conta desse problema com os cães. Pondera, porém, que na verdade estaria irritada quanto à postura que o marido teria assumido nos negócios que fez com conhecidos deles, em que levou grande desvantagem e resolveu assumir o prejuízo sem brigar. Tenho a impressão de que há certo desalento, como se expressasse uma mágoa pela vida que leva.

Percebo também que ela permanece na expectativa de que eu a oriente, de que eu diga algo, que lhe mostre um caminho. Ao verificar a intensidade disso, encontro o que lhe falar.

Comunico-lhe que, a meu ver, ela expressava uma tristeza por ter feito na vida tudo aquilo que supostamente era esperado que fizesse, tudo o que supostamente seria certo fazer. Tinha feito tudo de acordo com que seriam os conformes que ela supõe existirem. Contudo, via-se muito insatisfeita e infeliz. Parecia-me que estava questionando o que tinha feito de sua vida até aquele momento e indagava-se como seria sua vida dali para a frente. Também estaria esperando que eu lhe dissesse qual caminho trilhar para chegar à satisfação e à felicidade.

Vejo que ela fica um tanto desconfortável com a minha ideia e tenta mostrar que não teria motivos para ser infeliz, pois teria aquilo que, em geral, todo mundo quer ter. Digo que pode ser assim, mas talvez não tivesse aquilo que para ela seria necessário para ser feliz, ou para sentir-se satisfeita. O que pode ser muito bom para outras pessoas, poderia não necessariamente o ser para ela. Por outro lado, se eu fizesse com ela o que me pedia, ou seja, orientá-la na vida, dizendo-lhe o que seria bom ou melhor fazer, ela permaneceria sem ter noção do que realmente seria do seu interesse real. Aparentemente, nunca havia consultado sua intimidade quanto ao que realmente teria a ver com ela, sobre quais seriam suas reais afinidades e interesses.

Ela volta a falar do que fazer com os cachorros. Eu fico um pouco perplexo, indagando-me se ela teria ouvido qualquer coisa do que tinha dito. Ressalta que os cães choram no portão para saírem. A meu ver, ela estaria desconversando, desviando o foco de questões que a estariam angustiando muito.

Vem-me subitamente uma ideia, que compartilho com ela. Parecia-me que temia consultar a sua própria intimidade, pois considerava-se um desses cachorros. Se eles saírem a sós na rua, provavelmente irão se dar mal. Não teriam discernimento de como se virar num mundo de humanos e poderiam tomar toda sorte de atitudes por meio das quais provavelmente acabariam "se perdendo" ou mesmo morrendo. Os cachorros precisariam ser guiados por seus donos humanos e levados por coleiras, de modo a não sofrerem acidentes ou a não se perderem.[2] Ela também se sentia da mesma forma. Achava que, se não se deixasse guiar por aquilo que era estabelecido como certo, se não fizesse aquilo que, na sua convicção, era o esperado que ela fizesse, acabaria se perdendo, *nos vários*

---

[2] Considero que há na ideia de "perder-se" uma forte conotação sexual. Também penso haver intensas vivências erotizadas em relação a mim; naquele instante, contudo, achei melhor esperar para deixar isso mais explícito com o decorrer do nosso encontro, ou em outra oportunidade, a fim de não desviar demais, na presente sessão, da possibilidade de dar-se conta da convicção que possui de ser perigoso valer-se de seu próprio discernimento.

sentidos que essa palavra possa ter, ou entraria em sérias encrencas. Sentia que não podia confiar no seu "juízo". Por outro lado, percebia-se presa como os cães, sem poder sair livre e ter o seu próprio caminho a percorrer. Esperava de mim que eu lhe desse outro caminho que a levasse à sua satisfação pessoal e a algum tipo de contentamento. Considerando a situação por outro viés, como poderia eu indicar-lhe o que seria melhor para ela? Como poderia eu saber o que seria melhor para ela? O resultado poderia ser encaminhá-la para outro sistema de vida que pudesse ser muito bom para mim, mas não necessariamente para ela. Eu a via muito angustiada e insatisfeita, indagando-se se o que tinha feito e vivido era mesmo algo que a atendia. Não obstante, também estava muito aflita com a possibilidade de considerar o seu próprio discernimento, pois, a seu ver, se fosse usá-lo, consultando-o, este não seria confiável e ela acabaria se dando mal.

Quando disse isso, a analisanda mostrou-se bastante mobilizada com o que teria ouvido. Fez algum comentário verbal, cujas palavras não me recordo, que indicavam a pertinência do que eu teria dito. A sessão encerrou-se com essa questão ficando em aberto.

No meu entendimento, a questão deve mesmo ficar em aberto, pois a finalidade de minha intervenção não é a de mostrar-lhe um caminho ou evidenciar uma solução, mas apresentar-lhe um quadro, de preferência nunca antes vislumbrado por ela, de qual é a situação em que se encontra, para que possa pensar sobre ele.

Situação clínica 2

A analisanda, há muitos anos em análise, entra na sala após uma semana de férias minhas. Deita-se e começa a falar com voz de queixa que está muito cansada por não ter dormido direito. Segundo ela, sua filha diz que nunca dá para saber se ela está deprimida ou se está cansada. Na sua própria versão, fica deprimida de tão cansada e por não ter dormido direito. Proponho que considere a possibilidade de estar deprimida e, por conta disso, não ter dormido direito, por haver situações que não consegue "digerir".

Primeiramente ela não parece querer dar muita atenção ao que lhe propus pensar, mas em seguida menciona dificuldades no trabalho com seu novo chefe. Ela própria ocupa um cargo alto na hierarquia do local em que trabalha, mas agora há um novo "comandante" com quem tem de trabalhar diretamente. Ela pede licença para falar da Universidade em que sabe que me graduei e pós-graduei, para dizer que o tal chefe novo é alguém oriundo dos quadros acadêmicos dessa importante universidade, mas que, como todo mundo sabe, o ritmo lá é bem devagar e cheio de protocolos e cerimoniais. Diz que o novo superior, diferentemente do que tinha até agora, parece ser uma pessoa cheia de cerimônia e com quem não dá para se expor livremente, como fazia com o antigo. Diz que sempre foi uma pessoa muito ativa e trabalhadora e que agora não está fazendo nada. "Está de férias", pois, no ritmo da nova chefia, tudo anda a passos lentos. Ela vai prosseguindo nessa linha quando a interrompo e proponho que ela reflita sobre o que teria dito e que me envolveria – ou seja, que implicava eu ser lento, cheio de protocolos e cerimoniais inúteis.

Ela diz que estava apenas querendo dar o exemplo de como as coisas se produziriam na academia, sobretudo na USP, mas que não teria nenhuma relação direta comigo. Dito isso, segue falando que a situação atual parece uma situação antiga de sua vida em que trabalhava em um projeto social relevante, mas que, com a mudança de governo que ocorreu na época, a chefia foi trocada e passou a ser ocupada por uma pessoa horrível que mudou toda a filosofia do local. Ela acabou pedindo demissão por não aguentar trabalhar com aquela pessoa. Agora fica pensando que pode acontecer a mesma coisa com sua nova chefia cheia de formalidades, que funciona num ritmo "quase parando".

Comunico à paciente que havia proposto algo para ela pensar e que ela não deu a menor atenção ao que lhe propus verificar.

Ela retruca que não consegue perceber que interesse haveria em considerar algo de sua relação comigo e minha com ela. Diz que estava interessada em falar de seus problemas no trabalho e das pessoas que não trabalham, enquanto ela tem horror de ficar ociosa.

Comento que havia lhe dado um trabalho a fazer, mas que ela se recusava a considerar o trabalho que eu havia lhe proposto. Segundo ela, eu devo ser lerdo, demorado e inútil, além de cheio de prosopopeia irrelevante. Não obstante, eu verificava que estava lhe propondo uma tarefa a fazer, mas que ela decidia que a tarefa era irrelevante e que só ia se ocupar do que lhe interessava. Segundo sua versão, é trabalhadora, na minha percepção, porém, nem sequer considera o trabalho que lhe foi proposto fazer.

Ela diz que permanece sem ver que interesse poderia ter o que estou lhe propondo verificar. Digo que ela é alguém que deve ter o costume de ir ao médico, mas para que ele trate daquilo que ela diz ser seu problema. Se o médico lhe disser que seu problema pode ser outro e que ela precisaria investigar por outro lado, deve achar que ele é burro e incompetente.

Nesse momento ela diz que parecia ver aonde eu queria chegar. Considera que devia funcionar de modo similar com sua nova chefe, que está propondo que ela veja as coisas por outro ângulo, mas que ela não quer saber de ver nada por outro viés. Não quer mudar nada do seu modo de ver. Em seguida, dispara a falar novamente dos relacionamentos da empresa.

Volto a dizer que ela continua se recusando a fazer a tarefa que lhe propus.

Ela diz que efetivamente percebe-se incomodada, sem querer olhar para o que lhe mostrei. Por fim, diz que, de certa forma, acha mesmo que psicanálise é algo cheio de formalidades.

Digo-lhe que não me percebia daquela forma com ela, que eu fosse cheio de formalidades e protocolar. Da mesma maneira, também poder-se-ia questionar se a sua nova chefe de fato era cheia de formalidades ou se ela precisava ver a chefe dessa maneira. Indago-a, no meu caso, como ela me via cheio de formalidades e cerimônia. Ela diz que tem que ficar aguardando na sala de espera, depois eu abro a porta, sento-me, ela tem de ir para o divã. Eu insisto e indago onde estão as formalidades protocolares. Ela diz que no que acabou de descrever. Digo que aquilo são *modus operandi*, algo que sistematiza um funcionamento e o uso de instrumentos de trabalho, mas daí a ser um cerimonial, que implica um sentido religioso, ritual... Indago-lhe se ela considerava que ir ao dentista e ter de sentar-se na cadeira era algo ritual e cerimonioso. Ela diz que não. Complemento dizendo que também me valho de sistemáticas e instrumentos de trabalho, algo necessário, mas daí a ser formal e cerimonioso... Pergunto se me via sendo cerimonioso naquele instante. Ela diz que não. Volta a mencionar que se percebe desconfortável em precisar considerar o que sente no seu relacionamento comigo. Acaba por dizer que, a despeito de todos os anos que tem vindo para as sessões, não tem a menor ideia de quem eu possa ser ou como eu seja. Digo-lhe que, para isso, ela precisaria consultar aquilo que experimenta quando está comigo. Se não quer saber do que percebe, sente ou pensa quando está comigo, não terá mesmo qualquer chance de saber como e quem eu sou, apesar de eu estar me expondo para ela o tempo todo. Ao falar o que estava dizendo naquele mesmo instante, eu estava me apresentando, expondo-me e ao meu modo de pensar, de funcionar. Se ela, por outro lado, não podia ou temia profundamente considerar suas próprias vivências e ideias sobre mim e sobre o nosso encontro, não poderia mesmo saber algo a meu respeito. A minha ideia, contudo, não era chamar a atenção sobre minha pessoa, mas, ao chamar sua atenção para o que experimenta no seu contato comigo, eu estava tentando mostrar-lhe algo da própria, para dar-se conta desse algo e, portanto, de si mesma, dos seus próprios sentimentos, ideias etc.

A analisanda diz que parece ver sentido no que lhe aponto, mas continua percebendo-se muito incomodada em considerar suas próprias vivências. Comento, nesse momento, que talvez isso indicasse a necessidade de formalidades e cerimoniais. Primeiramente porque a formalidade provoca um afastamento, uma distância entre pessoas, evitando qualquer intimidade, sobretudo a intimidade consigo mesmo. Além do mais, as formalidades já proporcionam formas estabelecidas de comportamento, modos de funcionar, de agir, poupando qualquer necessidade de discernimento próprio. Este último implica a necessidade de contato com as próprias vivências, com a própria intimidade. Se a intimidade for muito temida, por um motivo ou por outro, a formalidade, o ritual, o cerimonial fornecem condutas a serem seguidas. Parecia-me que ela experimentava e fazia, ali comigo, o mesmo que certas pessoas que têm muito medo do que possa vir de dentro delas fazem: entram para alguma seita religiosa restrita que ordene suas condutas e coloque distância entre elas e os outros, e sobretudo entre elas e elas mesmas.[3]

A conversa ainda segue mais um pouco antes do encerramento da sessão, mas o essencial que eu queria evidenciar está no que acabo de narrar.

Situação clínica 3

O analisando, no decorrer de uma sessão, diz não gostar de entrar em contato com certas vivências suas e que volta e meia gostaria de se livrar de si mesmo. Ele fez esse comentário após eu lhe comunicar que havia feito uma observação e que ele parecia tê-la ignorado completamente, como se não tivesse existido a minha fala e a minha presença na sala. Digo-lhe que, ao tentar expelir-se de si próprio, funcionava como alguém que tentava evacuar as próprias entranhas. Ele diz que aquela era uma imagem chocante e terrível. Digo que talvez nunca tivesse se dado conta de que as consequências de tentar livrar-se de si mesmo fossem realmente terríveis e dramáticas. Volta e meia reclama, muito angustiado, de sentir-se vazio e sem saber o que realmente quer da vida, para onde quer ir (e espera que eu possa esclarecer isso).[4] Ele é muito bem-sucedido profissionalmente, mas

---

[3] Há muitos anos, uma conhecida de minha mãe entrou para um convento. Ao ser indagada se estava feliz de tomar o hábito, disse que sim, pois dali em diante nunca mais precisaria pensar: a madre superiora lhe diria tudo o que deveria pensar e fazer.
[4] Lembro-me do encontro do gato com Alice. Ao indagar ao gato para onde levavam as estradas de uma encruzilhada, este retrucou perguntando onde ela queria ir. Alice disse que não sabia. O gato, então, falou que se ela não sabia onde queria chegar, que qualquer estrada servia. (Carrol, 1865/1980).

não sabe se o que faz o satisfaz e se seria realmente o que gostaria de fazer. Sente-se perdido na vida, sem saber o que realmente quer dela.

Situação clínica 4

O paciente, de meia-idade, reclama que tem um problema que precisa resolver, que o apresenta para mim, e que eu não o ajudo a resolvê-lo. Digo ao paciente que seu real problema, muito mais sério, segundo o meu critério, não é aquele que narra, mas outro que percebo no consultório, que é ele querer que *eu* resolva, que *eu* pense, segundo os meus critérios, o problema que ele diz ter.

Situação clínica 5

A paciente reclama intensamente de viver submetida a um marido autoritário e que não tem maiores considerações por sua pessoa real.

Na experiência que tenho com ela no meu consultório percebo-a como alguém que constantemente se recusa a pensar qualquer situação desagradável e penosa, partindo para a evasão, ou irritando-se francamente comigo por lhe propor abordar algo incômodo. Desse modo, não se desenvolve mentalmente e não consegue ter um pensamento próprio, sentindo sempre que precisa ser guiada e conduzida, como uma criança.

Durante uma sessão em que se apresenta muito angustiada com os maus-tratos que teria vivido por parte do marido e de seu sentimento de ser incapaz de abandoná-lo, digo à analisanda que ela precisava do marido da mesma forma que certos países que foram constituídos artificialmente, como o Iraque e a antiga Iugoslávia, precisavam de seus ditadores para se manterem íntegros. Sendo povos diferentes que foram circundados por uma fronteira artificialmente constituída (no Iraque, por Churchill no início dos anos 1920, no colonialismo britânico), ao se verem sem os tiranos que os mantinham sob jugo, os povos, tribos, se esfacelaram e guerrearam entre si. Diferentemente do que ocorreu na Alemanha e na Itália, em que, após séculos de conflitos, diversos povos se perceberam como tendo algo comum entre si (a etnia, a cultura etc.) e acabaram se articulando, constituindo-se em verdadeiras nações, percebendo um interesse comum a todos eles de se verem unidos sob uma mesma bandeira. Ela sente-se como uma Iugoslávia que, sem o seu ditador Tito, esfacelar-se-ia, desagregar-se-ia.

Ao ouvir minha interpretação a analisanda mostrou-se inicialmente irritada. Em seguida, deprimiu-se. A sessão encerrou-se logo depois. No nosso próximo encontro, iniciou-o dizendo que a imagem que eu lhe dera de si mesma a deixara muito triste e deprimida. Por outro lado, contudo, foi a primeira vez que sentiu realmente haver alguém vivo e existindo dentro de si.

Comentários: entre a moral e a ética

Considero que a única função de uma psicanálise é apresentar uma pessoa a ela mesma. Psicanálise não serve para orientar ou encaminhar a vida de alguém. Não raramente, ouço pessoas que me procuram dizer que querem psicanálise para se conhecerem melhor, não porque tenham algum problema mais sério. A meu ver, esse comentário revela quão séria é a condição delas. Uma pessoa não se conhecer e precisar de ajuda para tal é um grave problema. Implica que há um abismo entre ela e ela própria, uma desconexão, uma desarticulação interna. Considero que esse tipo da apresentação revela também o sentimento de grande humilhação que experimentam por necessitarem de ajuda para problemas mentais, que é um campo minado por muitos preconceitos.[5]

Tendo um precário contato consigo mesma, uma pessoa não consegue ter discernimento próprio e tampouco ser livre. Um indivíduo nessas condições (muito mais comuns do que se costuma considerar) pode imitar aquilo que se diz ser o certo alguém fazer, pode conduzir-se conforme uma moral vigente, que lhe diz o que e como fazer. Uma pessoa assim funcionando pode se sentir sufocada pelo *establishment*, mas não pode prescindir dele, pois sem o próprio discernimento teme ficar "perdida" ou mesmo esfacelar-se (num surto psicótico).[6] Ser livre implica poder chegar às suas próprias conclusões e assumir as consequências a partir das decisões tomadas, que podem não estar (ou estar) em conformidade com o *establishment*. Ao não suportar o contato com as vivências emocionais e o tumulto a elas associado, uma pessoa pode recorrer

---

[5] Se o analista também achar que o analisando ou potencial paciente é realmente um ser inferior por ter problemas mentais, o drama se estabelece: ele não poderá, de fato, ajudar a quem despreza. Ele próprio, por sua vez, não aproveitará sua análise pessoal, mesmo que frequente um consultório de analista por anos e anos, pois isso o tornaria, segundo seu viés, um ser inferior. Ele vai ao analista para fazer "formação de psicanalista" ou de "terapeuta", mas acaba não tendo uma análise real, ou impedindo-se de ter uma, o que o exclui da possibilidade de perceber a verdadeira dimensão da realidade psíquica de sua atividade de trabalho.

[6] Estados neuróticos severos obscurecendo uma situação psicótica. A neurose serve como "proteção" de um estado psicótico subjacente, numa tentativa de obter o controle dos eventos internos e externos. No que diz respeito à fábula de Esopo, haveria o temor de se viver sem coleira e corrente como o lobo, por conta do receio de que, sem estas, poder-se-ia agir de forma selvagem e destrutiva, como seria o comportamento de um lobo em meio a humanos. Contudo, se a impulsividade impensada de um lobo selvagem seria algo assustador, tampouco a domesticidade e a obediência caninas seriam aquilo que caracterizaria propriamente a condição intrínseca de um ser humano.

a todos os mecanismos de defesa descritos por Freud e por Klein como soluções para suas angústias. Havendo um excesso desses modos de solucionar ansiedades e a manutenção preponderante dessas soluções ao longo da vida (como a hipertrofia do uso da identificação projetiva, que pode levar um indivíduo a um estado preponderante de alucinose ou de alucinações) fica impedida de desenvolver um discernimento próprio e de ter uma ética pessoal, que distingo de moral.

A ética desenvolve-se a partir da elaboração das próprias experiências emocionais, do aprendizado com as experiências emocionais, de vivências da posição depressiva. Na impossibilidade de elaboração e do desenvolvimento de uma ética, uma pessoa que teme atuações desagregadas ou psicóticas recorre à moral, que é externa, vem de fora para dentro. A ética corresponderia ao desenvolvimento de uma coluna vertebral interna, que organiza e orienta as condutas a partir de dentro, enquanto a moral, tomada de fora para dentro, torna-se primordial na ausência da coluna vertebral interna, servindo como um exoesqueleto, "moldando" a pessoa conforme seus critérios.[7]

O trabalho do psicanalista não é tentar privar o analisando das suas "soluções", mas mostrar-lhe o preço que paga por elas e a possibilidade de desenvolver outros recursos para lidar com os próprios sentimentos e vivências – colocando-o em contato com tais

---

[7] Ver Segre e Cohen (1995) e também Cornford (1932/2001). A moral desenvolve-se a partir do viés ético de um indivíduo ou de elementos de um grupo e acaba sendo imposta como moral aos demais membros pelos primeiros e pela necessidade dos segundos. O desenvolvimento de uma ética pessoal pode entrar em conflito com a moral estabelecida de um grupo ou não. Um exemplo simples em que a ética pode coincidir com a moral seria o de não exceder o limite de velocidade numa estrada por temer-se a punição por parte do grupo (moral) ou o de manter-se dentro dos limites de velocidade por não querer se ferir e nem aos outros (ética).

sentimentos e vivências e auxiliando-o na atividade de desenvolver sua mente para absorvê-los e elaborá-los –, o que seria equivalente a pôr o analisando em contato consigo mesmo para que ele possa assimilar a si mesmo e ser ele próprio. Tornando-se capaz de reconhecer, viver e assimilar as próprias experiências emocionais (ou seja, de permanecer em contato consigo mesmo, conhecendo-se e *"sendo-se"*),[8] o analisando poderá reconhecer as situações da vida que a realidade lhe impõe – que venham tanto de fora quanto de dentro de si mesmo –, poderá pensá-las e, portanto, ter um discernimento próprio, tornando-se mentalmente emancipado (livre).

Ser livre, contudo, não é necessariamente equivalente a ser contra o *establishment*. Uma pessoa pode trocar uma moral dita arcaica ou reacionária por outra percebida como avançada e revolucionária. No entanto, o que pode estar em curso é apenas a substituição de uma moral por outra, de modo que o analisando se encaixa naquilo que considera ser o "certo" conforme as modas de diferentes grupos, sem haver um des-envolvimento pessoal. Pode apenas estar imitando o que seria alguém livre sem realmente sentir-se livre (sente-se *obrigado* a ser "livre").

O outro lado ou o preço da liberdade: O caminho para Meca

Vem-me à mente a peça *The Road to Mecca*, de Athol Fugard (1984/2000), em que uma velha senhora com pendores artísticos, habitante de um pequeno vilarejo no interior da África do Sul, passa a ser hostilizada pelos demais habitantes de fortes convicções

---

[8] Ser "O" – transformações em O – ver Bion (1965/1977; 1970/1977).

religiosas e pelo pastor da comunidade por ser diferente, por funcionar de modo diverso dos demais. Ela deixa de ir à igreja (e penso que igreja aqui representa toda instituição que se torna dogmática, o *establishment*), e o grupo que frequentava pretende interná-la num asilo para idosos, de modo que ela pare de produzir as esculturas que incomodam os demais por aquilo que, a meu ver, elas revelam não só da própria senhora, mas também dos outros habitantes do vilarejo e da humanidade. A peça mostra a evolução da condição dessa senhora, de uma em que vive apavorada de se ver abandonada pelo *establishment*, ficando só, para uma outra em que assume a solidão ("*the road to my Mecca was one I had to travel alone*", p. 74),[9] para poder ser ela mesma.[10] Por sinal, ser gregário e ao mesmo tempo inexoravelmente só é condição intrínseca do ser humano.[11] Na peça, também percebe-se o drama do pastor, que

---

[9] A estrada para minha Meca era uma que eu tinha de percorrer sozinha. (Tradução livre minha) A "minha Meca" era um lugar fabuloso percebido na mente da protagonista, Helen, que ela tentava reproduzir por meio de suas esculturas.

[10] "Isto deixou de ser quinze anos atrás, quando ela não se resignou a ser a viúva submissa e carola que todos vocês esperavam que ela fosse. Em vez disso, ela fez algo que pequenas mentes e pequenas almas nunca perdoam... ela ousou ser diferente!... Aquelas estátuas lá fora são monstros. E elas o são pela simples razão de que expressam a liberdade de Helen... Ela me desafia a uma percepção de mim mesma e de minha vida." Falas de Elsa para o pastor Marius, pp. 60 e 62, tradução minha. No original em inglês: "That stopped fifteen years ago when she didn't resign herself to being the meek, churchgoing widow you all expected her to be. Instead she did something which small minds and small souls can never forgive... she dared to be different!... Those statues out there are monsters. And they are that for the simple reason that they express Helen's freedom... She challenges me into an awareness of myself and my life".

[11] Conflito entre o narcisismo e o social-ismo. Ver Bion (1970/1977). "Há uma experiência fundamental que posso expressar desta forma: o paciente está ciente de duas experiências muito desagradáveis – ser dependente de algo que não é ele mesmo e ser/estar completamente só –, ambas ao mesmo tempo. Isso me parece ser algo que pode acontecer até antes do nascimento, quando o paciente está, por assim

nunca pôde reconhecer o amor que tinha por aquela mulher capaz de alcançar dimensões da vida que ele mesmo, com toda sua suposta fé, jamais vislumbrou, porque ele tinha de ser o que se deve ser, estando impedido de ter maior contato com sua intimidade, não podendo jamais viver, efetivamente, a própria vida (e nem mesmo saber o que é realmente estar vivo e viver).

O drama de ser quem de fato se é e assumir a integridade consigo mesmo a despeito das reações que possa haver por parte do *establishment* foi aquele vivido por Freud, Klein e Bion. Não somente em relação ao grupo social do qual faziam parte, mas também em relação ao próprio *establishment* psicanalítico que se desenvolveu.

Nem por isso deve haver um compromisso do psicanalista com "libertar" seu paciente, e nem tampouco a expectativa de que ele se torne "livre". O analista apresenta ao analisando aquilo que considera que seria necessário ser pensado pelo segundo. O que o analisando faz do que lhe é apresentado, como ele usa, é uma questão do analisando, que pode ser conversada e pensada caso ele permaneça interessado e vindo às sessões.

Se houver uma valorização moral por parte do analista de que o analisando deva se opor ao *establishment* e ser aquilo que o analista considera ser "livre", o que realmente pode acontecer é o analisando trocar uma moral por outra (a que já tinha pela do analista, seja ela qual for). O analisando pode intuir qual a expectativa do analista e começar a produzir aquilo que verifica que é esperado dele, mesmo que não conscientemente. O analista desavisado ou ingênuo pode acreditar que o paciente está evoluindo e se libertando, mas, de fato, está apenas trocando um "senhor" por outro. O analista não deveria,

---

dizer, ciente de sua dependência de um fluido líquido e de sua inabilidade para tolerar ser/estar completamente só." (Bion, 1985/2005, p. 52, tradução livre minha).

em nenhuma hipótese, tentar levar o analisando a perceber seus valores como sendo os adequados e certos.

Cabe ao analista apresentar as situações que percebe ao analisando, o que equivale a apresentar-lhe pensamentos para serem pensados, o que, por sua vez, permitiria que o analisando expandisse sua mente ao ser confrontado com eles, e assim, eventualmente, chegasse às suas próprias conclusões e decidisse os seus caminhos conforme suas próprias luzes. O analista deveria ser capaz de formular os pensamentos que o analisando nunca pensou e apresentá-los ao analisando para que ele possa pensá-los. Se isso ocorrer, o analisando poderá desenvolver sua condição para pensar. Porém, não cabe ao analista indicar ou decidir qual seria o desfecho da reflexão e da decisão do analisando, caso ocorra. O analista deveria ser útil na tarefa de ajudar o analisando a encontrar seus próprios critérios para que ele possa funcionar conforme a eles.

Referências

Aesop. (1996). The domesticated dog and the wolf. In *Aesop's Fables*. London: Penguin Books.

Bion, W. R. (1977). *Seven servants, four works by Wilfred R. Bion: (1962) Learning from experience; (1963) Elements of psychoanalysis; (1965) Transformations; (1970) Attention and interpretation*. New York: Jason Aronson.

Bion, W. R. (2005). *The Italian seminars.* London: Karnac. (Trabalho original publicado em 1985.)

Carrol, L. (1980). *As aventuras de Alice no país das maravilhas e Através do espelho e o que Alice encontrou*. São Paulo: Summus. (Trabalho original publicado em 1865.)

Castelo Filho, C. (2004). *O processo criativo: transformação e ruptura*. São Paulo: Casa do Psicólogo.

Cornford, F. M. (2001). *Antes e depois de Sócrates*. São Paulo: Martins Fontes. (Trabalho original publicado em 1932.)

Fugard, A. (2000). *The road to Mecca*. New York: Theatre Communications Group. (Trabalho original publicado em 1984.)

Segre, M. & Cohen, C. (orgs.). (1995). *Bioética*. São Paulo: Edusp.

12. Estados mentais religiosos reveladores da existência de um deus que se opõe à individualidade, à curiosidade e ao crescimento[1]

Coautor: Renato Trachtenberg[2]

Tendo em mente as menções de Bion a estados mentais que revelam a existência de um deus que se opõe à curiosidade e ao desenvolvimento, evidenciados nos mitos do Éden e da Torre de Babel (e também no de Édipo), em que o exercício da curiosidade e a busca de conhecimento são punidos com expulsão, catástrofe, confusão, cizânia, cegueira, morte e desterro etc., consideramos situações clínicas ou da vida social em que isso se evidenciaria. Bion também postula a existência de uma consciência moral primitiva, associada a impulsos morais (Bion, 2005, pp. 88-89), que tudo sabe, tudo julga e tudo condena, que seria anterior ao próprio nascimento

---

[1] Este trabalho foi apresentado originalmente no Encontro Internacional Bion 2016, ocorrido entre 30 de setembro e 2 de outubro, em Milão, Itália.
[2] Médico psiquiatra e psicanalista, membro titular da Associação Psicanalítica de Buenos Aires (APdeBA), membro fundador e pleno do Centro de Estudos Psicanalíticos de Porto Alegre (CEPdePA), membro fundador e titular com funções didáticas da Sociedade Brasileira de Psicanálise de Porto Alegre (SBPdePA).

e às introjeções de objetos parciais ou inteiros relacionados à criação do superego conforme Freud ou Klein. Algo que equivaleria ao mito do pecado original e que em algumas pessoas teria uma força considerável.

Nossa ideia é, por meio de vinhetas clínicas, postular a existência de um estado religioso da mente que seria uma das expressões de dimensões primordiais da personalidade que, ao não serem reconhecidas ou pensadas, se apresentam em manifestações psicóticas. O estado de angústia em que vivem essas pessoas obedece a uma demanda superegoica e invejosa que jamais pode ser satisfeita. Aparece na clínica uma luta constante para ser o que não se é, expressão de inveja atuante e impiedosa contra aquilo que se é. O superego, ou "super-super" ego, é constituído a partir de divisões rígidas do tipo superior/inferior, melhor/pior etc., características de uma moralidade exacerbada (observadas na clínica como transformações em alucinose) (Bion, 1965/1977). Os critérios para a divisão podem ser de tipo social (aristocracia/plebe), econômico (ricos/pobres), racial (brancos/negros), sexual (homens/mulheres, homens ou mulheres/homossexuais) etc. A moralidade e a inveja participam em todas essas divisões, produzindo separações do tipo *shibboleth*.[3] Não chega a produzir-se uma cesura nessa área da mente, já que tal cesura inclui uma separação e uma união ou continuidade simultâneas. Aquilo que poderia ser entendido como somente o outro lado de cada um, um casal de palavras, como disseram Martin Buber e depois Bion (ver adiante), por causa da moralidade e da inveja passa a ser considerado algo inalcançável ou temido. Essas características grandiosas se acomodam à presença de um deus onipotente que aterroriza pela impossibilidade de ser

---

[3] *Shibboleth*, palavra originária do episódio bíblico narrado em Juízes XII, usada como teste para detectar pessoas de um outro distrito, ou país, por meio de sua pronúncia; uma palavra ou som muito difícil para os estrangeiros pronunciarem corretamente. Os que o faziam de forma equivocada eram mortos.

alcançado. Estamos lidando com a questão do fanatismo moral (uma redundância!), com a humilhação dos excluídos da mente, com a exclusão das "ovelhas negras". A noção de identificação projetiva em um objeto interno idealizado e divinizado desde onde o eu é maltratado também é útil para a compreensão do que ocorre. Essa divindade pode ser o lugar alcançado ou o lugar desejado. De todos os modos, os níveis infantis do *self*, os que se encontram fora da dominação do narcisismo, são repelidos, evitados, rejeitados. Diferentes alianças podem ser feitas entre os demais níveis infantis (narcisistas) da mente e esse deus arrogante para manter o paciente num estado de desprezo por seu próprio eu.

Uma análise pode transcorrer sem que esses problemas possam ser detectados, pois podem conviver tranquilamente com um discurso que oculta muito bem o verdadeiro ódio ao inconsciente. Sua investigação no processo psicanalítico resulta em reações de ódio manifesto à análise ou ao analista, vivenciados como um deus que se opõe à curiosidade, à individualidade e ao crescimento. Aquilo que o paciente não aceita de si mesmo é, nessas condições, objeto de desprezo, projetado na psicanálise. Não é incomum que o analista participe ativamente de um conluio, introduzindo pensamento causal e moralidade. A apologia de uma psicanálise calcada no consciente e na racionalidade oculta, precariamente, a presença da tirania do super-supereu e da rivalidade com "O". Esses são os "guardiões da moral e dos bons costumes". Mesmo sendo indícios de atividade da parte psicótica da personalidade, não se questionam devido à sua lógica de sentido comum. São social-sintônicos, podendo ser, inclusive, objetos de admiração e respeito de parte daqueles que desistiram de pensar por si mesmos. São, pelo forte apelo sensorial, resistentes a quaisquer dos princípios resultantes do paradigma da complexidade.

I

Uma analisanda, em análise há muitos, desenvolveu-se de forma notória nesse período, tanto pessoalmente como profissionalmente. Porém, ainda se vê em dificuldades para desenvolver atividades que sejam de seu próprio interesse. Pode desenvolver-se muitíssimo trabalhando para uma instituição, chegando ao topo da hierarquia desta. Entretanto, percebe que, em nova etapa de sua carreira, em que precisa lançar-se a atividades solo, independentes da instituição da qual continua fazendo parte, tem muitas dificuldades para executar o que seria necessário. Entre os fatores que parecem fundamentais ao analista está um sentimento religioso. De acordo com essa vivência, enquanto sua atividade é para o desenvolvimento da instituição, ela não vê problemas de trabalhar muitíssimo, de ir atrás de conseguir tudo o que considerar necessário para tal. Não é uma instituição filantrópica, mas é algo a meio caminho de uma entidade de ensino e uma empresa. O que se acabou verificando era uma oposição que se manifestava à sua possibilidade de progredir individualmente, independentemente dos ganhos que a instituição pudesse obter dos seus trabalhos, que todo o proveito fosse seu, tanto no que tange à parte econômica quanto à sua reputação pessoal. Trabalhar como se fosse uma religiosa em prol de uma causa ou de uma instituição é possível; trabalhar para si mesma e por sua felicidade pessoal, contudo, é visto como um ato pecaminoso. Durante muito tempo o próprio ato de vir à análise era muito complicado para ela, visto que sentia que seria algo "fútil" que roubava chances de seus filhos (estes, em contrapartida, faziam questão que continuasse, visto o benefício que tirava da análise e o quanto isso facilitava suas relações com eles).

II

Outro analisando vive para se tornar um homem famoso, rico, e percebido como intelectualmente brilhante, para compensar um fortíssimo sentimento de ser um pária. A despeito de ter uma boa aparência, inteligência acima da média e uma carreira razoável, tudo o que possui não lhe serve para compensar essa convicção de que ele é menos, *que foi revelada em análise*, visto que fazia e ainda faz um esforço muito grande para sempre se mostrar inteligente, esclarecido, descolado, "*cool*", paradigma de masculinidade que às vezes soa próximo aos modos de um ator canastrão, que tentaria encobrir esse desvalor compensando-o pelo que seria o "oposto". Seu pai é de uma família de uma aristocracia de província. Sua mãe, contudo, a despeito de uma educação primorosa e de ser uma pessoa com uma boa reputação na sua área de atuação profissional, é de origem plebeia e humilde. Essa mancha parece-lhe indelével. Não perdoa o pai pela escolha dessa mãe, e a mãe pela sua origem e natureza. (Pelo menos seria uma racionalização de sentimentos edipianos.) Sente-se em desvantagem quando se compara a outros amigos seus que teriam uma ancestralidade "100%" nobre. Pelo menos essa situação externa pode servir para justificar sentimentos de inferioridade e desvalia que antecederiam a situação externa e que parecem-nos estar associados à consciência moral primitiva a que nos referimos alguns parágrafos atrás. Os namoros que tentou com moças que considera da aristocracia pura sempre acabaram em fiasco, pois, de certa forma, considera que nunca estará realmente à altura delas (outra verificação que se tornou clara com o desenvolvimento da análise, pois até vivências de eventual impotência com elas não se verificaram nos relacionamentos com moças não aristocráticas, a despeito de terem dinheiro e de serem bem-sucedidas profissionalmente, muito ao contrário), pois sentia que de alguma maneira iria emporcalhá-las com sua natureza inferior. As mulheres que não têm origem aristocrática, contudo, não conseguem entusiasmá-lo para constituir uma família, por mais bacanas, bonitas e inteligentes que possam ser. Não fazem parte do grupo "escolhido", ungido pela divindade. As "escolhidas", contudo, sempre estariam além de suas possibilidades e, mesmo que viessem a se relacionar com ele, sempre estariam no fundo a desprezar a *"mésalliance"* a que teriam se submetido.[4]

Ainda quando está entre os amigos, que não demonstram qualquer evidência concreta de desprezo para com ele, até o oposto, o apreciam bastante, sente que nunca é realmente parte do grupo.

---

[4] Nas *Mémoirs du Duc de Saint-Simon* (sec. XVII-XVIII/1994), este descreve o drama de uma sobrinha do rei Luís XIV, forçada a casar com um filho bastardo do rei com sua amante Mme. de Montespan. A despeito do sangue real, ser ele um bastardo, mesmo que reconhecido pelo rei e feito duque, e de uma marquesa sem a mesma ascendência, fazia dela uma criatura diminuída, inferior, já que se julgava no direito de ter um casamento com um príncipe de sangue legítimo. Num vértice oposto, temos na *Recherche* (1913-1927/1954), de Proust, o episódio em que a filha do pequeno alfaiate Jupien, ex-amante secreto do barão de Charlus, não conseguia um pretendente. O barão, que usava esse título a despeito de ser o de menor nobreza, mesmo tendo inúmeros títulos de duque, príncipe, marquês, conde etc., por ser uma atitude do mais alto esnobismo, pois era o mais antigo de todos na família, datando de mil anos, o que o tornava um nobre de longuíssima antiguidade, e, por conseguinte, "superior" pelo tempo raro de nobreza de sua família, resolveu dar um de seus nomes à filha de seu ex-amante, que se tornou nobre da noite para o dia. Tendo recebido essa graça de um homem da mais alta nobreza, logo choveram pretendentes da nobreza de província, pois essa seria uma situação que costumava acontecer quando um rei tinha um filho bastardo, que não podia reconhecer, e pedia a um amigo de alto escalão que desse um nome para o bastardo. Os nobres de sangue "inferior" se apressaram para casar com a moça, pois consideravam que o sangue da família seria melhorado pelo sangue real que correria nas veias dela. O narrador da *Recherche* vai ao casamento da filha do alfaiate com um nobre provinciano, ao qual comparecem pessoas de famílias coroadas que pensam bajular algum rei no anonimato, que ele, narrador, sabia não ter qualquer ascendência que não fosse a de pessoas de origem humilde.

Com a análise, percebeu-se que não se sente entre os escolhidos por Deus, a despeito de nunca ter se considerado religioso. Pensava ser ateu. Porém, o que se evidencia é uma forte crença na predestinação e na discriminação que Deus faria entre os seus prediletos e os que despreza. Sendo ele membro da segunda turma, nunca terá uma chance real. Seus esforços para conseguir casar com uma mulher de um extrato aristocrático "puro" são uma tentativa de redenção e uma possível entrada nesse mundo inalcançável, não importando quantos esforços e sucessos profissionais possa ter. Mesmo quando se trata de sua carreira, ocorrem problemas, pois vive se sentindo compelido a fazer atividades que não são conforme os seus verdadeiros pendores porque estas seriam mais aristocráticas e valorizadas pelo grupo dos "escolhidos", o que não resulta em boa coisa, pois ou não consegue exercê-las a contento ou, mesmo se consegue, não fica satisfeito, pois não correspondem às suas reais inclinações e interesses. Considero que sua própria atitude de se colocar intimamente como inferior deve acabar mobilizando efetivamente o desprezo de outras pessoas que possam intuir instintivamente essa situação interna dele.

Nas conversas com o analista, este último chama-lhe a atenção para a convicção religiosa de que há os escolhidos por Deus, os predestinados, e os excluídos (*shibboleths*). Há a crença na superioridade e na inferioridade dos indivíduos (o que o analista diferencia nitidamente de ter mais ou menos recursos, mais ou menos talentos, mais ou menos capacidades). O analista pondera que superior e inferior são apenas dois lados de uma mesma moeda, e que são alucinações. Há um determinado príncipe italiano que se arvora descender de um general do Império Romano; assim, segundo ele mesmo, é a pessoa mais nobre da Europa, e a rainha da Inglaterra, uma mera camponesa de família recentemente enobrecida e os Savoia, que foram reis da Itália vindos de Turim, uma horda de selvagens que tomou Roma de assalto. Superior e inferior são derivados do sentimento de inveja associado a impulsos morais intensos e à consciência moral primitiva que estão sempre estabelecendo paradigmas inviáveis a serem alcançados, cujas manifestações se organizariam num sistema religioso intransigente.

III

Finalmente, uma analisanda com muitos recursos econômicos, inteligência notável e grande beleza física, por algo que se justificaria igualmente, pelo menos racionalmente, como estando relacionado às suas origens sociais humildes e ao pouco caso que seus pais e irmãos teriam feito dela na infância, vive aflita para agradar as pessoas com quem convive e sente que, por mais que faça, nunca está à altura delas e de suas expectativas. Vive o mesmo em relação ao analista, a quem atribui uma origem "aristocrática" e esnobe (não tem qualquer informação a esse respeito, é pura fantasia dela, uma idealização, um estado religioso), e que a desprezaria o tempo todo, sempre vendo-a como uma arrivista e alguém que não conhece o "seu lugar". Há uma fortíssima convicção na existência de inferiores e superiores e nas questões de "sangue" e "berço", que seriam indeléveis. Esse estado religioso de mente é algo que vem percebendo mais recentemente, o que tem lhe permitido maior liberdade em suas ações nos grupos de que faz parte, poupando-a de muitos abusos e explorações por parte de terceiros que intuem suas fraquezas e inseguranças, e um conforto muito maior com o analista, com quem nos últimos tempos tem se sentido à vontade para relatar coisas que percebe e sente que julgava serem sujeiras, loucuras e iniquidades. Na verdade, do ponto de vista do analista, o que tem se revelado é uma impressionante capacidade intuitiva e de visualização daquilo que ela intui. Isso a deixa assustada, pois percebe que não é algo comum. Só que no lugar de vislumbrar como uma capacidade diferenciada, sentia que essas suas potencialidades eram evidências de sua loucura e de sua natureza, que seria espúria.

IV

Um analisando descreve seu pavor de separar-se da esposa por quem não sente mais nada e que considera nunca ter amado, e tampouco algum dia ela o teria amado. Sente muito desconforto ficando junto com ela. Não entende por que sente tanto pavor de separar-se. Atribui racionalmente o problema à existência dos filhos e o que poderiam sofrer com isso etc. Os filhos, entretanto, não são mais criancinhas. A conversa se estende com o paciente trazendo a história do casal, de como se juntaram, e muitos outros detalhes.

Observando a conversa, o analista intuiu e formulou para o analisando que a questão real antecederia o casamento. Considerou que tanto o paciente quanto a esposa, pelo que ouvira, sentiam não existir, não terem existência real, identidade, algo que os identificasse para si mesmos. Como no conto "O espelho" (1882/2019), de Machado de Assis, em que o personagem só consegue ver uma forma refletida no espelho ao envergar um uniforme, não vendo nada sem ele, parecia que os dois só teriam identidade ou só existiriam por referenciais externos. As referências sociais davam existência a eles. Ele era o marido de fulana de tal, e ela a esposa de sicrano. Sem isso, sentiam o pavor de desaparecer, evaporar no ar, não reconhecendo algo perene e existente neles mesmos independentemente da repercussão ou reverberação que suas existências pudessem ter no outro, ou do reconhecimento do grupo social a que pertencem. Na juventude, ambos pertenceram a uma igreja de orientação rigorosa, e os modos que a igreja prescrevia para seus comportamentos também davam um contorno a eles – com o terror de que, sem esses contornos dados de fora, eles não eram nada, não tinham existência. Isso também decorria da necessidade de se esvaziarem de si mesmos para corresponderem ao Deus de quem eram devotos e com quem queriam se identificar.

O paciente ficou muito impactado com essa observação e lembrou-se da frase que sempre ouvira e que pregava a necessidade de esvaziar-se de si mesmo para dar lugar ao Cristo que ocuparia, dentro de si, o seu lugar. Também se lembrou de um primo que foi criado como irmão e que é um líder dessa igreja, mas que vive em constante turbulência emocional, casando-se e descasando-se inúmeras vezes (a igreja permite), mas sempre insatisfeito, a despeito do personagem angelical que apresenta para sua congregação, com o qual se esforça desesperadamente a corresponder no dia a dia, sempre fracassando.

O analista prossegue: esvaziados de si mesmos não se sentem mais existindo, visto que quem deveria existir neles era o Cristo com quem deviam se identificar. Suas personalidades reais, não podendo corresponder a tal demanda, eram aniquiladas, restando-lhes apenas a identidade social atribuída pela igreja ou pelo *status* matrimonial. Sem isso, deixariam de existir. Desse modo, ele se via apavorado de sair da situação social que lhe dava um contorno, e o primo líder da igreja se esforçava desesperadamente para acreditar naquilo que pregava. O paciente reconhece, emocionado, o que lhe é apresentado.

Passa um longo tempo em silêncio, sem dizer nada, contrastando com seu comportamento habitual de falar muito e alto, quase como uma metralhadora. Parecia recolhido e calmo. Ele comenta que pela primeira vez se sentiu confortável em ficar na sessão sem precisar falando e tendo de dizer algo para o analista. Que estava tranquilo em ficar quieto em silêncio. O analista lhe diz que ele, o paciente, teria se sentido visto, existente, e, por conta disso, sentiu a desnecessidade de ficar falando sem parar para que o analista o percebesse, soubesse de sua existência, pois, até então, temia que, sem emitir constantemente sua voz e o analista o ouvisse o tempo todo, não teria existência para o analista, o qual não o perceberia, e nem para si mesmo, pois ouvir os próprios sons seria uma garantia de sua existência. Se parasse, temia desaparecer. Porém, na sessão, sentiu-se visto, existindo, alcançado, tocado, e, portanto, ficou tranquilo em ficar consigo mesmo sem medo de desaparecer literalmente.

O analisando começa a conversar calmamente com o analista um pouco mais, e a sessão se encerra.

V

Situações mais dramáticas ocorrem quando observamos analisandos que estão sempre se sentindo perseguidos ou julgados. Muitas vezes, ao serem instados a verificar se o analista efetivamente os deprecia ou faz descomposturas morais, reconhecem não ser o que observam na experiência que estão tendo, mas nem por isso deixam de se sentir recriminados e julgados. Algumas vezes é possível que se disponham a investigar quem ou o que estaria entre eles e o analista que faz essa execração constante, mas outras vezes sentem-se tão esmagados por um julgamento que vem de dentro que todo e qualquer *insight* na análise leva-os a se sentirem devastados. Como em *Édipo-rei* (Sófocles, *c.* 429 a.C./1967), o contato com os fatos resulta em automutilação, julgamento sumário, desterro, miséria, senão em uma ameaça de autoaniquilação[5] – e isso deve estar na linha de frente das considerações do analista para que ele se antecipe a esse tipo de uso e reação por parte do analisando, não importando quão cuidadoso possa ser nas suas formulações. Alguns pacientes não suportam a vivência e interrompem a análise, por mais que reconheçam que o analista seja cuidadoso e respeitoso. Algo dentro deles simplesmente não permite que possam se desenvolver ou serem felizes.

Em outros contextos, a necessidade de o analisando estabelecer que o analista é um inútil ou mesmo um estorvo para a vida dele sobrepõe-se de modo peremptório às suas necessidades de auxílio, por vezes tornando a situação insustentável para o analista, como ocorreu no caso de uma senhora que começou seu atendimento e se comportava das formas mais desrespeitosas possíveis com ele. Ao ser-lhe assinalada sua conduta mais que descortês (era brutal), indagou-se se ela tinha a crença de que ter um analista a autorizava a fazer com ele o que bem entendesse, ao que ela respondeu afirmativamente. O analista esclareceu-lhe que sua única função era analisá-la e que, para tal, era necessário que ela se portasse com um mínimo de cortesia e respeito, caso contrário ele não teria condições de dar prosseguimento ao atendimento. Ela ouviu e prosseguiu com as grosserias violentas (incluindo xingamentos com palavrões pesados). O analista alertou-a de que ela prosseguia com uma atitude extremamente truculenta e desrespeitosa. Ao que ela retrucou: "Você nem sabe o que ainda está por vir". Assim, o analista não se sentiu em condições de prosseguir e respondeu que não estava disponível para vir a saber, interrompendo o atendimento.

---

[5] Precipita a reorganização de um superego violento e assassino que estava fragmentado e que se rearticula junto com a integração depressiva associada ao *insight*.

Consideramos que a inveja e a impossibilidade de se permitir qualquer tipo de redenção suplantou qualquer chance de se oferecer uma superação da situação de infelicidade crônica em que vivia.

VI

Bion (1992) refere, apoiando-se em Martin Buber, que uma das fraquezas da linguagem articulada é demonstrada ao se usar um termo como "onipotência" para descrever uma situação que, de fato, não pode ser descrita de modo totalmente preciso apenas por intermédio de um tipo de linguagem. "Onipotência" deve sempre significar também "desamparo" – não pode haver alguma palavra isolada que descreva uma coisa sem descrever também a sua recíproca. Toda palavra inclui seu outro lado. Martin Buber, citado por Bion, diz:

> "A atitude do homem é dupla, em concordância com as duas palavras básicas que pode falar. As palavras básicas não são termos singulares, mas pares de palavras. Uma palavra básica é o par de palavras Eu-Tu." O que tem significado, quando alguém fala sobre "Eu-Tu", não são os dois objetos relacionados, mas a Relação – ou seja, uma realidade em aberto, na qual não existe término... (Bion, 1992, pp. 382-383)

Ao querer se desembaraçar do rechaçado, em cada um de nós, por meio de atos de intolerância que projetam no outro o que o *Eu* não quer admitir em si mesmo, abrimos caminho para o fanatismo moral característico das mentes puras, das raças puras e da psicanálise pura. É uma árdua tarefa resistir a ver no outro diferente o depositário de nossa semelhança rechaçada. O fanatismo "mais fanático" não surge tanto, ou somente, pela intolerância ao diferente, e sim pelo repúdio do semelhante que não queremos que nos habite, fazendo-o habitante do outro. O sistema moral, berço de todo fanatismo, não tolera a ideia de um outro lado, mas o próprio sistema nos pertence como um outro lado. E é essa complexidade que nos ajuda, até certo ponto, a acolhê-lo, contê-lo, tolerá-lo, dentro de nossas possibilidades.

Morin (2005) diferencia a ética simples do que denomina caráter complexo da ética. Parece-nos que essa diferença é fundamental e é o que define a própria ética. Para Morin, a moral é uma espécie de ética simples. Está presente nas religiões, nos termos que aparecem nas tábuas da lei. A complexidade ética, contudo, manifesta-se no plano da ação, naquilo que Morin chama de ecologia da ação. Uma ação não depende somente da vontade daquele que a pratica, depende também dos contextos em que ela se insere, das condições sociais, biológicas, culturais, políticas, que podem mudar o sentido daquilo que é nossa intenção.

A *"moralina"*, termo de Nietzsche, é a simplificação e a rigidificação ética que conduzem ao maniqueísmo, ignorando a compreensão, a magnanimidade e o perdão. Podemos reconhecer dois tipos de *"moralina"*: a *"moralina"* da indignação e a *"moralina"* da redução; uma alimenta a outra.

A indignação sem reflexão nem racionalidade conduz à desqualificação do outro. Impregnada de moral, a indignação não passa, com frequência, de uma máscara de cólera imoral.

A *"moralina"* de redução coloca o outro no mais baixo da escala, remetendo-o aos seus maus atos realizados e às suas ideias nocivas, pelo que é totalmente condenado. Significa esquecer que esses atos ou ideias dizem respeito somente a uma parte da vida do sujeito, que, depois, pode ter evoluído, ou até mesmo se arrependido.

A moral em sua não complexidade obedece a um código binário bem/mal justo/injusto. A ética em sua complexidade aceita que um bem possa conter um mal; o mal, um bem; o justo, o injusto; o injusto, o justo. O bem e o mal comportam incertezas e contradições internas. Assumir a incerteza do destino humano conduz a assumir a incerteza ética e vice-versa.

A ética complexa é modesta. Ordena que sejamos exigentes conosco e tenhamos compreensão pelos outros. Não tem a arrogância de uma moral de fundamento garantido, ditada por Deus, pela Igreja ou pelo Partido. Autoproduz-se a partir da consciência individual (desenvolvida a partir da expansão da função-alfa e da oscilação PS ↔ D) (Bion, 1967/1988; 1962/1977). Não tem poder absoluto, somente fontes, que podem se esgotar.

Propõe o abandono de todo sonho de controle (inclusive do seu controle). Sabe que é impossível conceber e garantir um Bem soberano. Não é a norma arrogante nem o evangelho melodioso, mas o confronto com a dificuldade de pensar e de viver.

Portanto, moral e atividade pensante, reflexiva, têm objetivos muito diferentes e são quase incompatíveis em seus propósitos. A ética, por outro lado, se fortalece com o pensar, o exige ao mesmo tempo que o estimula. Pensar é igualmente perigoso para todos os credos e, por si mesmo, não produz nenhum novo credo, afirmou H. Arendt (1995).

A lógica moral é a do certo/errado. É excludente: sim ou não. Como vimos, é uma lógica binária, não havendo espaço para outras lógicas que incluam uma terceira possibilidade (lógicas triádicas, paraconsistentes etc.). Dúvidas, incertezas, complexidades, singularidades, serão significadas como manobras mal-intencionadas. A pergunta "de que lado você está?" ou a afirmação "se não estás comigo, então estás contra mim" são expressões da moralidade e, portanto, da presença de um deus que se opõe à curiosidade, à individualidade e ao crescimento.

Bion sempre reconheceu o importante papel da dúvida para evitar o dogmatismo, considerado por ele como moralista e psicótico. Disse em algum momento que o *cogito ergo sum* é o fracasso do duvidar da dúvida ("penso logo hesito", brincou L. F. Veríssimo). É uma proposta de uma dúvida metódica como instrumento na progressiva e infinita capacidade de pensar do ser humano.

As vinhetas apresentadas mostram uma tendência comparativa entre dois lados ou aspectos da mente. Um deles aparece como o lado "bom", e o outro, como o lado "mau". Esse último é vivenciado com culpa ou perseguição, e o primeiro, como idealizado e ameaçado de se perder. Qualquer um deles pode ser projetado com a intenção de se evitar uma catástrofe. A aparição da comparação na sala de análise indica-nos que a moralidade e a inveja estão se fazendo presentes. Essas últimas podem fazer com que comparações apareçam como se fossem diferenças, produzindo mal-entendidos. Diferenças requerem ética complexa. Comparações são manifestações de domínio de um estado mental religioso, pois os estados mentais não são comparáveis. Comparações, inveja associada à moralidade, estados mentais religiosos, fanatismo e um deus que se opõe à curiosidade, individualidade e crescimento são invariantes.

Se, por um lado, podemos dizer que a ética estaria associada à posição depressiva de Klein (em que os aspectos bons e maus do seio são articulados e os sentimentos de responsabilidade, depressão e reparação dos objetos, agora vistos como seres inteiros e vivos, passam a ser considerados), podemos dizer também que a ética complexa se consolida nas passagens de PS a D e vice-versa. O movimento, a oscilação entre as posições mediada pela presença do fato selecionado, irá permitir que não predominem estados mentais excluídos/desvalorizados ou excludentes/desvalorizadores.

É muito diferente não exceder a velocidade no trânsito por temer uma multa de não o fazer por consideração por si mesmo e pelos outros. Assim como é diferente lidar com a situação edípica por temor à castração (Freud) ou porque se leva em consideração os objetos e o próprio eu (pai e mãe não só vistos como rivais, mas igualmente enquanto figuras amadas – Klein, posição depressiva –, o que implica a dupla eu-tu como indissociável). Dessa forma, as características de um super-superego poderiam ser contrabalançadas por *insight* advindo da experiência. Os aspectos conflitantes da mente passariam, dessa forma, a se defrontarem, em vez de serem exclusivos, no intuito de haver uma conversa e uma negociação entre eles, o que permitiria o crescimento e o desenvolvimento, o que não é o caso quando as partes se excluem, se guerreiam e procuram aniquilar-se (intrapsiquicamente e, consequentemente, extrapsiquicamente).

Referências

Arendt, H. (1995). *A vida do espírito*. Rio de Janeiro: Relume-Dumará. (Trabalho original publicado em 1971.)

Bion, F. (Ed.) (1992). *Cogitations*: *Wilfred R. Bion*. London: Karnac.

Bion, W. R. (1988). Uma teoria sobre o pensar. In W. R. Bion, *Estudos psicanalíticos revisados*. Rio de Janeiro: Imago. (Trabalho original publicado em 1967.)

Bion, W. R. (1977). *Seven servants, four works by Wilfred R. Bion: (1962) Learning from experience; (1963) Elements of psychoanalysis; (1965) Transformations; (1970) Attention and interpretation.* New York: Jason Aronson.

Bion, W. R. (2005). Tavistock Seminar 8. In W. R. Bion, *The Tavistock Seminars* (pp. 88-89). London: Karnac. (Seminário realizado em 28 mar. 1979.)

Klein, M. (1980). Notes on some schizoid mechanisms. In: M. Klein, The writings of Melanie Klein (Vol 3: Envy and gratitude and other works: 1946-1963, pp. 1-24). London: The Hogarth Press. (Trabalho original publicado em 1946.)

Machado de Assis, J. M. (2019). *O espelho – Esboço de uma nova teoria da alma humana.* Campinas: Editora Unicamp. (Trabalho original publicado em 1882.)

Morin, E. (2005). *O método* (Vol. VI: Ética). Porto Alegre: Sulina.

Proust, M. (1954). *À la recherche du temps perdu.* Paris: Gallimard (7 vols.). (Trabalho original publicado entre 1913 e 1927.)

Saint-Simon, Duc de (1994). *Mémoires I et II.* Paris: Folio. (Texto original dos séculos XVII e XVIII.)

Sophocles (Sófocles) (1967). Oedipus the King. In Sophocles, *The complete plays of Sophocles* (pp. 75-114). New York: Batam Books. (Trabalho de c. 429 a.C.)

13. Uma entrevista: a criança interior[1]

O que é a "criança interior"?

Todo adulto contém em si as etapas anteriores de seu desenvolvimento e de sua vida, assim como as árvores contêm a semente que elas foram. Do nosso desenvolvimento de embrião para feto, de feto para bebê e depois adulto sobram vestígios tanto dessas etapas de desenvolvimento quanto da própria evolução dos animais. Quando somos embriões temos fendas embrionárias que lembram as brânquias dos peixes, assim como a cauda vestigial de nossas origens primatas. Com o crescimento elas atrofiam, mas sobram os seus vestígios. Do ponto de vista psíquico, vestígios de nossas experiências vividas enquanto embrião, feto, bebê, criança, permanecem encalacrados em algum tipo de "memória" – ponho

---

[1] Entrevista por escrito do prof. dr. Claudio Castelo Filho dada ao portal *Minha vida* em outubro de 2018.

entre aspas porque podem não ser vestígios psíquicos propriamente, mas podem ser coisas que observamos na conduta de uma pessoa adulta em certas ocasiões, como a vivência de uma extrema falta de ar em alguém que não está propriamente asfixiando, que pode estar relacionada a problemas de oxigenação associados a um parto prématuro do qual a própria pessoa em questão pode não ter conhecimento ou informação (mas sobre o que foi se informar e teve a hipótese confirmada após esta ser formulada em uma psicanálise). Portanto, permanecem em nós não só a criança, mas também o embrião, o feto, o bebê, e o jovem – tendo a eles acrescentado o adulto ou a pessoa idosa quando a coisa vai bem.

É possível dizer que todas as pessoas carregam consigo sua criança interior? Que espaço ela ocupa dentro de nós?

Sim. Como respondi anteriormente, todos nós carregamos a criança que fomos um dia. Seu espaço é considerável e também seus modos de funcionar:

Se houver dificuldades de crescimento psíquico-emocional a criança pode ficar tomando primazia na vida do adulto, quando ela deveria contar com um adulto para orientá-la. Podemos ficar nos comportando de modo infantil, como crianças birrentas e sem condições de tolerar frustrações e inaptas para lidar com os problemas da vida de um adulto. Quando somos efetivamente bebês ou crianças precisamos contar com adultos reais como nossos pais ou outros que possam assumir as funções paternas. Ao crescermos, contudo, precisamos nos desenvolver para que a criança que permanece em nós possa contar com os substitutos de nossos pais dentro de nós mesmos. Precisamos desenvolver o discernimento e a capacidade de lidar com a complexidade e a dificuldade da vida que um dia foi dos pais na infância e juventude. Precisamos nos tornar, nós mesmos, pai e mãe de si próprios para podermos cuidar do bebê e da criança que fomos e que permanece existindo em nós até o fim de nossos dias. O desenvolvimento dessa capacidade nos habilita também a nos tornarmos pais reais, não somente a imitação de pais, dos filhos que temos. Há muita gente que tem um funcionamento que imita o de um adulto sem que a maturidade psíquico-emocional tenha realmente sido desenvolvida. Ficam como crianças que vestem as roupas de um adulto e, em decorrência, costumam ser pais desastrosos ou lastimáveis.

É a nossa criança interior que impede que a vida adulta seja brutal?

Ao contrário, é o desenvolvimento do adulto que pode impedir que a vida da criança que permanece no adulto se torne brutal. A criança que mantemos interiormente precisa de um adulto que tenha bom senso e contato com a realidade do mundo externo e que possa suportar os impactos que a vida real nos impõe, mantendo a capacidade de pensar diante de emoções violentas que são mobilizadas nesses embates com os fatos. Todavia, a jovialidade, o novo, a curiosidade, que a criança que permanece em nós tem é igualmente importante para que não fiquemos senis. Há muitos anos uma tia-avó minha com quase 90 anos dizia que as filhas dela sempre a levavam para ver peças de teatro que a deixavam de cabelo em pé, por conta do conteúdo e da forma de expressão, muito em contraste com os modos e aquilo que aprendera na juventude. Porém, dizia, ela fazia questão de ir e saber o que estava acontecendo. Ela era uma pessoa que aos 90 anos permanecia muito jovial e alegre, aberta para o mundo e com gosto de viver. A criança e a senhora de idade conviviam em harmonia criativa.

As vontades que trazemos da infância são aspectos relacionados à nossa criança interior?

Impulsos e desejos primordiais permanecem durante toda nossa vida. Porém, se desenvolvemos o adulto que se acrescenta à criança, temos alguém, como foram os pais anteriormente, para usar o discernimento e verificar se o atendimento de desejos que se apresentam é compatível com a realidade, são viáveis, no momento ou nunca, conforme a experiência acumulada pelo adulto que for capaz de suportar frustração e aguentar que a criança que tem dentro dele ache-o um chato desagradável, assim como quando somos pais temos de suportar que de vez em quando nossos filhos nos achem os piores pais do mundo em certas ocasiões em que precisamos frustrá-los por levarmos em consideração a realidade dos fatos.

Porém, é preciso que possamos abandonar na idade adulta certos prazeres que eram compatíveis com a infância, mas que não o são mais posteriormente, mesmo porque as capacidades físicas da infância e da juventude desaparecem com o tempo. Com a maturidade é preciso que encontremos outras formas de satisfação diferentes e compatíveis com as possibilidades do momento presente. Caso contrário, podemos nos tornar adultos amargos a lamentar as maravilhas de uma infância idealizada por conta da distância, sem podermos usufruir aquilo que pode nos gratificar e satisfazer no momento atual. Muitas dessas satisfações atuais são também inacessíveis aos bebês e às crianças.

Da mesma forma, os traumas que trazemos são traumas que têm a ver com nossa criança interior?

Traumas são impactos de experiências de vida para os quais nosso equipamento mental não está suficientemente desenvolvido. Quando crianças, precisamos de adultos sensatos que possam nos ajudar diante de vivências difíceis, para que seja possível a melhor assimilação de vivências frustrantes ou dolorosas, elaborando-as. Quando isso não é possível, certas vivências significativas da infância podem ficar aparentemente esquecidas, mas estão presentes de alguma forma, afetando nossa vida posterior, muitas vezes resultando em neurose ou mesmo psicose. Quando questões da infância permanecem não elaboradas e o adulto não desenvolve equipamento para lidar com as emoções de forma adequada às suas necessidades, permanecendo com uma mente "infantil" para as emoções e relacionamentos humanos, mesmo que possa se tornar um profissional de sucesso, porém atormentado, dizemos que ele é um adulto neurótico e que precisaria de acompanhamento psicanalítico ou psicoterápico.

Quando em um indivíduo não se desenvolve psiquicamente um adulto para complementar a criança, permanecendo prevalentes os modos de um bebê ou de uma criancinha para lidar com a realidade da vida (que são normais para bebês e criancinhas), temos um psicótico. Quando o desenvolvimento do adulto é precário, havendo extensas áreas de sua personalidade que permanecem num funcionamento predominantemente infantil, temos um neurótico.

Todos nós temos áreas de funcionamento mental que permanecem não desenvolvidas em alguma extensão, mas quando isso ocupa uma dimensão considerável, complicações práticas aparecem e é recomendável que se procure a ajuda de um profissional que tenha reconhecida capacitação na área. Hoje em dia há uma profusão de pessoas que se intitulam psicanalistas ou psicoterapeutas. Mas procurar auxílio nessa área é tão sério quanto buscar um neurocirurgião. As pessoas realmente capacitadas para tal, na sua maioria, frequentaram os bancos de uma faculdade de Psicologia ou de Medicina e fizeram longas especializações posteriores em instituições tradicionais e consistentes, como a Sociedade Brasileira de Psicanálise de São Paulo, como um exemplo, ou outra instituição de reconhecida e sólida reputação, e frequentemente fizeram ou fazem complementação na formação acadêmica em mestrados, doutorados etc.

Temos de admitir, contudo, que, por mais que possamos nos desenvolver como adultos, sempre podem surgir ocasiões em que a vida possa nos apresentar situações tão dolorosas ou difíceis que resultem em traumas consideráveis. Entretanto, quanto maior for a maturidade psíquico-emocional, maior será a chance de podermos superar essas situações. A pessoa que não desenvolve maturidade emocional pode também ficar, a despeito de não ser evidente, em busca de "autoridades" ou de constituir "autoridades" que substituam seu próprio discernimento, e funcionando em relação a elas, como uma criança pequena (que ela de fato continua sendo do ponto de vista psíquico) o faria em relação a seus pais ou demais adultos.

Nossa criança interior também pode manifestar momentos de birra mesmo que sejamos adultos? Como isso funciona?

Como respondi há pouco, sim. Se o adulto que nos tornarmos for pouco maduro emocionalmente, pode ficar refém da criança birrenta. Se o adulto for maduro, saberá como contornar a birra da criança interior, contendo-a e ajudando-a a pensar. Mas é fato que volta e meia a criança birrenta em nós aparece, como costuma acontecer quando levamos uma fechada no trânsito. O melhor nessas ocasiões é podermos contar com um adulto maduro e capaz de aguentar frustração e engolir sapo do que deixarmos a criança que temos em nós, agora contando com os instrumentos de que um adulto dispõe, tomar a direção. Lembro-me de um episódio em que um casal conhecido, ela grávida de nove meses, levou uma fechada de um desconhecido no trânsito. O marido enfurecido, que estava à direção, não pode funcionar como o adulto que era e foi à desforra, perseguindo o motorista que o havia fechado. A criança tomou conta do homem. Na perseguição o carro capotou, e a mulher e o bebê que iam ter morreram. O mesmo pode ocorrer quando a criança dentro do adulto pode ter acesso a uma arma de verdade que seria vedada a ela quando somente criança.

Quando crescemos nos esquecemos de nossa criança interior. Esse esquecimento pode trazer consequências?

Nem todo mundo se esquece da criança interior. Toda pessoa criativa, seja nas artes, nas ciências, ou em outras atividades, está em contato e ouvindo a criança interior e considerando o que ela mostra, mesmo que não seja de uma forma abertamente consciente. Tem sempre lugar para o novo, para o desconcertante, para a curiosidade, para a jovialidade, para fazer perguntas desnorteantes. Se quisermos nos esquecer completamente dela podemos nos tornar senis mesmo na juventude. A tentativa de abafar ou recalcar experiências infantis traumáticas ou difíceis pode resultar em jovens ou adultos neuróticos ou mesmo psicóticos. Precisamos sempre estar em relação harmoniosa com a criança. Sem tentar nos livrarmos dela, mas ao mesmo tempo contando com um adulto que possa ter experiência e bom senso para orientá-la.

É importante que se tenha contato com esse aspecto dentro de nós? Por quê?

Como respondi anteriormente, é vital que isso ocorra. Toda a fonte de criatividade e vivacidade está na criança que continuamos a carregar.

Para qualquer mulher é fundamental que mantenha o contato com o bebê e com a criança que ela foi, sobretudo quando tem o seu filho. É o seu bebê interno, com quem precisa ter um íntimo contato, que vai lhe dizer do que o seu filho bebê ou sua criancinha necessitam, tanto no que tange às suas necessidades materiais, fome, frio, dores, como também, e isso é fundamental, para intuir suas dificuldades emocionais, a fim de que possa atendê-lo psiquicamente, emocionalmente. O homem também precisa disso para estar em contato íntimo com seu filho bebê e para usufruir das verdadeiras alegrias de se tornar pai e dar real sentido emocional àquilo que vive com seus filhos. É fundamental que os pais possam contar com as crianças que foram para brincar com os filhos que agora têm e poderem ter verdadeiro contato amoroso e compreensivo com eles. Precisam se lembrar de como era quando foram crianças e aquilo que sentiam, incluindo os medos e angústias de criança que viveram, para conseguir alcançar aquilo que vivem os filhos e serem capazes de auxiliá-los e ajudá-los a se desenvolver de modo psiquicamente saudável.

Na nossa infância uma forma de nutrir nossa criança interior é a brincadeira. É importante mantermos a brincadeira e a ludicidade em nossas vidas mesmo que sejamos adultos?

Na vida adulta temos de continuar a brincar. Nosso trabalho tem de possuir uma dimensão lúdica, criativa. Em inglês e em francês a palavra utilizada por atores quando atuam numa peça corresponde ao nosso jogar/brincar (*play*, *jouer*, respectivamente). Quando lemos um bom livro ou vemos uma boa peça de teatro, temos de nos deixar levar pela nossa imaginação e acreditarmos temporariamente nos eventos que se desenrolam no palco ou na tela. O mesmo precisam fazer os atores enquanto "brincam", *jouent*, *play*. Como toda criança saudável, porém, temos de saber que se trata de uma brincadeira a qual, ao se fazer necessário, logo é abandonada (como quando o teatro pega fogo, por exemplo). Um grande cientista ou um grande matemático também brincam com os números e se divertem com complexas teorias. Sem isso, tudo ficaria insuportável e sem o menor sentido.

Existem benefícios em brincar mesmo sendo adultos? Quais?

Jogos de futebol, torcidas em campeonatos, campeonatos esportivos, piadas picantes, atividades esportivas em geral e brincar com os filhos são absolutamente fundamentais para uma vida que tenha real sentido e riqueza emocional.

Que tipo de brincadeiras os adultos podem fazer?

Entre as muitas brincadeiras prazerosas que um adulto pode fazer estão as atividades sexuais. Elas, contudo, exigem maturidade emocional de um adulto ou de uma pessoa com discernimento e bom senso para conceber e arcar com as suas consequências.

14. Sobre a perda de pessoas amadas e significativas[1]

Introdução

Há trinta anos participei de um curso com o eminente psicanalista Frank Philips, destacada personalidade na história e um dos fundadores da Sociedade Brasileira de Psicanálise de São Paulo. Membro da British Psychoanalytical Society, foi analisado por Melanie Klein e Wilfred Bion.

Eu tinha quase 30, e ele, uns 84 anos de idade. O curso seria interrompido por dois meses por conta das férias do professor Philips na Europa, no início do mês de setembro; ele retornaria em novembro. As férias também incluiriam uma cirurgia no quadril para refazer uma prótese de cabeça de fêmur. As aulas aconteciam na sala de visitas de seu amplo e elegante apartamento no bairro de

---

[1] Este trabalho, amplamente revisado e reescrito, foi originalmente publicado como capítulo do livro *Perdemos pessoas queridas, saúde, emprego... É possível aprender com essas experiências? – Uma abordagem psicanalítica sobre o tema* (São Paulo, Editora Página Um, 2010).

Higienópolis. Sentava-se em uma poltrona em estilo Luís XV de madeira escura e tecido em discreta estampa floral, diante de uma bela tapeçaria de Lurçat, no meio da sala de estar. Em torno dela estavam dispostas várias cadeiras, aproximadamente vinte, para os alunos que faziam a formação de psicanalista na Sociedade, entre os quais eu me encontrava. À nossa frente, mesinhas com salgadinhos e copos com refrigerante. Não me lembro como, mas o assunto sobre morte e separação foi introduzido por alguma colega. Recordo-me da cena da maneira mais vivaz possível, como se as imagens estivessem diante de meus olhos. Sentado em sua poltrona, com uma bengala encostada em uma de suas pernas, e dirigindo-se primeiro à colega que havia introduzido a questão e depois ao resto do grupo, com seu carregado sotaque inglês, Philips contou a seguinte história, que disse ser verídica:

> *Um garoto de uns 10 anos de idade conversava com sua avó muito querida. Mostrava-se aflito, muito angustiado, com a possibilidade de a avó morrer e ele ficar sem sua companhia. O menino dizia à avó: "Vovó, como é que vai ser quando você não estiver mais aí? Como eu vou fazer quando você não estiver mais viva? Você não vai mais existir?". A avó respondeu, dizendo: "Quando eu não estiver mais aqui, toda vez que você lembrar de mim eu vou estar viva!".*

Quando escutei essa história de Philips, as lágrimas vieram-me aos olhos. Percebi-me intensamente emocionado. Tomei aquelas palavras como algo que ele também dizia sobre sua relação conosco e uma possível despedida. Achei a história belíssima, e muito tocante, de grande utilidade para todos que ali estavam, não apenas para aquele momento, mas para as nossas vidas num sentido amplo.

Philips não era meu amigo, tampouco eu tinha intimidade com ele. Ele era um ilustre professor com meio século de idade a mais do que eu, porém era uma figura impressionante, nem sempre fácil, de grande argúcia e intuição. Suas falas eram, para mim, muito intensas e cheias de significados. O que ele dizia vinha diretamente de sua experiência, o que o tornava marcante, pois o que ele falava não era apenas um repertório de teorias sem vida, mas era embrenhado de vitalidade. Ele também teve grande significância indireta em minha existência porque os analistas com quem me analisei foram seus analisandos. O primeiro deles, de enorme importância no meu percurso profissional e de vida, José Longman, faleceu no início dos anos 1990, numa idade precoce, com pouco mais de 72 anos.

Philips não morreu naquelas férias nem durante a cirurgia, como poderia levar a crer esse prólogo. Voltou, e seu curso foi retomado. Passou entre nós, em São Paulo, vários outros anos, e, no final de sua vida, voltou para a Inglaterra, instalando-se em Londres até falecer com quase cem anos.

Entretanto, ao escrever essas linhas, considero que ele permanece bem vivo dentro de mim, do jeito que ele teria preconizado ao relatar a história da avó com o neto.

Destaco que para alguém permanecer vivo em nós não é necessário que haja uma convivência íntima ou de amizade (a pessoa pode não necessariamente ter sido um amigo ou alguém próximo). Pode ser, como mencionei, uma pessoa que tenha se diferenciado no nosso desenvolvimento e aprendizado, por quem possamos ter desenvolvido sentimentos de apreço e gratidão (que são expressões amorosas, de afeto). Por outro lado, a marca pode se dar por vínculos tanto por apreço e gratidão quanto por sentimentos amorosos-afetivos que tenham crescido no relacionamento. Esses últimos ocorrem principalmente nos relacionamentos intrafamiliares ou nas verdadeiras amizades.

A transitoriedade

Longman, em artigo científico de sua autoria, menciona um fenômeno vivido por ele quando do nascimento de sua primeira neta (2008, pp. 42-53). Viajava a trabalho e estava longe de sua família quando teve, num momento de descanso enquanto caminhava, a visão, dentro de seu espaço mental – ou seja, percebia ser uma experiência que ocorria nos seus pensamentos, como num sonho, apesar de estar acordado –, de um grupo de pessoas que caminhava em sua direção e de outro grupo que seguia um caminho a partir de si. Constatou que aquela imagem que lhe vinha no que denominou pensamento-sonho representava os seus ancestrais, como pais, avós, bisavós etc. (os que caminhavam em sua direção) e os seus descendentes, como filhos, a neta e os que se seguiriam a ela (os que seguiam a estrada a partir dele). Num primeiro momento sentiu-se eufórico com a notícia do nascimento da neta, pois ela seria uma espécie de imortalização de si mesmo, uma continuação de sua existência. Num momento seguinte, percebeu-se deprimido e depois deu-se conta de que havia sido usado por alguma entidade da natureza que se perpetuava – não ele. Ele era apenas um elo descartável, perecível, transitório, de uma longa cadeia de elos (representada por seus ancestrais e descendentes) de que se valia essa instância da natureza para se perpetuar – na proposta de Richard Dawkins (1989) seriam os genes, que se perpetuam usando os seres que os transportam no tempo, mas essa não precisa ser a explicação.

Longman costumava dizer que não vale a pena ficar procurando sentidos para a vida, ela não tem sentido, o que tem sentido é viver!

Outra frase de sua predileção que considero ser uma profunda percepção era: o tempo urge, e a vida é uma só! Ou seja, é preciso aproveitar o momento de que dispomos e aquilo que ele nos proporciona. Depois, nada se sabe.

Certa ocasião, narrei a Longman a cena de um filme de Woody Allen. Nela, o personagem representado por Allen via-se dentro de um trem numa estação. No seu vagão havia muitas pessoas desagradáveis e feias. Para seu desespero, via no trem que estava bem ao lado do seu, igualmente prestes a partir, um vagão cheio de pessoas bonitas, com mulheres deslumbrantes com muitas joias, tomando champanhe e divertindo-se muito. O personagem de Allen se exasperava de desejo de estar no trem ao lado, que parte sem ele. Ele segue no vagão de pessoas feias e desagradáveis, totalmente desarvorado. Por fim, vemos as pessoas que seguiam nos dois trens rodearem um monte de lixo. Elas acabam todas numa espécie de depósito de lixo. O comentário de Longman foi que o final de todos nós é o mesmo – a morte, o cemitério, a decomposição –, o que faz a diferença, contudo, é a maneira como gastamos a nossa vida que, segundo ele, é a única que temos para viver. Portanto, o relevante era podermos viver as nossas vidas da melhor maneira que for viável. Para isso, no entanto, precisamos saber aquilo que realmente é necessário e suficiente para cada um de nós, para a especificidade de cada pessoa, pois nem tudo o que é bom para uma pessoa o é para outra, por mais valorizado que possa ser do ponto de vista cultural e social. É preciso que saibamos aquilo que corresponde a nós mesmos e que atende às necessidades intrínsecas de cada um – para que possamos viver a nossa própria vida, e não aquela que seria esperada por alguém, por um grupo ou por um *establishment*, pois essa seria a única maneira de podermos ser felizes na medida em que isso corresponda às possibilidades humanas de satisfação e felicidade.

Faço aqui um breve parêntese para deixar mais claro o que escrevi no parágrafo anterior.

A função de uma psicanálise é a de apresentar uma pessoa a ela mesma. Os sofrimentos de que os indivíduos geralmente padecem quando procuram um psicanalista estão relacionados a viverem conforme ideias que têm de si mesmos e que não costumam corresponder ao que de fato são, e que, na maioria das vezes, correspondem às expectativas que têm (frequentemente desmedidas e inexequíveis) de como deveriam ser ou de como acreditam que se espera que sejam. O desacordo entre uma pessoa e ela mesma, o atendimento das necessidades daquilo que a pessoa pensa ser, ou deve ser, em detrimento das necessidades que sua pessoa real possa efetivamente ter, levam a grande penúria mental e a estados de desolação, por uma vivência, muitas vezes não percebida, de se levar uma vida sem propósito (e sendo essa a única vida que realmente teríamos a garantia de ter) – mesmo quando o indivíduo em questão venha a ser alguém de grande sucesso social e econômico. Destaco aqui o medo que uma pessoa possa ter, nessas condições, de que sua vida acabe sem que tenha encontrado e vivido satisfações reais, pois nada do que seria verdadeiramente seu teria sido atendido, mesmo que socialmente todas as metas possam ter sido alcançadas (uma pessoa que não conte consigo mesma, que não tenha contato com ela própria, pode se ver em graves dificuldades para atingir seus objetivos). Além disso, alguém que sinta que tem uma existência sem propósito, pois aquilo que seria genuinamente próprio nunca é reconhecido ou atendido, pode querer dar um fim a si, por não encontrar sentido nas suas ações e supostos sucessos sociais.

Uma pessoa poder levar em consideração aquilo que realmente é e anseia alcançar na única vida que tem para viver, priorizando isso em relação às expectativas sociais e ao *establishment*, pode parecer de um grande egoísmo e falta de consideração para com as necessidades dos demais e dos grupos de que faz parte. Porém, considero que a realidade é a oposta. Somente uma pessoa que tenha real consideração e respeito por si mesma, por aquilo que realmente é, seja lá o que isso venha a ser (o psicanalista não deve ter qualquer meta do que uma pessoa deve ser ou se tornar – salvo a de possibilitar um encontro da pessoa consigo própria, para, se ela quiser e assim decidir, viver de acordo com ela mesma, ou seja, com aquilo que durante o processo de análise venha a revelar o que ela de fato seria), é que poderia ter verdadeiro respeito e consideração pelos outros, respeitando suas alteridades, sem querer impor aos demais o que eles deveriam ser, nem como deveriam funcionar. Ninguém pode dar aos outros aquilo que não tem para si mesmo. Só seria possível dar aos outros (ao grupo) o que se pode dar a si mesmo. Também considero que é muito difícil uma pessoa obter respeito dos demais quando ela própria não o tem por si. O respeito por si mesmo não precisa estar, necessariamente, em desacordo com o *establishment*, mas também pode permitir uma não submissão cega a este, deixando o indivíduo mais livre para pensar e decidir por si mesmo. Uma psicanálise poderia desenvolver numa pessoa um verdadeiro senso ético, a partir da consideração que ela possa vir a desenvolver por si mesma, com base no que venha a perceber sobre o que e quem de fato ela é.

O desenvolvimento dessa condição de respeito e consideração por si mesmo leva um indivíduo a sentir que pode contar consigo, permitindo-lhe uma maior capacidade de suportar perdas, como as separações ou morte de pessoas amadas e importantes (ou outros tipos de perdas em geral), sem se sentir desvalido, pois pode se apoiar, se valer, acreditar, antes de tudo, em si próprio.

Um pequeno adendo da prática clínica.

Certa volta, há muitos anos, fui procurado por um casal que pretendia que eu atendesse o filho de aproximadamente 30 anos que estaria bebendo muito, levando uma vida desregrada, deixando os pais muito assustados e preocupados com o destino dele. O pai queria que eu atendesse o filho para enquadrá-lo, de modo que ele ficasse conforme a sociedade espera e acha certo (segundo os critérios desse pai). O pai descreveu-se como um homem que sempre tinha feito tudo muito certo e exatamente de acordo com aquilo que teria sido esperado dele. Esteve "sempre na linha". Ao observá-lo em meu consultório, no entanto, verifiquei ter diante de mim um homem que me parecia extremamente infeliz e profundamente triste. A mãe também parecia estar longe de ser uma pessoa satisfeita com a vida. A infelicidade deles não estaria relacionada, conforme minha observação, ao estado atual das coisas e aos problemas do filho. Parecia-me algo crônico, um amargor que se arrastava pela vida inteira e que já teria impregnado a alma daquelas pessoas, como a pele de uma pessoa que vive sob o sol forte e acaba curtida por este.

Ponderei com o casal o seguinte: só poderia atender o filho se o próprio me procurasse por iniciativa dele mesmo, pois era um adulto. O filho precisaria telefonar-me e marcar uma consulta. Teria de ser interesse dele. Minha função não seria enquadrar o filho naquilo que seria esperado dele, mas a de, ao conversarmos, podermos verificar se ele estava insatisfeito com a vida que levava, e, caso ele se considerasse infeliz, identificar o que estaria prejudicando sua vida, levando-o a beber e desleixar-se, segundo as informações dos pais. Porém, fiz um adendo com uma reflexão para o casal. Observei que o pai dissera sempre ter feito tudo o que se esperava dele. Não obstante, eu observava diante de mim um homem extremamente triste e infeliz. Talvez o filho considerasse que, se seguisse os passos do pai (e também os da mãe), fazendo tudo o que seria "correto" ele fazer conforme os critérios de outros que não os dele próprio, poderia acabar tornando-se um homem tão infeliz como o pai e a mãe me pareciam ser. Talvez a bebedeira e a vida desregrada que levava fossem uma tentativa de escapar do destino de infelicidade e amargura que os pais, sobretudo o pai, tinham tido. Não que necessariamente viver bêbado e desleixado fosse uma solução real, mas seria a que ele poderia ter vislumbrado, de alguma maneira.

A ajuda que eu poderia dar seria no sentido de o homem de 30 anos, caso me procurasse, poder verificar quem ele de fato seria, quais os seus reais pendores e interesses na vida, para que pudesse encontrar-se consigo mesmo, viver de acordo com ele mesmo e realizando aquilo que realmente pudesse ter conexão consigo próprio, com sua natureza. Apenas quando as necessidades e pendores reais de uma pessoa podem ser atendidos ela pode encontrar algum grau de satisfação e felicidade verdadeira na vida.

Sugeri também a possibilidade de atender (deixando de lado o filho que ainda não havia me procurado) ou o pai ou a mãe, que me pareciam tão sofridos. Eles recusaram firmemente. Considero que seria muito duro, principalmente para esse senhor, na altura de vida em que se encontrava, vir a perceber a possibilidade de ter jogado fora, não ter aproveitado, a única vida que tinha para viver. Teria vivido conforme o que se esperava dele (pelo menos de acordo com sua crença sobre o que seria esperado dele), mas nunca teria se atendido, satisfeito algo real dele que tivesse correlação com seus reais pendores. Aquele tempo de vida gasto da maneira que o fizera não tinha mais como ser recuperado.

Isso não impede que mesmo uma pessoa mais velha possa rever o que fez de sua vida e reconsiderar sua situação para poder aproveitar a vida que ainda lhe resta de uma maneira mais satisfatória para ela própria (e eu tenho experiência com pessoas mais velhas que se permitiram rever suas vidas e seus interesses, de modo a viverem mais satisfeitas o tempo que ainda estava por vir). Contudo, quanto mais tempo houver sido perdido, mais dolorida é essa tarefa.

Pessoas que têm uma vida muito insatisfatória podem também ter muito medo da chegada do final dela, pois receiam que tudo se acabe sem que jamais tenham vivido uma satisfação real, uma felicidade real, mesmo que possam ter sido socialmente muito bem-sucedidas e que tenham alcançado um reconhecimento público considerável, mas sem jamais atender algo íntimo e verdadeiro.

Quando um indivíduo vive em conformidade consigo mesmo, pode, eventualmente, entrar em choque com as expectativas dos grupos em que vive. Deve considerar se vale a pena viver para que os outros fiquem satisfeitos com ele ou para ele ficar satisfeito consigo mesmo. De qualquer maneira, avalio que somente uma pessoa verdadeiramente satisfeita, contente, com ela mesma, pode distribuir e propiciar satisfação real para os outros (uma pessoa amargurada costuma espalhar amargor e insatisfação, além de desenvolver fortes sentimentos de inveja em relação a qualquer um que perceba feliz e satisfeito, e muitas vezes torna-se arauto da moralidade como racionalização para sua inveja da liberdade que outros possam ter de um verdadeiro usufruto de suas vidas e de seus pendores).

O desenvolvimento pessoal, que pode advir do contato do indivíduo consigo mesmo e da possibilidade de crescer pelas vivências de satisfações reais, permite, por sua vez, capacitá-lo a "negociar" com o *establishment* e com os grupos de que faz parte, permitindo-lhe desenvolver um bom senso para administrar os conflitos entre seus interesses pessoais e os dos grupos de que faz parte, possibilitando, mais amiúde, uma satisfação para ambas as partes. Se isso não for possível, pode permitir pelo menos a satisfação pessoal daquele que se tornou emancipado e dar-lhe a condição de procurar outros grupos com os quais tenha maior afinidade para crescer e desenvolver-se mais a contento, e tolerar vivências de solidão enquanto isso não ocorrer.

Termino aqui meu parêntese.

Vê-se, com essa curta passagem de meu texto, o quanto o dr. Longman permanece vivo dentro de mim, assim como outras pessoas que foram significativas no meu percurso e que já não se encontram entre nós (avós, tios, amigos, professores que foram emocionalmente e culturalmente relevantes, a babá...[2]). O permanecer vivo na intimidade, contudo, não significa um culto à imagem, a idealização, a idolatria dessas lembranças, ou a subserviência e escravidão a elas. Quando isso ocorre, poderíamos estar diante de problemas emocionais.

Algumas ideias de Freud sobre luto e melancolia

Em seu artigo sobre luto e melancolia, Freud (1917[1915]/1978) propunha uma diferenciação na elaboração de perdas de pessoas amadas que podiam ser observadas em situações de luto normal e em estados, que considerava mais patológicos, de melancolia.

No luto normal, o indivíduo que sofre a perda consegue, após um período de dor intensa e eventual prostração, retomar suas atividades cotidianas, refazer sua vida, restabelecer vínculos afetivos

---

[2] Teve marcante e decisiva influência em minha vida Hermelinda Ramos Santos, que já trabalhava na casa de minha avó materna antes do nascimento de minha mãe e que, quando do casamento de minha mãe, pediu para ir morar com ela. Em decorrência, também ajudou nos cuidados fundamentais para meu crescimento e desenvolvimento e de meus irmãos.

com seus demais relacionamentos e formar novas relações com pessoas diferentes, retomando seu percurso após um tempo necessário para a elaboração da perda – o período de luto normal, que não é algo determinável em tempo de relógio e que tampouco corresponde a alguma convenção social de duração. No século XIX e no início do século XX, em parte das culturas ocidentais, estipulava-se um tempo oficial para o luto, durante o qual não se podia usar outra cor que não o preto, e quem estava nessa condição não podia participar de festejos, usar joias, ou expor sinais de alegria em quaisquer circunstâncias, como se isso fosse um pecado. Todavia, se esse luto se prolonga demasiadamente nos meses e nos anos, é sinal de que algo não vai bem com a pessoa em questão. Depois do luto, fica a saudade e eventuais momentos de tristeza devido à lembrança, mas esses momentos não se configuram como obstáculos para a continuidade da vida nem para desenvolvimento de uma pessoa.

Na melancolia, quem sofre a perda parece não ter condições de se recuperar dela. Afunda-se num estado de completa desolação do qual não parece encontrar saída. Há a completa ausência de esperança, e o indivíduo parece arrastar-se como uma sombra pela vida, como não mais possuindo o próprio direito de existir. Não consegue mais trabalhar, ou mal e mal o faz. Não se dá mais o direito de refazer sua vida, sente-se culpado por qualquer satisfação que possa obter e passa a dedicar-se religiosamente a seu estado de dor ou à memória do ente perdido, afundando-se numa tristeza e num desamparo sem fim.

O investimento da libido

Freud pressupunha a existência de uma *energia vital* que chamou de libido (geralmente associada a expressões da sexualidade que teriam como meta final, segundo ele, a vida e a procriação da espécie). Essa libido investiria os relacionamentos (seria direcionada aos objetos de nossas relações), que podem ser objetos parciais ou totais, como uma pessoa.[3] Nas situações em que possa haver alguma dificuldade no desenvolvimento pessoal, a libido, essa energia vital, pode ficar fixada em objetos parciais, como um pé, um órgão genital (o pênis, por exemplo, mas não o homem que o possui como um todo, num relacionamento), um sapato, uma roupa íntima ou em alguma outra coisa, como aconteceria em casos de fetichismo (em que alguém pode ficar extremamente excitado ao ver um sapato ou uma calcinha, mas pode se ver em dificuldades de manter relações sexuais genitais e chegar a um orgasmo dessa maneira).

A mobilidade da libido é uma questão importante: o quanto ela pode ficar aderida, fixada a um objeto (que pode ser também uma expectativa, um desejo), ou quão flexível, móvel, podendo ser deslocada de um objeto, de um relacionamento, para outros, ela pode ser.

Numa situação de luto normal, a libido (expressão de impulsos de vida amorosos, dos quais os sexuais seriam um aspecto) vinculada a uma pessoa específica poderia, com a perda, ser retirada da pessoa ou do objeto perdido, voltando a ficar disponível para que o indivíduo que sofreu a perda a invista em outros relacionamentos. No luto anormal, naquilo que Freud denominou de melancolia, a libido ficaria fixada no objeto, não conseguindo ser retirada dele.

---

[3] Muitos relacionamentos não são com pessoas inteiras, e sim com a aparência, com o dinheiro que alguém tem; com a "bunda gostosa" que uma mulher possa ter, mas não com a mulher; com o pênis grande, mas não com o homem; com o *status* social que alguém possui e que, uma vez perdido, desaparece todo o interesse, e assim por diante. Não se trata de relações com objetos totais, mas parciais, como denominou a psicanalista Melanie Klein.

Fica fixada num objeto *morto* que, por sua vez, é introjetado, passando a "morar" dentro da personalidade em que penetrou, a qual pode acabar se identificando com o objeto morto que introjetou.

Nesses processos há sempre um grau de identificação entre a personalidade que sofreu a perda e a pessoa que foi perdida. No luto normal, que seria compatível com uma personalidade que pode tolerar frustrações, com a retirada do investimento libidinal (da energia vital) do objeto perdido, este voltaria para dentro da personalidade de quem sofreu a perda, tornando-se, pelo menos temporariamente, uma libido narcísica, ou seja, vinculada à própria pessoa de quem emana. Esse movimento de retomada para si da libido pode tornar-se uma expressão de amor-próprio que ajuda aquele que sofreu a perda a recuperar-se de suas feridas e de suas dores. Não é muito diferente de uma situação em que uma pessoa sofre um problema físico, uma doença, na qual podemos observar que o doente costuma perder o interesse que tem nas suas demais atividades, no seu trabalho e mesmo nos seus relacionamentos, ficando mais voltado para si mesmo e para seus males. Nessa situação, a libido (energia amorosa vital) é retirada das atividades corriqueiras e da maioria dos relacionamentos daquela pessoa para voltar a ser investida nela mesma, ajudando-a no seu restabelecimento. Com o tempo, essa libido que foi retornada para o interior da pessoa que sofreu a perda também ajuda a restabelecer o objeto/ser perdido que seria igualmente interiorizado de alguma maneira com essa volta da libido para dentro, auxiliando no seu restabelecimento dentro da personalidade da pessoa que viveu a perda, devolvendo-lhe, de alguma maneira, a vivacidade e a integridade – não de uma forma maníaca e mágica que nega a perda, como ocorre em estados de mania (que detalharei mais adiante), mas restabelecendo esse ser perdido, esse objeto bom, como o chamaria Melanie Klein, no interior da personalidade de quem viveu a perda. O "objeto", o ente, apesar de ter morrido, permanece de algum modo "vivo" dentro de nós e, de uma certa maneira, sentimos que podemos contar com ele, com tudo de bom e de útil que ele pôde nos propiciar durante a sua existência. De um certo modo, ele é reparado pela ação da libido, do amor, dentro da personalidade, e sentimos que contamos com algo bom dentro de nós, de que podemos nos valer, sem, contudo, ficarmos confundidos com ele.

Na melancolia aconteceria algo diverso. A libido não conseguiria separar-se do objeto perdido. Ela ficaria fixada nele. O objeto, porém, está morto. A libido fica fixada num ser, num objeto morto. Não pode voltar para o indivíduo que viveu a perda, também não pode voltar a ser uma libido que o ajude a restabelecer-se nas suas dores e feridas. Se ela retorna, o faz trazendo de volta para a personalidade um objeto morto, com o qual a pessoa que está neste luto patológico tenta se identificar, mas de uma maneira diversa da anterior. Não podendo tolerar a frustração da dor, da perda, o melancólico tenta identificar-se com o morto, tornando-se o morto. O morto de quem não pode se separar passaria a existir dentro daquele que sobreviveu. O que sobreviveu passa a ser o morto. A sombra do objeto perdido se abate sobre a personalidade (o "eu" ou "ego") de quem o perdeu, encobrindo-a, engolfando-a. O escritor Marcel Proust faz uma descrição desse fenômeno no seu romance *Em busca do tempo perdido*, ao relatar a morte da avó do personagem principal e descrever a identificação que sua mãe teria feito com a mãe dela (falecida). A mãe passa a ser a avó. Veste-se igual, lê as mesmas coisas, vive como se fosse a defunta, e não mais aquela, ela mesma, que havia sido até então. Parece que ela mesma, a mãe, não teria mais direito de existir a partir do desaparecimento do ente querido. Vive uma culpa pela morte da mãe e deixa de existir para ser a pessoa perdida. Nas situações mais problemáticas, podemos observar a pessoa melancólica negando-se o direito de existir, afundando-se numa depressão patológica que pode levá-la à própria destruição.

Outra situação que eventualmente observo em minha clínica é o analisando ou analisanda ter de viver a vida de seus pais ou entes próximos mortos, como se estes pudessem continuar vivos ao tomarem emprestada a vida de quem ficou vivo. Retomar a própria vida para si é sentido pelo analisando como um assassinato do parente que ele mantém vivo, que só permanece vivo porque o paciente entrega a própria vida ao fantasma, ao objeto introjetado, abdicando de viver os próprios anseios e seguir os próprios desejos, pois, em fantasia, se assim proceder, estaria matando de vez o ser que é mantido vivo dessa forma. Isso, naturalmente, é uma fantasia inconsciente e uma resolução onipotente e mágica para a perda que não pode ser assimilada, possivelmente – como ficará mais claro adiante –, por ideias inconscientes de ter sido, o analisando, o responsável pela morte deste ente com o qual se identificou e ao qual cedeu a própria vida.

A tolerância a vivências de frustração, que é o que permite suportar o contato com a realidade, que sempre é frustrante, pois nunca é o que gostaríamos que fosse (mesmo nas melhores situações há sempre algo diferente de como gostaríamos que fosse), é um fator fundamental para o desenvolvimento de uma personalidade mais saudável, que pode lidar com perdas. Os indivíduos que pouco suportam ser frustrados ou que têm pouco desenvolvimento para tolerar privações e frustrações de expectativas tendem a desenvolver processos patológicos quando submetidos a experiências de perdas – como a morte de uma pessoa querida ou significativa. A morte ou a perda de um ente querido é uma experiência de frustração. Quanto mais intolerância houver a frustrações, maior será a probabilidade de se desenvolver um modo doentio de lidar com o luto.

A perda e o luto não precisam necessariamente estar vinculados à morte de alguém. A separação de pessoas queridas ou a perda da juventude, da infância, ou de outra situação apreciada, também pode levar à vivência de luto e de depressão normais. Em uma personalidade saudável, e com a restauração temporária da libido para dentro de si, pode se desenvolver um processo reparador saudável. A infância perdida pode tornar-se uma boa lembrança da qual se tirou proveito e da qual restaram aprendizados preciosos. Na personalidade saudável que suporta frustração, a libido associada à infância, e que dela se separa, pode vincular-se a novas situações que se tornam disponíveis na vida de um adulto, e este pode, dessa forma, usufruir das novas oportunidades que a vida lhe apresenta, sem ficar se lamentando ou se desesperando pela perda de prazeres e alegrias de tempos que já acabaram e não voltam mais (como alguém que morreu).

A contribuição de Melanie Klein

Melanie Klein foi uma psicanalista austríaca que acabou se radicando na Inglaterra, onde desenvolveu sua importante contribuição teórica ao campo psicanalítico.

Expandiu as ideias de Freud de maneira a permitir um maior aclaramento de situações de depressão e melancolia, assim como de estados maníacos.

Klein ressalta, assim como Freud já havia percebido, que em toda relação amorosa sempre há, igualmente, sentimentos de ódio e hostilidade. Todos aqueles a quem amamos também odiamos. O que é decisivo nos relacionamentos e em suas consequências é a quantidade e a qualidade de amor e ódio. Se o amor prevalece sobre o ódio, pode haver um desenvolvimento saudável. Se o ódio sobrepujar a capacidade de amar, as decorrências costumam ser funestas.

Essa ideia de que odiamos a quem amamos pode parecer estranha. Para ajudar no seu entendimento, vou procurar ilustrá-la com algumas situações em que isso possa tornar-se evidente.

Um bebê, quando nasce e é pequeno, depende fundamentalmente dos cuidados de sua mãe. Ele está completamente à mercê dela e da sorte. Se ela for incompetente ou mesmo uma má pessoa, ele estará em apuros, pois não tem como escapar dessa situação por conta própria. Mesmo quando conta com a mais zelosa e amorosa das mães, constantemente tem de se deparar com situações de privação, de frustração, pois a mãe, por melhor que seja, nunca pode estar o tempo todo ao seu dispor. Ela tem a própria vida, tem de cuidar da saúde dela (se adoecer, não terá como cuidar de seu bebê), de sua casa, marido, outros filhos, de seu trabalho, e assim por diante. Nunca contamos com alguém inteiramente ao nosso dispor. Dessa forma, o bebê nem sempre que precisa pode ser atendido imediatamente. Mesmo quando isso acontece, é provável que a mãe leve algum tempo para perceber o que ele tem ou necessita.

É odioso depender de alguém, por melhor que esse alguém possa ser. O bebê toma-se de fúria e ódio assassino pela mãe que o frustra. Tem vontade de destruí-la. Por outro lado, caso isso ocorra (ela ser destruída), ficará desesperado, pois sem ela e seus cuidados, seu amor, não poderá, de fato, sobreviver. Não suportando essa situação de ambiguidade, o que costuma ocorrer na mente infantil é uma divisão da figura da mãe (primeiramente não é nem a mãe, mas o seio), em uma mãe/fada idealmente boa e que tudo pode gratificar, imaginária, mas que ele vive como sendo real, e uma mãe/bruxa, que não reconhece como sendo a mesma que a mãe boa, é percebida como outra entidade completamente diferente, sem conexão com a anterior, a quem pode odiar e cuja destruição pode desejar das maneiras mais violentas, sem ficar aterrorizado com a possibilidade de ver aniquilada a figura maravilhosa e idealizada da mãe (seio) boa de quem depende e ama.

Os leitores podem achar esquisito eu (ou Melanie Klein) atribuir tais ideias e vivências a um bebê. Mas tomemos uma situação em que se pode observar algo equivalente em um adulto: uma jovem moça combinou um encontro com seu namorado e está muito ansiosa para o momento de vê-lo chegar. Desmarcou outros compromissos e conta os minutos para estar com ele. Entretanto, faltando pouco para a hora do encontro, ele liga e diz que está impedido de chegar, pois resolveu jogar bola com alguns amigos que não vê faz tempo. O que podemos observar, não muito raramente, é aquele namorado maravilhoso e lindo com quem a moça ia se encontrar tornar-se, em segundos, com esse telefonema, um tremendo cafajeste, ignóbil, cretino, horroroso, que só faz maldades para a pobre moça que foi abandonada. Ela tem vontade de matá-lo e de mandá-lo para os lugares mais indizíveis possíveis. O namorado de momentos antes não é o mesmo de instantes depois. Se por acaso ele voltar a ligar e disser que desistiu do jogo com os amigos para ficar com ela, é possível que ele volte a ser o mais maravilhoso dos caras deste mundo, quiçá do universo. Um, no entanto, não tem contato com o outro. O monstro não é o mesmo que o príncipe encantado, a despeito de o ser para uma terceira pessoa independente que observe o desenrolar dos eventos.

Esta situação da mãe idealmente boa e da mãe completamente malvada também é facilmente apreensível nas fadas boníssimas e nas bruxas malvadas dos contos de fadas. Essa separação entre algo idealmente bom e algo idealmente mau também é perceptível nas figuras da mãe e da madrasta das histórias infantis, e do herói e do vilão de histórias maniqueístas (como ocorre em romances folhetinescos e nas novelas de TV).

Outro modo de enxergar isso também é verificável na partida de pessoas amadas para viagens ou em separações mais longas. Grande parte do medo que se sente de que morram em um desastre se deve ao ódio que sentimos delas pela dor que nos impõem com suas partidas e com a decorrente separação. Teme-se que as fantasias ligadas a esse ódio se realizem por meio de pensamentos que se acreditam, inconscientemente, serem mágicos e, portanto, seus efeitos maléficos atinjam concretamente aqueles a quem são dirigidos.

Com o decorrer dos meses no desenvolvimento de um bebê, e com o acúmulo de experiências boas que a criança pode ter com uma mãe cuidadosa (se o bebê não for muito invejoso, pois a *inveja é um sentimento humano comum* do qual não podemos nos curar, porque não é uma doença, mas com o qual podemos aprender a conviver, reconhecer e elaborar, caso tenhamos alguém para nos ajudar com isso – pais bem intencionados e com condições emocionais para lidar com sentimentos, ou, quando isso não foi possível na infância por motivos ignorados, mesmo com a presença de pais bons e cuidadosos, com o auxílio de um psicanalista), ela pode ir se dando conta de que a mesma mãe (seio) maravilhosa que tanto ama e de que tanto depende é também a bruxa (seio) horrorosa e malvada que tanto ataca em suas fantasias, que nessa altura da vida são tomadas como acontecimentos reais e não apenas como desejos imaginados.

O bebê pode ficar aterrorizado com a possibilidade de ter feito muitos estragos com seu ódio nessa mãe/seio que pensava ser só malvada, mas que verifica então como sendo a mesma mãe/seio maravilhosa e amada. Ele experimenta muita culpa e remorso e costuma viver uma experiência depressiva, entra, segundo Klein, naquilo que denominou de posição depressiva em contraponto à fase precedente, em que havia o objeto (seio) idealmente bom e maravilhoso, completamente separado e sem relação com o também idealmente mau e persecutório produzido pela cisão da figura do seio/mãe, a qual denominou posição esquizoparanoide (Klein, 1975). Entrando na posição depressiva, fica desalentado com a possibilidade de ter destruído a mãe boa com seu ódio e violência dirigidos a ela quando a percebia como bruxa malvada e de não mais poder contar com sua bondade e seu amor. A vivência é de fim de mundo e de término da esperança – é a origem, segundo Klein, dos estados melancólicos. O objeto bom, o seio bom, a mãe boa, foi destruída pelo seu ódio. Se a destruição é sentida como irreparável, temos um quadro de melancolia. Ainda que a mãe real possa reaparecer, os sentimentos de ter feito um estrago irreparável nela podem permanecer. A mãe que voltou pode também não ser sentida como a mesma que foi destruída. Se for percebida como a mesma, pode haver a crença inconsciente de que as coisas boas que havia dentro dela foram aniquiladas pelo seu ódio e pela sua violência. As fantasias inconscientes podem ter um poder decisivo, a despeito do que possam informar os órgãos dos sentidos e a experiência vivida.

Os primeiros seis meses de vida de um bebê são fundamentais para a introjeção, ou seja, para ter dentro dele, a figura de uma mãe boa, um objeto bom que fica da experiência vivida com ela (e também com o pai – estou destacando a mãe porque é a primeira figura importante em nossas existências, ou com alguém que a substitui na falta dela e exerce suas funções, mas o mesmo vale para nossas demais relações que se seguem, a começar pela figura paterna).

Costuma ser desastroso quando casais que acreditam que seus bebês não percebem direito as coisas, ou mesmo não têm noção do que acontece, resolvem aos poucos meses de vida de seu bebê fazer uma viagem, retornando um longo período depois, deixando o bebezinho, sobretudo se anteceder os sete ou oito meses de vida, aos cuidados de uma outra pessoa, mesmo que seja uma avó amorosa – mas pior será se for com alguma babá ou outra figura de menor relevância afetiva para o bebê. O nenê pode viver a situação de afastamento e desaparecimento da mãe (ou dos pais) como sendo decorrente da destruição dela por seus *desejos* assassinos a ela dirigidos tanto quando era sentida como bruxa malvada como quando percebida como mãe boa, em um estado de maior desenvolvimento, mas que também o frustra, deixando-o enfurecido. Como os pensamentos nessa etapa de desenvolvimento emocional são percebidos como mágicos, para o bebê (e para muitos adultos com um funcionamento mental mais primitivo) eles não são só pensamentos, imagens, desejos, são ações mesmo; a criança crê que seus pensamentos/ações efetivamente mataram de forma irreparável a mãe (seio).

Por esse motivo é tão importante que a mãe possa estar frequentemente ao lado de seu bebê, para que ele se sinta reassegurado da existência dela e possa verificar que suas fantasias de destruição, seus desejos, não se tornaram ações ou acontecimentos reais, que ela permanece intacta e viva. Se a mãe for capaz de se manter íntegra emocionalmente durante os ataques de fúria de uma criança frustrada, a criança também pode perceber que o amor da mãe, e dela própria, podem superar o ódio e a violência que experimenta em relação a ela. O ódio e a violência também estão associados a sentimentos de inveja, ciúmes ("quando mamãe não está comigo e dando-me as satisfações e prazeres que tenho com ela, para quem ela está dando tudo o que ela tem de bom?").

A vivência da mãe permanecer íntegra, preservada, depende diretamente do estado mental que ela possa manter diante dos ataques de ódio e frustração do bebê, da paz e tranquilidade que possa manter diante da turbulência emocional do filho, permitindo que ela possa digerir, assimilar as vivências emocionais intoleráveis e indigestas para o bebê, transformando-as em experiências palatáveis e pensáveis. As canções de ninar são um representante dessa "digestão". Suas letras quase invariavelmente têm um conteúdo assustador (boi da cara preta, a cuca vem pegar etc.) que é transformado em acalanto pelo amor expresso na melodia. A essa capacidade e função o psicanalista Wilfred R. Bion chamou de *rêverie* (1977a, pp. 36-37).

Destaco que não basta a presença física da mãe (pais). É necessário que ela (ou os pais) esteja afetiva e psiquicamente presente. Na fantasia do bebê, uma mãe indiferente ou incapaz de amá-lo pode ter se tornado assim por conta dos ataques violentos fantasiosos que realizou sobre ela, o que resulta em intensos sentimentos de culpa e de remorso no bebê, capazes de desenvolver grandes complicações emocionais em sua vida futura, como a propensão a estados melancólicos (quando não complicações mais sérias). Quanto mais frustrante e cheio de privações reais for o relacionamento da mãe (família) com o bebê, maior será a violência por ele experimentada e maiores serão os ataques a ela dirigidos (na imaginação inconsciente, porém vividos como sendo reais pela criança, mas muitas vezes se confundindo com ações reais), num ciclo vicioso que em geral tem consequências pouco alvissareiras. Ressalto, porém, que não tem serventia um adulto ficar se lamentando das privações ou limitações que teria sofrido em sua infância, pois os pais dão e podem dar aos filhos somente aquilo de que dispõem. Eles não podem dar o que não possuem, e nenhuma obrigação moral vai fazer que exista o que não há. Pode surgir, por meio de imposições morais, a imitação das qualidades requisitadas, mas essas não têm valor ou utilidade real. Se o indivíduo sobreviveu a dificuldades reais, precisa desenvolver seus recursos para tocar sua vida adiante. Se ficar apenas lastimando-se pelo que não teria tido e colocar-se como vítima de um passado cruel, querendo ser ressarcido pelo que lhe teria faltado no passado, ficará encalacrado nessa situação, sem poder desenvolver-se a contento na vida ou ter chances de satisfações reais.

Muitas pessoas acreditam que não foram amadas por características pessoais suas que as tornaram repulsivas para seus pais. Todavia, uma pessoa ser amada depende da capacidade do outro de amar. Há pais que podem amar e cuidar de filhos com síndromes muito graves, e há outros que podem ter filhos lindos, saudáveis e inteligentes que não são capazes de amar. É importante em análise auxiliar o paciente a perceber isso para não ficar buscando desesperadamente o amor que os pais ou um companheiro não são capazes de ter.

O ódio e a violência, por outro lado, não são necessariamente ruins. Usados *a serviço da vida*, dos impulsos amorosos, são fundamentais, essenciais para a sobrevivência. Por exemplo, os impulsos sádicos podem, a serviço das pulsões de vida (amorosas), ser da mais alta relevância no trabalho de um cirurgião. Da mesma forma, ninguém consegue abrir caminhos pela vida se não dispuser de um *quantum* de agressividade.

Retomando a questão da melancolia.

A qualidade de relacionamento com os nossos pais, ou pessoas amadas e próximas, durante os primeiros meses de nossa existência é fundamental para que possamos desenvolver um objeto interno bom, uma figura materna e outra paterna suficientemente boas, dentro de nossas personalidades, que não precisam corresponder literalmente ao que nossos pais realmente foram ou são. Esses objetos bons introjetados também dependem da capacidade de amar e de gratidão inatas dos bebês/indivíduos. Se forem por natureza demasiado invejosos e incapazes de gratidão (Bion, 1977b, p. 144), os pais podem ser maravilhosos, mas sempre o que ficará "dentro" será algo ruim e estragado, sempre insuficiente e cruel. Esses objetos bons internos são fundamentais para sentirmos confiança em nós mesmos e na nossa capacidade de evitar estragos por nossos desejos violentos que possam se tornar ações toda vez que nos vemos frustrados, assim como para o desenvolvimento na crença de que eventuais danos que causemos àquilo que nos é precioso possam ser reparados ou que possamos contar com a compaixão deles mesmo quando não há reparo possível. Sentir que contemos esses objetos bons (aquilo que aprendemos e aproveitamos de bom e útil com nossas figuras amadas e significativas, a despeito de nunca serem perfeitas) em nosso íntimo e que somos capazes de cuidar deles e preservá-los com gratidão está na origem do respeito e consideração que podemos ter por nós mesmos. Isso não é algo que se consegue por meio de catequese ou de ações moralizantes (fazendo esforço para ser uma boa pessoa, ou para coincidir com aquilo que se diz ser uma boa pessoa, por meio de imitações). É um processo profundo e inconsciente, e muitas vezes só pode ser desenvolvido por meio de uma extensa análise pessoal.

Mesmo quando há uma boa relação inicial com os pais, sobretudo a mãe, sempre fica alguma ideia inconsciente de que tenhamos feito algum dano a ela, ou a essa figura que temos introjetada em nós. Boa parte de nossos esforços na vida são para reparar os estragos, os danos, que em fantasia possamos ter feito a ela. Isso seria a fonte da criatividade, que está associada ao desejo de reparação do seio/mãe (e também do casal parental, pai/mãe criativos e fecundos, de quem tanto se sente inveja e ciúmes pelas relações que têm entre si e da qual se está excluído, na situação edípica). Ao reparar, restaurar, recuperar ou construir criativamente o que está à nossa volta, estaríamos restaurando igualmente a mãe/seio, o pai, o casal parental, internos.

Esse reparo saudável é diferente em qualidade e função daquele que é feito de forma maníaca por um melancólico, ou seja, por aquele que crê ter destruído de forma irreparável a mãe (seio) ou aquilo de bom que pudesse haver nela. A mania é o outro lado da moeda da melancolia. É a mesma coisa com o sinal invertido. As tentativas de reparação feitas em estado de mania são operadas por meio da crença em pensamentos mágicos onipotentes, não por meio de trabalho real (criatividade). Na mania, tenta-se *ressuscitar* o seio/mãe morto como um deus faria a alguém que faleceu. Essas tentativas levam-nos a presenciar estados de euforia maníaca que oscilam com profundas depressões quando o indivíduo em mania constata na experiência factual o fracasso de suas tentativas de ressurreição mágica do objeto (mãe/seio) morto. Quando em euforia maníaca, o melancólico acredita que tudo pode e sai fazendo uma porção de desatinos, como gastar fortunas em dinheiro que não possui, entregar o que tem aos pobres, como se não precisasse de mais nada, ou desenvolve planos mirabolantes que vão resolver tudo de forma fantástica. Essa oscilação era, até pouco tempo, descrita como estados pertinentes às psicoses maníaco-depressivas (PMD). Hoje em dia, foi rebatizada e é apresentada, como se fosse novidade, com o nome de distúrbios de bipolaridade. Entretanto, considero que boa parte dos "diagnósticos" de bipolaridade são equivocados. A bipolaridade tornou-se o rotavírus das perturbações mentais, ou seja, quando alguém não sabe do que se trata um quadro ou quer logo dar uma explicação a uma situação infecciosa, diz que é um rotavírus, sem que qualquer exame mais apurado tenha sido feito.

Pessoas nas condições emocionais aqui mencionadas, obviamente, lidam de maneira mais comprometida e potencialmente desastrosa quando sofrem grandes perdas ou reveses, como a morte *real* de pessoas significativas – sentem, inconscientemente, que foram elas que as mataram.

Um breve exemplo clínico

Uma senhora de mais de 50 anos procurou-me para análise. Dizia que seu problema era a possível e iminente perda da mãe, que tinha uma doença grave. Entretanto, constatei que seu estado era de total desespero. Estava desavorada. Parecia que estava para chegar o fim do mundo e que, com a perda da mãe, não teria como sobreviver. Disse-lhe que observava algo que era um motivo real para ela procurar análise: sua reação quanto à provável perda da mãe poderia até ser adequada e pertinente caso se tratasse de um bebê ou de uma criancinha muito pequena, para quem a perda da mãe pode ser uma questão de vida ou morte, pois dependem dela para sobreviverem. Uma pessoa adulta pode ser afetada pela morte da mãe, mas também sabe que pode sobreviver a ela. Fica triste, ansiosa, mas não sente que o mundo vai acabar ou que não terá como suportar a perda, como parecia ser o seu caso. Assim, considerei que essa discrepância entre seu modo de reagir e sua idade cronológica revelavam que ela tinha um problema de desenvolvimento emocional que ficava evidente e racionalizado pela eventual perda de sua mãe, mas que não era essa possível perda que a levava a reagir dessa forma. Seu modo de reagir evidenciava um problema mental que requeria o trabalho de análise.

Contribuições de Bion a partir das ideias de Klein

Wilfred Bion foi um nome da mais alta relevância para o desenvolvimento da psicanálise. Nascido na Índia, mas de origem britânica, lutou na Primeira Guerra Mundial, passando por todos os seus horrores e tirando um grande aprendizado dessa terrível experiência. Tornou-se depois médico psiquiatra, psicanalista e presidente da British Psychoanalytical Society. Faleceu em 1979. Destacou o papel fundamental da tolerância-intolerância à frustração no desenvolvimento da capacidade para se pensar apropriadamente e da possibilidade de se lidar com os fatos de forma realística e proveitosa.

Pessoas muito intolerantes à frustração, com muita dificuldade de lidar com sentimentos de privação e com a inveja relacionada a esta, não suportam que seus desejos *não* se tornem realidade. O que pensam é, acontece ou tem de acontecer. Contudo, nem tudo que desejamos é necessariamente agradável ou pode ter um bom resultado. É bastante comum que em um momento de frustração e de ódio se deseje a morte, a destruição de pessoas queridas (quem nunca ouviu uma criança, em um momento de ódio, quando contrariada, desejar que a mãe morresse?). Seus desejos *não* podem *não* acontecer: o que deseja se realiza, ocorre. As fantasias, imaginações, não são distinguíveis, nas suas mentes, de fatos reais. Se deseja a morte, ela acontece. Mesmo que a pessoa em questão não morra, pode sentir que ela foi morta ou irreparavelmente afetada pelos desejos assassinos, ainda que estes sejam inconscientes, e em geral o são, para quem os vive. Esse tipo de fantasia inconsciente costuma ser revelado em tratamentos psicanalíticos, e a distinção que pode então ser feita entre fantasia e fato revela-se, em geral, de grande alívio para os analisandos. Em indivíduos muito perturbados, ações são tomadas para que não haja qualquer possibilidade de diferenciação entre imaginação, desejo e fatos, ou seja, podem cometer assassinatos para concretizar o que imaginam e desejam, igualando, na prática, pensamento e acontecimento. Dessa forma, a reparação que poderia ser efetuada se o crime tivesse ocorrido apenas em fantasia, e assim fosse verificado, torna-se inviável. Mas muitos indivíduos que não distinguem fantasia de fatos e ações efetivamente ocorridos podem passar a vida culpados ou se atormentando por crimes e violências feitos em fantasia.

As diferenças entre um luto saudável e um luto patológico seriam decorrentes da possibilidade de se aceitar frustração e verificar que nem tudo o que queremos se realizará, que nem tudo o que se quer seria bom que se tornasse real, de modo que se constate que os pensamentos e desejos não equivalem a acontecimentos factuais.

Verificar que pensar não é igual a acontecer, que não se trata de magia, seria o que nos permitiria reconhecer a necessidade de trabalharmos para ver nossas metas viáveis tornarem-se fatos. Também nos aliviaria de sentirmos culpa e responsabilidade por situações que apenas imaginamos, mas em que efetivamente não tivemos participação. Se alguém morre e isso não foi decorrente de ações concretas em que tenhamos tomado alguma atitude para esse fim, não precisamos ficar nos remoendo com culpa por sua morte, mesmo que possamos tê-la imaginado ou mesmo desejado.[4]

A crença nos pensamentos mágicos também está na origem dos transtornos obsessivo-compulsivos, que se constituem basicamente em rituais mágicos com o intuito de desfazer os pensamentos desastrosos que alguém pode ter e não pode evitar. O obsessivo tem

---

[4] Desejos de morte, de violência, sexuais etc. não são de escolha de quem quer que seja. Eles se apresentam ao indivíduo. São como as mudanças no clima que se nos impõem vindas de dentro de nós mesmos. Os que puderem verificar, por tolerarem frustração, que os pensamentos e desejos não são equivalentes a ações ou a acontecimentos factuais podem ficar mais confortáveis com todo tipo de pensamento ou desejo que lhes possa ocorrer, sem causar estragos às suas mentes, mutilando-as, na tentativa (inútil e que pode levar a problemas mentais graves) de evitá-los ou anulá-los.

dificuldades para distinguir desejos e pensamentos de ações; acredita no poder mágico dos pensamentos e, por conta disso, tem de fazer rituais mágicos (os comportamentos obsessivos compulsivos) para neutralizar as ações perpetradas por pensamentos e imaginações que são vividos por eles, considerando-se a realidade psíquica, como indistinguíveis de fatos efetivamente ocorridos ou de ações realmente perpetradas.

Somente quem suporta frustração pode contentar-se com aquilo que recebeu e recebe das pessoas que contribuíram e contribuem para sua vida e sentir-se agradecido. O indivíduo que não tolera frustração está sempre destacando aquilo que ficou faltando no que recebe, e não o que foi dado. Acaba invejando o que não teria recebido, não podendo fazer uso do que está a seu alcance. Quando a inveja não pode ser assimilada e elaborada, o que se recebe tende a ser descartado, estragado.

Apenas quando inveja e avidez podem ser assimiladas e elaboradas (e as boas relações familiares em épocas precoces da vida costumam ser fundamentais para isso) pode-se fazer um uso proveitoso daquilo que se incorpora de quem ajudou, a começar pelas figuras paternas.

Caso isso não ocorra e caso se sinta uma inveja muito grande de quem tem para nos dar o que originalmente não tem e cuspa-se no prato de que se comeu, ou se as experiências primordiais de uma pessoa forem muito árduas, com a ausência ou inexistência de pessoas amorosas que efetivamente tenham se ocupado dela, o indivíduo pode sentir e acreditar que foi o seu ódio em relação a essas privações que destruiu os objetos/seres amáveis. Decorre, dessa situação inicial, um constante terror de que as figuras amadas e importantes desapareçam antes de ter desenvolvido no seu íntimo aquilo que seria necessário para sentir-se realmente emancipada para a vida e na lida com ela (o que Melanie Klein chamaria de um objeto/seio bom internalizado). Uma pessoa, nessa condição, vive temendo o possível desaparecimento (morte) de entes próximos ou necessários. Sente que, se eles desaparecerem, não poderá sobreviver ou suportar sua própria existência, pois não possuirá os recursos *internos* necessários para tanto – como seria o caso da paciente com mais de 50 anos a que me referi anteriormente.

Em casos mais específicos, alguém muito intolerante à inveja combinada com muita avidez, mesmo que possa encontrar figuras amorosas e dedicadas em seu caminho e receba inúmeras colaborações delas, reverte o que recebe em algo inútil, até mesmo nocivo, e acaba sentindo-se preenchido por coisas ruins, a despeito da generosidade e valor com que tenham sido oferecidas. Dificilmente sente que tem com o que ou com quem contar. Mais amiúde, vê-se desvalido e perseguido por tudo o que o cerca.

Por outro lado, se o que experimenta e prevalece são sentimentos de amor, gratidão e proveito, que se sobreponham aos de rivalidade, ódio, inveja e avidez (que nunca deixam de existir em todos nós, fazem parte da nossa natureza) na relação com uma figura amada, a morte desse ente querido costuma ser uma experiência muito dolorida e triste, porém, como o que ele deu pôde ser aproveitado e armazenado no interior da personalidade de quem sofreu a perda, a figura dele permanece viva e amorosa (um "objeto interno bom", conforme Melanie Klein) no seu íntimo, sendo fonte constante de alegria e conforto, mesmo em momentos de adversidade.[5]

---

[5] A canção *My Favorite Things*, de Rodgers e Hammerstein, interpretada por Julie Andrews no filme *A noviça rebelde*, é um excelente exemplo de objetos internos bons. Há também uma belíssima interpretação dessa mesma música feita por Sarah Vaughn. Segue a letra: *Raindrops on roses/And whiskers on kittens/Bright copper kettles/and warm woolen mittens/Brown paper packages tied up with strings/These*

Uma famosa escritora relata que, ao sofrer torturas, conseguiu sobreviver pensando em sua mãe amorosa que encontrava dentro de si – o que lhe permitiu aguentar a situação e, posteriormente, refazer sua vida de modo positivo. Freud também acreditava que o que lhe possibilitou sobrepujar inúmeras e severas dificuldades em sua vida – como sérias limitações econômicas, o antissemitismo e a hostilidade de seus contemporâneos quando expôs suas teorias que os chocaram sobre a sexualidade infantil e a existência do Inconsciente – foi ter sido, conforme suas convicções, um filho muito amado por sua mãe.

Indagações

O leitor poderá se indagar se haveria alguma fórmula para se lidar com o sofrimento da perda. Não, não há.

are a few of my favorite things/Cream-colored ponies and crisp apple strudels/Doorbells and sleigh bells/And schnitzel with noodles/Wild geese that fly with the moon on their wings/These are a few of my favorite things/Girls in white dresses with blue satin sashes/Snowflakes that stay on my nose and eyelashes/Silver-white winters that melt into springs/These are a few of my favorite things/When the dog bites/When the bee stings/When I'm feeling sad/I simply remember my favorite things/And then I don't feel so bad. Em português: "Minhas coisas favoritas: Gotas de chuva nas rosas e bigodes nos gatinhos/Chaleiras de cobre brilhantes e luvas de lã quentinhas/Pacotes de papel marrom amarrados com barbante/Essas são algumas das minhas coisas favoritas/Pôneis coloridos e tortas de maçã crocantes/Campainhas e sinos e empanados com macarrão/Gansos selvagens que voam com a lua em suas asas/Essas são algumas das minhas coisas favoritas/Garotas em vestidos brancos com fitas de cetim azul/Flocos de neve que ficam no meu nariz e cílios/Invernos prateados que se derretem em primavera/Essas são algumas das minhas coisas favoritas/Quando o cachorro morde, quando a abelha pica/Quando estou me sentindo triste, eu apenas me lembro das minhas coisas favoritas/E então não me sinto tão mal".

O que é mais favorável é o desenvolvimento pessoal que capacite um indivíduo a lidar com a dor. Há uma crença bastante difundida, que provém da infância, de que uma pessoa madura não se abala com a dor, não vive frustração, tem resposta para tudo e resolve todos os problemas. Isto é um mito. Muitas pessoas que procuram atendimentos psicanalíticos mantêm essa ideia sem que ela tenha sido corrigida pela vida. Ao buscar ajuda, esperam que as habilitemos a alcançar essa situação de onipotência e onisciência que julgam ser viável e que falharam em adquirir.

A verdade é que quanto mais uma pessoa se torna madura, emancipada, mais capaz para suportar dor e frustração fica. Isso não quer dizer que alguém vá procurar situações dolorosas para se desenvolver. Ninguém precisa aderir a práticas masoquistas. A vida naturalmente já proporciona sofrimento e dor suficientes para todos, não há necessidade de se acrescentar qualquer tipo de agrura. É por isso que crianças que são muito mimadas (ou mesmo adultos que permanecem muito mimados), sendo sistematicamente poupadas do contato com tudo o que possa ser desagradável ou adverso, tornam-se pessoas adultas incapazes de lidar com os fatos da vida. Com o tempo de crescimento, é necessário ir se acostumando com níveis cada vez maiores de adversidades (ressalto que isso não tem nada a ver com criar situações penosas artificiais desnecessárias para "enrijecer" o espírito da criança ou de quem for).

O adulto emancipado, maduro, é capaz de suportar situações difíceis, sem, contudo, negá-las. Não quero dizer com isso que ele deixa de sofrer. Ele tem pleno contato com o sofrimento, sente-o na sua integridade, mas é capaz de assimilá-lo e, aos poucos, elaborá-lo, digerindo a situação. A vivência sofrida, dessa forma, torna-se um aprendizado que ajuda na continuidade da maturação e do desenvolvimento pessoal.

Quando há imaturidade emocional a dor não é tolerada, e inconscientemente pode-se buscar todo tipo de forma para evadir-se dela. Quando isso prevalece, aparecem as perturbações psicoemocionais e a perenização de estados de infantilismo mental que inviabilizam o desenvolvimento de um juízo crítico e discernimentos pessoais. Alguém que permanece nessas condições vai ficando com mais e mais dificuldades para funcionar de forma satisfatória para si, e para os demais, nas situações que se apresentam em sua vida.

Tenho em mente uma pessoa que havia perdido o pai quando tinha 7 anos em um grave acidente. Segundo ela, não lhe foi possível naquele instante, e mesmo durante muito tempo, assimilar esse fato. Quando foi informada da perda, reagiu com indiferença e chegou mesmo a ter um acesso de riso (histérico). Somente por volta de 30 anos e com a ajuda da análise pessoal pôde entrar em contato com o desastre, com a dor, com a perda, que permaneciam indigestos, como algo entalado em alguma parte de si. Foi então capaz de se emocionar, chorar, sofrer intensamente, algo que estava em suspensão por mais de vinte anos. O contato com a dor permitiu que essa pessoa a elaborasse e também crescesse. Era alguém que não conseguia estabelecer contatos mais íntimos com quem quer que fosse. Suas relações eram sempre superficiais. Uma vez que se tornou capaz de viver e elaborar a dor da perda do pai, com 23 anos de atraso, começou a ter condição de viver maior intimidade em seus relacionamentos. Essa intimidade, até o reconhecimento da dor que sentia, porém não *sofria*, era muito temida inconscientemente, pelo temor do sofrimento, percebido como algo intolerável, caso nova perda viesse a ocorrer.

Quando alguém, diante de uma perda, verifica ser incapaz de lidar com a situação, a despeito de ser uma pessoa cronologicamente adulta, poderia considerar que mentalmente não está emancipada, necessitando de auxílio profissional. Não estou falando de um desalento temporário e de dor intensa nos momentos que seguem ao evento ou mesmo nas semanas posteriores. Menciono uma situação em que alguém se sente prostrado de uma maneira avassaladora, ficando incapaz de lidar com os fatos da vida. Quem vive um luto também precisa trabalhar e resolver uma porção de coisas que estejam ligadas à própria situação da morte em questão, pois sua vida prossegue. Porém, quando uma pessoa fica completamente prostrada e permanece cronicamente incapaz de lidar com qualquer situação, torna-se evidente a necessidade de auxílio profissional (de preferência de alguém com formação para isso, como psicólogos, médicos psiquiatras ou psicanalistas que tenham formação séria e consistente em uma instituição de renome e tradição). Escolher um psicanalista, um psicoterapeuta, ou um psiquiatra, requer os mesmos cuidados que alguém teria ao escolher um neurocirurgião ou um obstetra.

O mesmo se pode dizer de pessoas que vivem em pânico de perder alguém, mesmo antes de qualquer evento ocorrer. Seriam pessoas que não se sentem mentalmente emancipadas, necessitando sempre, para tomarem conta de si, de um pai ou de uma mãe, ou de equivalentes deles, como um marido/pai, uma esposa/mãe, ou um guru/pai de qualquer religião. Somente o desenvolvimento psíquico as tornaria capazes de lidar com aquilo de que tanto têm medo, e não se pode conseguir essa capacitação mental, nesses contextos, sem o auxílio de um profissional habilitado e de um trabalho psicanalítico longo, profundo e paciente.

Tenho em mente algumas pessoas que buscam análise porque foram abandonadas por maridos ou esposas. Atribuem a esses episódios todos os seus males e sofrimentos. Algumas delas apresentam-se devastadas depois de anos, como se não pudessem sobreviver sem aquela pessoa que as deixou (e pode-se até compreender porque teriam sido deixadas, visto que à outra pessoa caberia o encargo de ser responsável por suas vidas e existências, e não somente parceiras ou cônjuges, tornando a situação insustentável – o ex-cônjuge teria fugido de um abraço de afogado).

A atribuição de todas as capacidades a outrem se deve a estados alucinatórios associados ao mecanismo mental inconsciente que Klein chamou de identificação projetiva (1946/1975). Identificações projetivas são um mecanismo primitivo de funcionamento em que sentimentos e aspectos não desejáveis ou vividos como intoleráveis de uma personalidade são expelidos de dentro do *self* e postas, em fantasia onipotente, dentro de outro *self* ou objeto. Há aspectos da personalidade do indivíduo que fantasiosamente são postos dentro do outro com a finalidade de invadi-lo e controlá-lo desde dentro, com o intuito de tornar o outro um teleguiado dos próprios desejos. A crença nessa fantasia onipotente é uma maneira de um bebê tentar suportar o medo da dependência de sua mãe e da possibilidade de ser abandonado por ela, visto que a teria tornado um apêndice de si mesmo que existiria apenas para atendê-lo (ela é normal para um bebê que não tem outro recurso para sobreviver mentalmente sem desesperar-se de angústia. A permanência excessiva desse modo de proteger-se mentalmente sem uma posterior evolução mental torna a situação patológica. O que serve para um momento da vida pode tornar-se um estorvo nos momentos posteriores). O que ocorre frequentemente é que a personalidade invasora (ou aspectos dela) sente-se aprisionada ou perdida dentro daquela que invadiu. Se for abandonada pelo outro, a vivência é de que partes fundamentais do próprio eu foram arrebatadas e sequestradas por aquele que se foi, deixando o indivíduo, em fantasia, privado de si mesmo e de seus recursos. Seu intuito primordial seria a recuperação da pessoa que foi embora, pois, na experiência de quem assim está, ela conteria seu próprio eu que se perdeu e ficou preso dentro do outro.

Identificações projetivas são modos normais de pequenos bebês funcionarem e são fundamentais para mobilizar em suas mães, ou em quem deles cuida, reações emocionais que os levem a uma ação pertinente de atendimento de suas necessidades vitais, pois eles não podem se atender sozinhos.

Bion (1984) deu-se conta de que um nível não excessivo de identificações projetivas também seria uma forma primitiva e fundamental de comunicação, de procura de uma mente que possa processar as emoções, vivências e (proto-)pensamentos que não podem ser "digeridos" por aqueles bebês, ou pessoas adultas que não os conseguem processar. A mente mais madura e capaz de assimilar e digerir identificações projetivas poderia acolhê-las e devolver as vivências emocionais do bebê (ou mesmo de adultos, como é a rotina de um psicanalista) de uma maneira em que os elementos tóxicos e insuportáveis para o bebê são filtrados e ele os recebe de volta como algo suportável para sua mente, que, dessa forma, poderia desenvolver-se. Se a mãe ou a pessoa que cuida do bebê não tem condição de suportar identificações projetivas (como ser identificada pelo bebê como uma bruxa malvada quando ele se vê frustrado sem sentir que se tornou uma bruxa malvada, por exemplo, ao contrário, assimilando o ódio e o pavor do infante e devolvendo-lhe significados e amor no relacionamento por meio daquilo que Bion chamou de *rêverie* (1962/1977a), como mencionei anteriormente)[6] e reage de modo a devolver com ódio aquilo com que se viu identificada, ou se despoja as identificações projetivas de sentido (ou ainda o bebê muito invejoso não consegue reconhecer a capacidade da mãe ou de quem

---

[6] Além das canções de ninar tornáveis "pensáveis" para o bebê ou criancinha, o mesmo ocorreria com os contos de fadas. Num espectro mais amplo, os mitos universais, a literatura, a dramaturgia, a música e as obras de arte em geral também teriam essa função fundamental – a de tornar representáveis e pensáveis vivências até então inomináveis, irreconhecíveis e impossibilitadas de evolução.

dele cuida de assimilar identificações projetivas), essa situação fica mal resolvida ou comprometida, com a intensificação do mecanismo de identificações projetivas que permanecem na busca de uma mente capaz de assimilá-las e processá-las. As identificações projetivas passam a ser excessivas e um modo primordial de funcionamento do indivíduo, comprometendo todos os seus relacionamentos.

Identificações projetivas podem ser reconhecidas em atuações com a finalidade de manipulação do outro ou em situações em que a ação de uma pessoa visa desencadear turbulência emocional ou reações impensadas e intempestivas no interlocutor ou no grupo em que o indivíduo se encontra. São fantasias inconscientes. Quem assim age não tem ciência disso que descrevo. O discernimento sobre tal funcionamento, quase exclusivamente, só poderia ser alcançado por meio de uma longa e extensiva psicanálise do indivíduo.

Esse mesmo tipo de situação, associado ao desejo de existência de um mundo idealizado e construído alucinatoriamente, leva à necessidade de encontrar ou produzir líderes políticos ou religiosos e de ideologias messiânicos (que, por meio de identificações projetivas, são investidos de todo tipo de atributos fantásticos e ideais). A dificuldade de reconhecimento de suas falhas, ou mesmo de características muito negativas, costuma se dever a uma vivência de fim do mundo que foi criado artificialmente por meio de identificações projetivas que produzem estados alucinatórios. A desilusão com o líder ou com a ideologia ou religião não corresponde ao desmoronar de uma ideia, pois nesses estados as ideias se confundem com a própria realidade, e o esfacelar delas é experimentado como o desmoronamento da realidade, do que existe mesmo, que se dissolveria catastroficamente em um nada, como que sugado por um buraco negro. Quando da queda do Terceiro Reich, Joseph Goebbels e sua esposa, Magda, envenenaram todos os seus sete filhos e se suicidaram em seguida, pois não haveria sentido em uma vida sem o Reich e sem o Führer. Sem chegar a extremos tais, podemos ver muitas pessoas com total intolerância à percepção de uma realidade que não seja a que desejam enxergar reagindo de forma violenta a qualquer percepção que possa separá-las ou levá-las à perda da ilusão com que se envolvem.

Há, contudo, perdas que podem ser *não* elaboráveis, ou muito dificilmente o são, como a perda de filhos (que se vão antes dos pais) ou netos queridos, ou a passagem por situações extremas de guerra e extermínios em massa ou campos de concentração. Essas dores podem se tornar permanentes feridas abertas com as quais o indivíduo precisa aprender a conviver para sempre, embora, novamente, não seja necessário, para coabitar com essas chagas, que uma pessoa se afunde na vida ou não possa dar prosseguimento ao atendimento de suas necessidades e ser feliz e contente com outros feitos ou experiências que tenha ou venha a ter.[7]

No caso de crise profunda de uma personalidade, em que não se consegue resgatar ou ser resgatada, e da completa impossibilidade de dar prosseguimento aos afazeres do cotidiano, passado um certo prazo, o recomendável é a busca de um auxílio especializado.

---

[7] A impossibilidade de coabitação da ferida com situações felizes costuma estar associada à crença de que a desgraça ocorreu por força mágica de desejos inconscientes que se materializaram. Sendo assim, a pessoa que se pune e se impede de viver situações felizes comporta-se desse modo porque sente-se inconscientemente, ou mesmo conscientemente, culpada pela ocorrência da tragédia. A revelação para o analisando desse tipo de desejo ou fantasia inconsciente (pois toda pessoa amada também é odiada, basta haver uma frustração para que isso fique óbvio) e da crença mágica no poder de seus pensamentos produzirem fatos apenas ao serem pensados pode ser de grande auxílio para que a pessoa possa prosseguir na vida sem se maltratar por fatos que podem ser decorrência apenas de circunstâncias externas que se impuseram.

Por fim, é preciso reconhecer que a morte é parte integrante da vida – ela é o outro polo do mesmo imã em que está a vida. Vida e morte são inseparáveis e cabe-nos, inexoravelmente, aprender a elaborar e a lidar com essa realidade. Quem não pode fazer contato com a dor (e se possível elaborá-la) também não pode encontrar as alegrias verdadeiras da vida e usufruí-las.

O reconhecimento da transitoriedade das experiências da vida pode igualmente auxiliar o indivíduo a reconhecer a necessidade de usufruir as oportunidades que se lhe apresentam no momento em que se apresentam, visto que nunca mais podem se repetir. O medo de sofrer a perda que seria vista como insuportável para quem tem pouca tolerância a frustrações também prejudica o enriquecimento que seria possível caso fossem suportáveis. Muitas pessoas lamentam-se nos seus leitos de morte daquilo que deixaram de fazer, por medo de irem contra as expectativas alheias (não podendo ser quem de fato são) ou dos sofrimentos que poderiam advir de terem ido adiante, bem mais do que daquilo que fizeram.

Para terminar, bem a propósito do tema deste capítulo, transcrevo o Soneto 18 de William Shakespeare, que mantenho no original em inglês, pois não encontro tradução à altura.[8]

Shall I compare thee to a summer's day?
Thou art more lovely and more temperate:
Rough winds do shake the darling buds of May,
And summer's lease hath all too short a date:
Sometime too hot the eye of heaven shines,

---

[8] Há múltiplas traduções propostas para esse soneto, o mais famoso de Shakespeare, basta procurar na internet que inúmeras aparecem.

And often is his gold complexion dimmed,
And every fair from fair sometime declines,
By chance, or nature's changing course untrimmed:
But thy eternal summer shall not fade,
Nor lose possession of that fair thou ow'st,
Nor shall death brag thou wander'st in his shade,
When in eternal lines to time thou grow'st,
So long as men can breathe, or eyes can see,
So long lives this, and this gives life to thee.

Epílogo

Pouco antes deste texto ser encaminhado para a publicação deste livro sofri a perda de minha mãe e, duas semanas depois, a perda de meu pai, pouco antes do Natal de 2019. Ela estava com 86, e sua morte, a despeito da idade, foi súbita e uma surpresa. Com o golpe, seu companheiro de 64 anos de convivência desde o namoro, e quase 62 de casamento, não pôde tolerar sua ausência. Viveram um amor apaixonado todo esse tempo. Não posso dizer que me pegou desprevenido quando, exatamente duas semanas depois, e praticamente no mesmo horário, ele "desligou" subitamente diante de minha irmã mais nova, quando saíam para o lançamento de mais um livro do meu irmão advogado. Portanto, em duas semanas, ficamos órfãos de pai e mãe (somos em quatro). Ele tinha 88.

Meu pai não suportava a ausência de minha mãe. Sempre foram muito unidos e cuidavam um do outro de forma muito amorosa. Há cerca de uma década, por conta de compromissos familiares, ela iria voltar de uma viagem dois dias antes dele. Ele foi levá-la ao aeroporto e havia deixado suas malas e roupas na casa de uma irmã, em outro estado. Quando ela desceu do carro para embarcar, ele não suportou vê-la partir sozinha, e sem mala e só com a roupa do corpo, comprou outra passagem para o mesmo voo que ela, perdeu a outra que tinha para dois dias depois, e embarcou de volta para casa junto do seu amor, de quem não podia se separar. Assim, o desenlace para o lindo romance deles não poderia ser diverso; quando ela se foi, ele foi logo atrás. Minha mãe tinha o lindo nome de Felicidade (portanto, sou literalmente, filho da Felicidade), e quando a Felicidade se foi, ele não poderia viver sem ela. Penso, também, que ele podia considerar que sua tarefa estava cumprida, pois, quando faleceu, deixou, além de filhos, genros, noras e netos, muito pesarosos, porém felizes pelo tanto que ele e ela contribuíram em suas vidas, mas igualmente uma legião de amigos que os prantearam profundamente, agradecendo a grande amizade de que ambos foram capazes. Não eram perfeitos, eram muito humanos, mas eram pessoas que trabalharam a vida toda para se desenvolverem, não só profissionalmente, mas, sobretudo, como pessoas, e com uma grande capacidade de amar.

Nessa faixa de idade, todos os encontros que temos com nossos pais são potencialmente os últimos (apesar de ser isso o mais provável, nenhum de nós tem data de expiração registrada). Nos últimos dois anos, sempre procurei ficar o máximo de tempo que me era possível junto a eles – que também pediam maior presença dos filhos, como que se despedindo, ainda que firmes e trabalhando até o último dia em que viveram.

Desse modo, a despeito de ser uma experiência sempre bastante dolorida e impactante, vejo-me suficientemente sereno e tranquilo, pois considero que permanecem vivos dentro de mim, com todo o amor e cuidado que sempre tiveram um pelo outro, pelos filhos, netos, e todos que lhes foram próximos. Sinto que fui extremamente privilegiado pelos pais que tive, pelo tempo que tive (quase 61 anos), e por toda a riqueza que recebi deles e que habita em meu ser.

Referências

Bion, W. R. (1977a). *Learning from experience.* In W. R. Bion, *Seven servants – Four works by Wilfred R. Bion.* London: Karnac. (Trabalho original publicado em 1962)

Bion, W. R. (1977b). *Transformations.* In W. R. Bion, *Seven servants – Four works by Wilfred R. Bion* (pp. 36-37). London: Karnac. (Trabalho original publicado em 1965)

Bion, W. R. (1984). Attacks on linking. In W. R. Bion, *Second thoughts.* London: Karnac. (Trabalho original publicado em 1959)

Bion, W. R. (1984). A theory on thinking. In W. R. Bion, *Second thoughts.* London: Karnac. (Trabalho original publicado em 1962)

Dawkins, R. (1989). *O gene egoísta.* Lisboa: Gradiva.

Freud, S. (1978). Mourning and melancholia. In S. Freud, *The standard edition of the complete psychological works of Sigmund Freud* (Vol. 14, pp. 237-258). London: Hogarth Press. (Trabalho original publicado em 1917[1915])

Longman, J. (2008). Além da agressividade na teoria das neuroses. In J. Longman, *Psicanálise viva.* Rio de Janeiro: Corifeu. (Trabalho original publicado em 1989)

Klein, M. (1975) Notes on some schizoid mechanisms. In M. Klein, *Envy and gratitude and other works*. London: Hogarth Press. (Trabalho original publicado em 1946)